# SOCIOLOGIA, MODERNISMO E INTERPRETAÇÃO DO BRASIL

**CONSELHO EDITORIAL**

Ana Paula Torres Megiani

Eunice Ostrensky

Haroldo Ceravolo Sereza

Joana Monteleone

Maria Luiza Ferreira de Oliveira

Ruy Braga

Maro Lara Martins

# SOCIOLOGIA, MODERNISMO E INTERPRETAÇÃO DO BRASIL

Copyright © 2019 Maro Lara Martins

*Grafia atualizada segundo o Acordo Ortográfico da Língua Portuguesa de 1990, que entrou em vigor no Brasil em 2009.*

Edição: Haroldo Ceravolo Sereza
Editora assistente: Danielly de Jesus Teles
Projeto gráfico, diagramação e capa: Danielly de Jesus Teles
Assistente acadêmica: Bruna Marques
Revisão: Alexandra Colontini
**Imagens da capa: Mosaico, *pixabay***

CIP-BRASIL. CATALOGAÇÃO-NA-FONTE
SINDICATO NACIONAL DOS EDITORES DE LIVROS, RJ

M344S

Martins, Maro Lara
Sociologia, modernismo e interpretação do Brasil / Maro Lara
Martins. - 1. ed. - São Paulo : Alameda.
21 CM

Inclui bibliografia

1. Sociologia - Brasil. 2. Cultura política - Brasil. I. Título.

18-49229                                  CDD: 301.0981
                                          CDU: 316(81)

ALAMEDA CASA EDITORIAL
Rua 13 de Maio, 353 – Bela Vista
CEP 01327-000 – São Paulo, SP
Tel. (11) 3012-2403
www.alamedaeditorial.com.br

*À Isabela*

# SUMÁRIO

| | |
|---|---|
| 9 | Prefácio |
| 13 | Introdução |
| **21** | **Os caminhos da teoria** |
| 23 | Faces e Interfaces: os estudos sobre pensamento social brasileiro |
| 30 | Experiência Intelectual: tempo, espaço e intelectuais brasileiros |
| 40 | As florações da sociologia: canteiros da imaginação sociológica |
| **65** | **As aventuras da forma** |
| 67 | Os Contornos da Escrita: as formas do ensaio |
| 76 | O Ensaio como Vocação: o Ensaísmo Latino-americano |
| 93 | Nas Asas da Interpretação: o ensaísmo brasileiro |
| **125** | **As dualidades do modernismo brasileiro** |
| 127 | A ruptura e a tradição: o Modernismo Brasileiro |

| | |
|---|---|
| 140 | Reforma e Revolução: a sensibilidade temporal do modernismo |
| 159 | Cultura e Política: a experiência intelectual nos anos 1930 |

## 175 A sociologia modernista brasileira

| | |
|---|---|
| 176 | Acaso e destino: cultura historiográfica e sociologia modernista |
| 196 | Espaço e figuração: a cartografia semântica e os personagens da história |
| 210 | Ausências e excessos: sociologia modernista e interpretação do país |

**257** Considerações finais

**279** Referências

**319** Agradecimentos

# PREFÁCIO

Este trabalho de Maro Lara Martins que o leitor tem em mãos vem se acrescentar com brilho à rica bibliografia dedicada aos assim chamados estudos sobre o pensamento social brasileiro, compreendidos pelo autor na chave de uma sociologia dos intelectuais. Sintomaticamente, o próprio título de sua tese de doutoramento, "Interesse e virtude: o ensaio sociológico brasileiro dos anos 1930", é revelador de como o autor recusa tomar o campo das ideias em abstrato, reconhecendo que elas possuem características próprias de ação social e produzem sensibilidades temporais e espaciais – claras ressonâncias weberianas no argumento – que incidem sobre o mundo ao redor.

Assim é que, depois de nos apresentar um competente estado das artes do seu objeto – sem esgotar a bibliografia existente, ele reconhece – agrupada em torno de bem elaborados eixos temáticos, ele recupera um trabalho esquecido de fins da década de 1940, um verdadeiro achado para os estudos especializados, *Manual Bibliográfico de Estudos Brasileiros*, de Rubens Borba de Morais e Willian Berrien, mais tarde inventariadas por Donald Pierson, tal como nosso autor pormenoriza no levantamento que procedeu desse riquíssimo material sobre o pensamento social anterior ao momento da institucionalização da disciplina sociologia na nossa universidade.

Desde aí, é o que Pierson constata em sua análise dos textos desse *Manual* dos nossos pioneiros da reflexão sobre a singularidade da nossa formação social, a forma do ensaio estabeleceu-se, na contramão das correntes cientificistas então em voga nas grandes universidades americanas, criando mesmo uma tradição "de se fazer sociologia e de interpretar o Brasil" fora dos cânones disciplinares, que eram, a rigor, esposados por ele. Nosso autor, bem longe de creditar a boa fortuna do ensaísmo entre nós como um sinal de imaturidade do pensamento social, reivindica, num momento agudo do seu trabalho, sua plena pertinência nas pegadas clássicas de Theodor Adorno, como um lugar próprio para a invenção, na medida em que ele torna factível reunir "elementos separados entre si em um todo legível", tal como se poderia falar de *Os Sertões*, de Euclides da Cunha, ou de *Casa Grande & Senzala*, de Gilberto Freyre, para citar ensaios exemplares.

O ensaio, apesar de ser uma forma narrativa sujeita à imprecisão e ao inacabamento, seria, insiste Maro, uma abordagem capaz de desvendar os mistérios da história e da sociologia pois sua incompletude poderia ser compensada, como argumenta Ricardo Benzaquén de Araújo, pela acuidade, agudeza e profundidade envolvidas, ainda que de forma ligeira e indireta, as grandes questões da existência.

Nesse sentido, a forma ensaio se teria imposto tanto no Brasil como na América Latina pela necessidade vital de se instituir uma ontologia social que diferenciasse o tempo-espaço do continente em relação a outras regiões do Ocidente. Não seria outro o esforço da geração de polígrafos (assim os designa nosso autor) como Rodó, Martí, Silvio Romero, Euclides da Cunha, entre outros nomes relevantes, na tentativa de criar um terreno próprio para a "outra modernidade" que se gestava fora do contexto europeu. Para tanto, não bastava o diagnóstico, o pensamento deveria se traduzir em um plano de ação. Nas nossas condições o acesso à modernidade não nos viria pelo decurso do tempo, que exigia aceleração. Estava, então, marcado um encontro dos intelectuais com a política.

Os anos 1920 nos tinham legado uma reflexão crítica sobre nossa história, chegara a hora da ação. Dois grandes movimentos, o tenentismo e a semana de arte moderna em São Paulo servem como dois grandes marcadores de processos fadados a produzir resultados de longa duração na sociedade, impondo a agenda do moderno e a da modernização. A revolução de 1930 vai coroar esses movimentos, trazendo para o interior do Estado não só esses temas como alguns dos seus principais animadores. São criados dois novos Ministérios, o do Trabalho e o da Educação, Cultura e Saúde, o primeiro claramente aplicado à questão da modernização, e o segundo à tópica dos intelectuais, embora desde sua criação original estivessem destinados a seguir trilhas sem comunicação entre si, salvo no que fosse afeto à valorização do trabalho e do trabalhador, como na pintura de Portinari.

A análise da ação desses Ministérios, que gravitavam em órbitas distintas, consiste num momento forte do ensaio do nosso autor, a especificar a natureza do nosso processo de modernização, que nasce, ao contrário de outros casos nacionais, encouraçado por uma política cultural inclusiva e valorizadora da vida popular, conquanto o Estado exercesse uma ação tutelar sobre os sindicatos dos trabalhadores.

Hoje, em que parece estarem exaustos os surtos da modernização, que o governo Dilma Roussef ainda tentou conceder sobrevida, esse belo ensaio de Maro Lara Martins, ajuda na compreensão do porquê duraram tanto e ainda resistem a sair de cena.

*Luiz Werneck Vianna*
Janeiro de 2018

# INTRODUÇÃO

Nesta pesquisa analisei a sociologia modernista brasileira como uma interpretação do Brasil que levaria em conta sobretudo os sentidos da ação coletiva brasileira e a cultura política daí derivados na formação de seu Estado-nação. O papel explicativo do moderno trazido à luz a partir de uma abordagem realizada por esta vertente do pensamento social e político brasileiro tramaria a dramaticidade das evocações de uma imaginação sociológica e política, ao se levar em conta o inventário da entrada para a modernidade, emergindo assim, os dilemas constitutivos através destas alegorias explicativas. Um movimento processual relacionado a um ordenamento social dinamizado pela ação pragmática e inventiva de um novo homem em um mundo novo, traduzindo as possibilidades e obstruções abertas à constituição de sociabilidades fora das explicações tradicionais e modulares da sociologia histórica central.

Invenção seria uma das bases centrais de articulação dos argumentos expostos, especialmente ao se levar em conta a experiência intelectual periférica advinda da posição constituinte do sistema-mundo e sua geopolítica do conhecimento. Pragmatismo, outra base sobre a qual repousaria este tipo de interpretação, possibilitaria à sociologia modernista lidar com as questões de sua contemporaneidade ao explicitar sua historiografia e sua imaginação sociológica ambas ancoradas no senso de realismo dominante no contexto.

O ensaio seria o suporte de escrita e o modo de ordenação das ideias propícios a este tipo de reflexão por dois fatores centrais. Em primeiro lugar, por suas características internas, como sua maleabilidade, sua abertura, sua imediatez, sua contiguidade para o espaço público, sua composição entre objetividade e opinião pessoal. Em segundo lugar, na sua relação com a experiência intelectual de regiões periféricas do sistema-mundo, especialmente nas bases centrais aludidas como essenciais na articulação e florescimento da sociologia modernista, a invenção e o pragmatismo, tanto no campo da teoria social como na percepção do desenvolvimento alternativo da modernidade.

As diferentes florações da sociologia modernista confirmariam a alteração na episteme dentro da geopolítica do conhecimento ao explorar os diferentes modernismos que compuseram a modernidade. No caso específico brasileiro, o modernismo enquanto fenômeno cultural deitaria raízes em finais do século XIX, e se nacionalizaria a partir da década de 1930. Seria a confluência entre o campo da cultura e do Estado em relação dialogicamente estabelecida, mas constituidor de uma geopolítica do conhecimento interno ao Estado-nação e seu território, extravasando a heteronomia e originalidade do modernismo em regiões periféricas, que não se constituiriam em semelhança com o modernismo de outros locais. O modernismo brasileiro, neste processo de nacionalização, comporia ao lado do corporativismo, o elemento transformista à revolução passiva brasileira.

Movimento de intensidade histórica, de longa duração, que conheceria nos anos 1930, sua forma de modernização conservadora, pelo alto, controlada pelo Estado, que estabeleceria certos limites de ruptura. Completando assim, sua relação com o modernismo que lhe serviria, através da técnica, estética e da ética modernista sua funcionalidade política naquele contexto. A floração da sociologia modernista deste período, ao contrário da floração anterior, estabeleceria com o processo de modernização brasileira sua íntima conexão. Por vários fatores, entre eles, sua imersão no funcionalismo público e na ampliação do mercado editorial, com as diversas coleções de interpretação do país, bem como na apropriação do Estado pelos seus fundamentos estruturantes.

Dotados destas características, os personagens da historiografia ganhariam inteligibilidade e plausibilidade na armação da teoria social que conduziria essas interpretações que buscariam a história como método compreensivo e analítico de sua sociedade e de seu Estado. O recurso à historiografia e sua consequente direção à filosofia da história, em especial ao tema de seu sentido e direcionamento, em sua busca pelos meandros do desenrolar do tempo histórico, abriria para a sociologia modernista a contemporaneidade e a historicidade inerentes à adoção desta estratégia interpretativa.

Estratégia que postularia, enquanto constituição de teoria da interpretação, os fundamentos e conceitos da sociologia como os mais capacitados para se revelar a origem e a originalidade do país e de sua história. Constituiriam uma tradição de interpretação, a partir de suas diversas florações, que possuiria algumas características elementares: a utilização da história como método de análise, a dualidade e constrastividade interna e externa, a utilização do ensaio como forma de reflexão, a postulação da modernidade alternativa, a crítica ao eurocentrismo e a construção da própria sociologia brasileira enquanto campo especializado do conhecimento.

Sociologia brasileira que viria a se constituir através destes ensaios, realizada por polígrafos, mas que conteria os germes de sua interpretação sociológica do Brasil conectados aos aspectos básicos de um esforço interpretativo que ganharia repercussões inefáveis no desenrolar da imaginação sociológica do país. Por seu ativismo e sua palavra pública, adentrariam o mundo das elites e do Estado, criticando-os por dentro, ressaltando esse aspecto heteronômico do modernismo central brasileiro. Modernismo que conceberia sua narrativa sobre o país, sobre sua sociedade e seu Estado.

Sobre o diagnóstico do país, o argumento do protagonismo advindo da ruralidade e seu desdobramento em solidariedade, autoridade e composição dos interesses, certamente constituiria tipos sociais específicos, que levariam, ou poderiam estabelecer, o tema da identidade nacional. O nacionalismo reverberava entre as posições interpretativas, dando-lhes estes caracteres de interpretação culturalista do país, mas não se restringiria nas suas conclusões isolado ou autônomo do mundo da política, que traria consigo o tema da atuação destes tipos sociais específicos da história brasileira através das relações entre público e privado.

Dito de outra forma, essa busca pela ontologia social, através da sociologia modernista não ficaria restrita ao mundo da cultura. O tema da identidade nacional, informado pelo nacionalismo, certamente seria constituidor desta interpretação do país, mas extrapolaria sua figuração para outras áreas, não somente à temas da subjetividade ou da psicologia social. Importaria sobretudo, a atuação destes personagens, tipos sociais, na história brasileira, no seu mundo público, na formação de seu Estado, na constituição do capitalismo brasileiro. Isolada desta análise mais ampla de atuação e constituição de sua ação social e política, os diferentes personagens perderiam sua densidade, não comporiam as atuações que poderiam definir os rumos desta história.

Se em torno da constituição de uma cartografia semântica em relação ao mundo do campo e da cidade, seu imbricamento em temas como a solidariedade, a autoridade, a liberdade e a igualdade, a sua figuração, em torno de personagens compósitos e portadores de determinados interesses e virtudes, demonstraria que a preocupação geral da sociologia modernista extrapolava os critérios de uma interpretação estritamente culturalista do país. Os conceitos centrais e mobilizadores, como patriarcalismo, patrimonialismo, agnatismo, familismo, entre outros mobilizados, serviriam para aclarar as configurações das relações entre Estado, mercado e sociedade. Relações que poderiam ser imiscuídas no processo de formação da comunidade política, na burocratização do poder público, na formação de solidariedades sociais conectas à tais tipos de autoridade, na constituição de subjetividades.

A adoção desta postura interpretativa conceberia como eixo de análise as relações entre a sociologia política e a sociologia cultural. Por si só, o tema da identidade nacional não revelaria os dilemas da contemporaneidade da sociologia modernista dos anos 1930, em especial na formação de seu Estado pós-1930, por outro lado, as análises perderiam sua densidade analítica e sociológica se perdesse de vista o âmbito da caracterização cultural constituída pela historicidade, em especial pelo seu modernismo.

Interpretação esta que estabeleceria uma peculiar cartografia semântica a partir de duas contrastividades. A externa, a informar a natureza da modernização e da modernidade à brasileira, em seu sentido comparativo com outros modelos de entrada na modernidade e sua assertiva da modernidade alternativa constituída no país. E a interna, a amplificar a dualidade entre campo e cidade, mundo rural e mundo citadino. Espaços estes, que possuiriam, pela armação no modo de se construir a historiografia, uma figuração própria, com protagonismos e relações de poder que lhe seriam inerentes. Protagonistas, que possuiriam cada qual seus interesses e suas virtudes.

O primeiro capítulo dedica-se ao delineamento do objeto de estudo. Na primeira seção, dilata-se uma ponderação geral sobre a produção de estudos sobre o pensamento social brasileiro, de maneira a ressaltar as diferentes entradas que este tema possui. Foram elencados dez eixos explicativos sobre os intelectuais e sobre os modos de tratamento dos textos. Na segunda parte, os esforços foram concentrados no tema dos intelectuais e da experiência intelectual, algumas indicações gerais sobre o termo intelectual e sobre as possíveis particularidades dos intelectuais brasileiros se contrapostos aos intelectuais de outros contextos. Na terceira parte são tecidos comentários sobre a história da sociologia brasileira e a delineação do objeto de estudo que será desenvolvido nos próximos capítulos.

O segundo capítulo inicia-se com uma discussão sobre as principais características do ensaio enquanto forma de escrita e de exposição das ideias. Apontou-se algumas trajetórias do ensaio como tradições nacionais de interpretação que adquiriram expressão através de certos temas e debates e aprofundou-se uma perspectiva analítica sobre os modos pelos quais estão disponíveis certos estilos aos autores e os usos pelos quais se constrói a argumentação proposta por cada autor. No segundo tópico do capítulo, estabelece-se uma reflexão sobre o ensaio latino-americano, sua vocação para a participação na vida pública da região e a experiência intelectual latino--americana, no qual a proliferação do ensaio nesta região periférica ajudou a configurar um pensamento que tenderia a expressar-se através de uma relação com sua sociedade e seu território, indicando a persistência de práticas cognitivas do mundo em territórios fora do eixo europeu e sua imbricação com a forma como as ideias são apresentadas. E por fim, na terceira parte do capítulo, se realiza uma concisa linhagem do ensaio brasileiro e suas características gerais, procurando estabelecer as possíveis relações entre as características do suporte de escrita e as vicissitudes dos temas tratados, ressaltando especialmente a virada sociológica dentro do ensaísmo e as principais características que possibilitaram as primeiras florações da sociologia modernista.

O terceiro capítulo trata das dualidades do modernismo em três aspectos. O primeiro diz respeito a temática da ruptura e da tradição, o segundo da relação entre cultura e política no processo de modernização conservadora à brasileira e o terceiro se associa à dualidade entre reforma e revolução. Na primeira parte do capítulo, se amplia a noção de modernismo para além das vanguardas artísticas e estéticas das artes, da literatura e da arquitetura, encarando-o como um fenômeno histórico que se inicia em fins do século XIX, e que se atrela a uma dimensão cultural mais ampla da modernidade brasileira que conjugaria futuro e passado, ruptura e tradição. Na segunda parte, se esclarece a íntima relação entre o modernismo central e sua característica de heteronomia e o Estado brasileiro, cultura e política no centro do processo de modernização conservadora à brasileira. Na terceira parte, se reflete sobre o tema da experimentação temporal do modernismo brasileiro, os sentidos do tempo e uma tipologia do modernismo que estabeleceria certos limites de ruptura.

O quarto capítulo trata das características gerais da sociologia modernista brasileira. De um plano geral, se expõe as relações entre a história, a historiografia e a sociologia, no sentido de deliberar os usos e os modos pelos quais a sociologia modernista engendrou sua perspectiva da história como importante método de análise. Analisa-se o movimento dessa sociologia com relação ao tempo histórico a partir de sua conceituação e de sua experimentação, a forma como se passaria a conhecer as relações entre a dinâmica do tempo histórico e a arquitetura de uma teoria social que levasse em conta as definições da perspectiva de cartografia semântica e figuração como elementos importantes para a estruturação da sociologia modernista.

# OS CAMINHOS DA TEORIA

A conversa, em seus meandros, veio a cair na
natureza da alma, ponto, que dividiu radical-
mente os quatro amigos. Cada cabeça uma
sentença; não só o acordo, mas a mesma discussão, tornou-se difícil, senão impossível,
pela multiplicidade de questões que se dedu-
ziram do tronco principal, e um pouco, talvez,
pela inconsistência dos pareceres. Um dos ar-
gumentadores pediu ao Jacobina alguma opinião, – uma conjectura, ao menos.

Machado de Assis, *O Espelho*, 1882.

No palco da sociologia no Brasil, o estudo dos intelectuais se
enquadra no que se convencionou denominar pensamento social
brasileiro, o que em última instância se refere a uma reflexão sobre a
tradição da teoria social e política brasileira e sobre a constituição de
uma imaginação sociológica do Brasil. A título de síntese, condensa
os estudos que priorizam as análises sobre os intérpretes do Brasil,
intelectuais que versam sobre a constituição do Estado-nação em
suas multiplicidades, que possuem características próprias de ação

social, produzem sensibilidades temporais e espaciais, criam e reinventam tradições intelectuais pelas quais se pode interpretar aquilo que interpretam. De maneira geral, aporta em uma reflexão sobre os clássicos da disciplina e sobre os caminhos pelos quais a interpretação do Brasil se realizou (e se realiza), além de uma análise sobre a produção, circulação e consumo de ideias ou produtos culturais.

Na primeira parte deste capítulo, desenvolvo uma reflexão geral sobre a produção de estudos sobre o pensamento social brasileiro, de modo a observar as diferentes entradas que este tema possui. Não obstante este tema ter se desenvolvido desde finais do século XIX, apontei as principais linhas de investigação que a sociologia contemporânea adotou. Foram enumerados dez eixos de interpretação sobre os intelectuais e sobre os textos, que variam desde a adoção da sociologia dos intelectuais, da sociologia da cultura e da sociologia política.

Na segunda parte, o tema dos intelectuais se impõe de forma veemente. Inicialmente, realizei algumas indicações sobre o conceito de intelectual e sobre as possíveis particularidades dos intelectuais brasileiros se contrapostos aos intelectuais de outros contextos, engendrando uma tipologia de cada ambiente nacional ou mesmo regional, ancorados em uma dupla inscrição, o tempo e o espaço. Em seguida, estabeleci as características gerais dos intelectuais enquanto grupo social e suas particularidades na organização da cultura.

Na terceira parte, teci comentários sobre a história da sociologia brasileira e a delineação do objeto de estudo que será desenvolvido nos próximos capítulos. Primeiramente, abordei a produção sociológica nas primeiras décadas do século XX em uma discussão que levou em conta a imaginação sociológica do período e a interpretação do Brasil, para em seguida, esboçar conceitualmente a perspectiva do florescimento da sociologia modernista brasileira como categoria de análise da produção cultural tradicionalmente caracterizada como ensaios históricos-sociológicos de pensadores sociais.

# Faces e Interfaces: os estudos sobre pensamento social brasileiro

Nas ciências sociais, a metodologia de pesquisa é algo fundamental para a consecução dos objetivos propostos. Em certo sentido, o objeto de estudo define os modos pelos quais o analista pode interpretá-lo. Nos últimos anos, algumas perspectivas analíticas adquiriram, no Brasil, certo prestígio entre os estudiosos deste campo de pesquisa. Um breve mapeamento sobre a literatura existente indica pistas e indícios das maneiras pelas quais o tema dos intelectuais, e da própria teoria social, está sendo trabalhada.

Foram selecionadas interpretações recentes que de algum modo dialogam ou abordam diretamente o objeto de estudo proposto neste estudo. Reconstruir passo a passo todas as metodologias empregadas para o estudo e abordagem dos intelectuais escapa aos meus objetivos e propósitos. Mas cabe mencionar a recorrência que esse tema tem desde o século XIX no Brasil. Uma gama de autores como Sílvio Romero, José Veríssimo, Araripe Junior, Farias Brito, Dante Moreira Leite, Nelson Werneck Sodré, Antônio Paim, Antônio Candido e Alfredo Bosi se dedicaram a esse assunto. A existência latente dessas tentativas de interpretação por si só já nos fornece os primeiros indícios sobre a importância do objeto de estudo e sugere algumas trilhas a seguir. A título de síntese, sem procurar esgotar exaustivamente a bibliografia existente, pode-se agrupar os estudos em torno de dez eixos interpretativos.

O primeiro modo de encarar o tema se relaciona a uma interpretação que tende a priorizar os intelectuais enquanto grupo social que está intimamente ligada à esfera da dominação e das relações de poder. Os textos de Sérgio Miceli encarnam bem este tipo de interpretação. Em *Intelectuais à Brasileira*, coletânea de alguns de seus principais textos, a preocupação do autor estava em desvendar as relações que se estabeleceriam entre o desenvolvimento das instituições culturais, das organizações políticas e da burocracia estatal com as transformações das classes dirigentes, do mercado de bens culturais e a situação social e material das famílias que compunham a classe dirigente. Neste sentido, Miceli preocupou-se com os intelectuais em dois sentidos: primeiro, ao considerá-los um grupo social específico, segundo, ao estabelecer as relações sociais e de poder que variavam de acordo com o contexto em que viveram e atuaram. Para realizar tal empreitada, Miceli, inspirado em Bourdieu, elaborou um método que levou em conta a construção de um modelo com base na análise das variações de trajetórias individuais, relacionando "os dados biográficos relativos à origem social, à escolaridade, à trajetória profissional e à produção intelectual"[1] aos dados contextuais, como a construção do campo intelectual, as disputas por status e poder, os modos de articulação entre capital social, capital cultural e capital político.

O segundo eixo interpretativo, leva em consideração o perfil social e a experiência cultural dos variados círculos de intelectuais. Heloísa Pontes, em *Destinos Mistos: os críticos do grupo Clima em São Paulo*, refletiu sobre o grupo de intelectuais que se reuniu em torno da *Revista Clima*, composto por críticos de teatro, de cinema, de literatura e de artes plásticas. Tendo por objetivo, "analisar o círculo de juventude desses autores, a partir da recuperação da experiência cultural, social, intelectual, política e institucional de seus membros mais importantes"[2], Pontes estabeleceu como critério de interpretação as práticas, as representações, a "estrutura de sentimentos" e o *ethos* do grupo. Inspirada no trabalho de Raymond Williams e na história cultural, a autora estabeleceu como principais objetivos desse tipo de estudo:

> em primeiro lugar, quais são as ideias, as atividades e os valores partilhados que asseguraram essa amizade procla-

---

1  MICELI, 2001, p. 83.

2  PONTES, 1998, p. 14.

Sociologia, modernismo e interpretação do Brasil

mada e ao mesmo tempo, contribuíram para a formação do grupo e para que ele se distinguisse de outros grupos culturais. Em segundo lugar, no que essa amizade é indicativa ou reveladora de fatores culturais sociais mais amplos.[3]

A terceira linha de análise se concentra na abordagem de um movimento intelectual enquanto movimento social e político. Ângela Alonso, em *Ideias em Movimento: a geração de 1870 na crise do Brasil Império*, se propôs a analisar a experiência compartilhada por uma geração de intelectuais, o repertório disponível no contexto e a estrutura de oportunidades políticas. Assim, os intelectuais que pertenceram a uma geração podem ser pensados a partir de uma lógica da ação coletiva. No caso específico de seu objeto de estudo, Ângela Alonso apontou que a Geração 1870 possuía um aspecto de movimento reformista e contestatório ao *status quo* imperial admitindo um viés extremamente voltado para a esfera política. Pois, não havia separação entre os campos intelectual e político, sendo que categorias como "liberais", "spencerianos", "darwinistas", "conservadores", não passariam de uma definição de identidades dentro desta elite. Para a analista, o movimento social seria estabelecido a partir das seguintes categorias: dissidências liberais, entre os liberais republicanos e os novos liberais; associações positivistas, os núcleos da corte e os núcleos de São Paulo e Recife; os grupos regionais marginalizados, o federalismo científico paulista e o federalismo positivista gaúcho. Portanto, a Geração 1870 deveria ser vista como uma manifestação coletiva, enquanto movimento social e político, expressando-se tanto em práticas como textos.

Outro modelo de reflexão sobre os intelectuais, dominante na bibliografia especializada, diz respeito a uma análise que pondera as características específicas contidas em proposições gerais em deter-

---

3  PONTES, 1998, p. 15.

minado contexto. No livro *A Questão Nacional na Primeira República*, Lúcia Lippi de Oliveira analisou os estilos de pensamento que caracterizariam o nacionalismo brasileiro. A autora buscou compreender as nuances teóricas que envolveram este tema desde a Geração de 1870 até a década de 1920 na Primeira República. O livro está dividido em duas partes: a primeira buscou compreender as matrizes do nacionalismo francês e a segunda almejou esboçar um quadro sobre o contexto brasileiro.[4] Para Oliveira, o nacionalismo foi visto como uma ideologia que pretenderia, a partir de um sistema de signos, a integração coletiva. Neste sentido, a autora esquadrinhou as transformações no pensamento social brasileiro através das peculiaridades teóricas de cada momento histórico a respeito da ideologia nacionalista e por conseguinte da identidade nacional. A abordagem recaiu especialmente sobre as interpretações contidas na história literária brasileira, em uma espécie de simbiose entre cultura e política, apesar de diferenciar o nacionalismo político do nacionalismo cultural. Nesse sentido, ao analisar a proposição geral e dominante dentro de um contexto, o nacionalismo enquanto ideologia e busca de identidade nacional, Lúcia Lippi de Oliveira chamou a atenção para as diversas facetas e aspectos que tal ideologia tomou ao longo do tempo no Brasil.

A quinta perspectiva propõe uma interpretação a partir da relação entre os intelectuais e as instituições das quais fazem parte. Centrando sua análise sobre as instituições científicas do século XIX e início do XX, especificamente os museus etnográficos, os institutos históricos, as faculdades de direito e de medicina, Lílian Moritz Schwarcz abordou a relação existente entre a produção e difusão do conhecimento destas instituições com a noção de raça.[5] Para esta

---

4   OLIVEIRA, 1990.

5   SCHWARCZ, 1993.

autora, os dois pressupostos que mais alcançaram êxito em território brasileiro no século XIX, foram o liberalismo e o racismo. O liberalismo se pautaria sobre um prisma que considerava a liberdade individual e a responsabilidade social. Em contraponto ao racismo, que referiria a inserção social do indivíduo a partir da ideia de raça. O ponto central para Schwarcz tornou-se a compreensão dos argumentos racistas, através da divulgação em fontes como a literatura naturalista, os jornais e as revistas institucionais, e na penetração dessas ideias na elite intelectual da época.

A sexta perspectiva analítica enfoca os intelectuais enquanto produtores de textos. Em *Guerra e Paz: Casa Grande & Senzala e a obra de Gilberto Freyre nos anos 30*, Ricardo Benzaquen de Araújo se debruçou sobre as ambiguidades e paradoxos da obra de Gilberto Freyre nos anos 1930.[6] Ao examinar meticulosamente os argumentos de Freyre no período, Benzaquen o encarou como portador de um modernismo diferente daquele que habitualmente se estabeleceu em outras partes do país como em São Paulo e Minas Gerais. Para o autor, a obra de Freyre, dos anos 1930, poderia ser entendida a partir do uso constante de "antagonismos em equilíbrio": guerra e paz, conflito e acomodação. Seria esse luxo de antagonismos e de excessos que marcaria a *hybris* dos trópicos que anunciava uma civilização distinta, definida pela ideia de maleabilidade e acomodação. No fundo, esse modelo de análise diz respeito a uma ponderação sobre o modo de pensar de determinado autor, estabelecendo uma lógica interna de seu pensamento e rastreando seus argumentos principais.

O sétimo eixo temático abarca interpretações sobre os intelectuais a partir de conceitos "nativos", criados e difundidos pelos próprios objetos de estudo. Um bom exemplo desse eixo é o livro *Ladrilhadores e Semeadores* de Luiz Guilherme Piva. Ao analisar a obra de

---

6  ARAÚJO, 1994.

Oliveira Vianna, Azevedo Amaral, Nestor Duarte e Sérgio Buarque de Holanda, Piva se concentrou na teia ideológica do período e nas diferentes visões sobre a modernização brasileira e elegeu como matriz interpretativa dos autores analisados, a dualidade ladrilhador/ semeador de Sérgio Buarque de Holanda, para encampar sua própria análise. Para resumir o argumento de Piva, os autores elencados por ele são ladrilhadores quando empregaram em seus diagnósticos o uso da razão contra a ordem natural dos fatos sociais, políticos ou históricos. E são semeadores quando apregoaram a força das tendências naturais presentes no desenrolar da história que por ventura impuseram os limites da ação política.

O oitavo eixo temático se centra na história da sociologia no Brasil enquanto história da ciência. Enno Liedke Filho explorou esse tema e insistiu em uma abordagem que priorizou o estudo "dos traços principais das etapas e períodos de sua institucionalização e evolução como disciplina acadêmico-científica."[7] O autor dividiu a história da sociologia no Brasil em duas grandes etapas: a herança histórico cultural da sociologia e a etapa contemporânea da sociologia. No primeiro momento, dois períodos configurariam a história dessa disciplina, o período dos pensadores sociais e o período da sociologia de cátedra, enquanto o segundo período abarcaria os períodos da sociologia científica, da crise e diversificação teórica e institucional e o período da busca de uma nova identidade disciplinar.

O nono ponto de argumentação procura estabelecer entre os intelectuais determinadas linhagens de pensamento. A preocupação de Luiz Werneck Vianna se encaixa nesta linha ao estabelecer de forma contundente as grandes "famílias" de intelectuais no devir da história brasileira. Em *A Revolução Passiva: iberismo e americanismo no Brasil*, o autor situou as tradições que permearam e

---

7    LIEDKE FILHO, 2005, p. 376

Sociologia, modernismo e interpretação do Brasil    29

deram sentido às interpretações sobre o Brasil, desde o momento de fundação do Estado-nação, no início do século XIX, até meados do século XX.[8] Para Werneck Vianna, essas tradições de interpretação, de longa duração entre os intelectuais brasileiros, revelariam os modos pelos quais a ação política, a intervenção no mundo público, as opções de tratamento da história, e demais elementos constitutivos das interpretações sobre o Brasil se ancoravam nos polos do americanismo e do iberismo. Para ele, o americanismo exprimiria uma ordem social orientada em torno dos interesses e animada pela dinâmica associativa dos indivíduos, enquanto o iberismo expressaria um ordenamento no qual o Estado se ergueria como o local de reafirmação do público, instância racionalizadora que determinaria o próprio corpo social.

Por fim, a décima linha heurística busca nas interpretações sobre o Brasil, realizada pelos intelectuais, elementos que possibilitam o debate e a construção de uma teoria social contemporânea. Os esforços de João Marcelo Maia foram neste sentido. Um dos objetivos desse autor é "reler a imaginação brasileira clássica para além de seu universo nacional específico, inquirindo seus objetos (livros, ensaios, ideias e autores) a partir de um lugar discursivo contemporâneo."[9] No fundo, esse lugar discursivo associaria a teoria social contemporânea em um contexto transnacional para o estudo do pensamento social brasileiro. Para o autor, a partir das características atuais da teoria social, como o descentramento e as abordagens pós-coloniais, autores de contextos periféricos poderiam ser utilizados para subsidiar explicações alternativas sobre a modernidade. Extraídos de seus

---

8   Já em Weber e a Interpretação do Brasil, Werneck Vianna explorou as formas com as quais o sociólogo alemão foi lido e aclimatado pelos intelectuais brasileiros ao se pensar a singularidade da formação brasileira e, por conseguinte, as vicissitudes da modernidade brasileira.

9   MAIA, 2009, p. 157.

contextos nacionais, alimentariam a construção da teoria social contemporânea acerca de temas globais, como o modernismo, a modernização e as diferentes configurações da modernidade.

Apesar de não esgotar a bibliografia existente, estes eixos interpretativos se consolidaram como guias de análise para o tema dos intelectuais e da produção intelectual no Brasil. Como se pode observar, as análises abordadas gravitam em diversos campos da sociologia. Assim, englobam desde a sociologia dos intelectuais, a sociologia da cultura, a sociologia das ideias, a sociologia da ciência, a sociologia das instituições. Bem como dialogam com outras áreas do conhecimento como a história, a filosofia, a crítica literária e a ciência política, constituindo-se em um tema transversal.

## Experiência Intelectual: tempo, espaço e intelectuais brasileiros

Um dos temas clássicos das ciências sociais refere-se a uma articulação entre intelectuais, sociedade e política no andamento moderno brasileiro. Neste ponto, outra seara se abre aos olhos do analista: a questão dos intelectuais na modernidade.[10] De fato, se está diante de um grande desafio. De maneira geral, um estudo a respeito dos intelectuais sempre corre o risco de cair no erro da falsa generalização. A própria noção de intelectual possui um caráter polissêmico e polimorfo, sendo difícil estabelecer os contornos desse agrupamento social.[11] Cada vez mais se torna claro que as

---

10 Como pensar a relação entre Intelectuais e Modernidade(s)? Intelectuais na modernidade e/ou intelectuais da modernidade? São modernos intelectuais ou intelectuais modernos? Quais as características dos intelectuais brasileiros quando contrapostos aos intelectuais de outros contextos? É possível realizar uma meta-teoria sobre os intelectuais sem levar em consideração o tempo e o espaço em que estão inseridos?

11 A caracterização dos intelectuais enquanto grupo social sempre foi alvo de grandes debates e controvérsias, dos quais participaram, entre outros, Julien Benda, Antônio Gramsci, Karl Mannheim, Jean Paul Sartre, Raymond Aron,

utilizações de métodos analíticos produzidos no contexto europeu ou norte-americano podem servir como bússolas para as pesquisas realizadas em outros contextos, entretanto, torna-se necessário um processo de averiguação da pertinência teórica a partir do objeto de estudo. Generalizar a constituição e história dos intelectuais europeus ou norte-americanos e o próprio conceito de intelectual no campo da sociologia, para o contexto brasileiro, deve ser matizado pela capacidade interpretativa do analista e pelo contexto espaço--temporal que seu objeto encerra.[12]

Nesse tópico, parece sugestivo realizar algumas indicações sobre o termo intelectual e sobre as possíveis particularidades dos intelectuais brasileiros se contrapostos aos intelectuais de outros contextos. De um modo geral, na modernidade os intelectuais assumem diferentes papéis no mundo social, como publicistas, acadêmicos, militantes, polígrafos ou especialistas, o que corresponde a um *métier* ou um ofício. Participam de redes intelectuais como as Academias de Letras ou Academias de Ciências, os Institutos Históricos e Geográficos, as universidades, o que lhes confere certa capacidade organizacional. Constroem espaços de sociabilidade, redes e rotina intelectual, como os cafés, salões de encontros, aulas, seminários, clubes, revistas, editoras, jornais, movimentos sociais e políticos, partidos. Participam de debates, anátemas, cisões e dialogam entre si.

No mundo moderno, o intelectual encarna uma forma de palavra pública do mundo da criação intelectual e artística. Apesar da variedade dos meios de comunicação disponíveis e utilizados e ao público a que eventualmente se dirige, o fato é que os intelectuais são

---

Pierre Bourdieu, Noam Chomsky, Edward Said, Norberto Bobbio, Jurgen Habermas e Zygmunt Bauman.

12 Um exemplo desta utilização indiscriminada e acrítica, se refere à algumas constatações de que para se analisar o termo intelectual no Brasil se deve remontar ao caso Dreyfus na França de finais do século XIX.

criadores, mediadores e divulgadores das obras culturais, científicas e estéticas. Através da publicização de seus textos e de seu trabalho, embute-se a ideia do pensar publicamente. Outra característica é a que formam a consciência da nova geração, a partir dos modos de recepção de seu produto intelectual e são sempre reanimados através de um processo intertextual. Assim, criam e recriam as tradições intelectuais e culturais nas quais se inserem, ao produzir ou reproduzir conceitos e interpretações.

Pode-se comparar os intelectuais a uma orquestra sinfônica. Estão dispostos no palco aos olhos da plateia, em determinado espaço, seguindo o compasso de determinada música. Cada qual possui seu instrumento que pode ser agrupado a partir de certas características, como as cordas, os sopros, a percussão. Alguns instrumentos são pesados para o músico carregar sozinho, outros são leves. Alguns desafinam rapidamente à influência de qualquer mudança climática, outros seguem a harmonia musical durante a execução inteira. Alguns são solistas, outros só se ouvem se acompanhados. Alguns ensaiam exaustivamente antes da apresentação, outros improvisam. Alguns participam da música inteira, outros só entram de relance. Alguns tocam somente um instrumento, outros são multi-instrumentistas. Alguns recebem aplausos, outros recebem vaias. Mas estão todos ali, reunidos, executando algo diferente do silêncio, coletivamente aos olhos e sentimentos do público.

Essas são as características gerais dos intelectuais na modernidade. Dois pontos são fundamentais para se estabelecer uma tipologia de cada ambiente nacional ou mesmo regional, o tempo e o espaço. No caso específico do Brasil, os intelectuais estavam presentes desde seu momento fundante enquanto Estado-nação, em inícios do século XIX. Entretanto, a constituição de um campo intelectual minimamente autônomo veio à tona somente em meados do século XX. Esse quadro histórico fornece elementos para se pensar os tipos

Sociologia, modernismo e interpretação do Brasil

de intelectuais que se fizeram presentes no caminhar da história nacional. Não resta dúvida que no século XIX, principalmente a partir do Segundo Reinado, os intelectuais estiveram intimamente ligados ao Estado, tanto na composição dos locais de sua sociabilidade, como o IHGB e as próprias casas legislativas, como na extração social de seu status e capital social e político, quanto na formação de seu marcado de trabalho. Associado a essa experiência, uma particularidade marcante deste tipo de intelectual é a poligrafia. São intelectuais que versaram sobre diferentes assuntos, seja pela autoimagem criada e estabelecida por eles próprios, seja por sua formação ou mesmo pela demanda que o Estado lhes atribuía. Essa tradição de experiência intelectual, marcada pela poligrafia e pelo Estado, deixou marcas profundas na composição do intelectual à brasileira.

Seguindo essa linha de argumentação, outro ponto fundamental que caracteriza os intelectuais é o espaço em que se encontram. Aqui pensado em suas diferentes inserções, seja em determinada tradição nacional ou mesmo em termos geográficos em relação à constituição dos modelos de entrada na modernidade. Algumas interpretações, hoje clássicas, já chamaram a atenção para a particularidade dos intelectuais e das ideias em contextos fora do eixo do Atlântico Norte.

Em texto que se tornou clássico, Roberto Schwarz apontou o deslocamento do liberalismo europeu quando apropriado pela elite brasileira no século XIX. Para ele, o contexto brasileiro conseguiu reunir liberalismo e escravismo, liberalismo e sociedade do favor, constituindo-se numa síntese em que os incompatíveis sairiam de mãos dadas. Nestes termos, a própria gravitação das ideias, e a forma como se constituiria em contextos diferentes de onde se originaram, instituiria o movimento que singularizaria a história brasileira e por conseguinte, seus intérpretes. Assim,

> submetidas à influência do lugar, sem perderem as pretensões de origem, gravitavam segundo uma regra nova, cujas

> graças, desgraças, ambiguidades e ilusões eram também singulares. Conhecer o Brasil era saber destes deslocamentos, vividos e praticados por todos como uma espécie de fatalidade, para os quais, entretanto, não havia nome, pois a utilização imprópria dos nomes era sua natureza.[13]

Dito de outra forma, a análise de Schwarz procurou especificar o mecanismo social na forma em que ele se tornaria elemento interno e ativo da cultura, uma espécie de chão histórico da experiência intelectual. O estatuto do intelectual, ou dos homens cultos, como prefere Schwarz, estaria nessa dimensão de sua experiência intelectual, repositora de um conjunto de ideias originárias do contexto europeu e diferenciando-se delas pelo contexto exótico que se encontrava.

A tese de Renato Ortiz seguiu essa mesma linha. Tendo como foco central de análise a identidade brasileira e suas relações com o Estado, Renato Ortiz argumentou que a problemática da cultura brasileira deveria ser entendida como uma questão política. Pois, se referiria aos interesses de diversos grupos sociais, nas tentativas de construção de uma identidade simbólica e nas suas relações com o Estado. Para Ortiz, uma característica das teorias raciais elaboradas no Brasil durante a Primeira República foi sua dimensão de implausibilidade entre a questão racial e a identidade nacional. O dilema dos intelectuais, como Sílvio Romero, Euclides da Cunha e Nina Rodrigues, estaria na tentativa de construção de uma identidade simbólica, enfatizando o caráter nacional, reportando em última instância à formação do Estado nacional. Ao admitirem o evolucionismo como principal pressuposto teórico, o entendimento das especificidades sociais brasileiras perpassou a incorporação de novos argumentos ao manancial disponível, como o meio e a raça.

---

13 SCHWARZ, 2000, p. 26.

Portanto, "o processo de importação de ideias pressupõe (...) uma escolha da parte daqueles que consomem os produtos culturais."[14] Este processo de escolha apresentou-se como uma espécie de sincretismo teórico. Pois, por um lado, admitiram-se em parte as teorias disponíveis à época, ou aquelas que lhes pareciam mais convenientes, e por outro, houve uma seleção deliberada no interior destas teorias de modo que a escolha seria relacionada às discussões latentes, no caso, o dilema da identidade nacional. Neste sentido, o referencial teórico adotado pelos precursores das ciências sociais relacionam-se a dois aspectos, o contexto e a discussão central que realizavam. As especificidades do pensamento sociológico brasileiro de virada do século XX referiam-se a temática da construção de um Estado nacional como meta e não como realidade vivenciada. Assim, o nexo entre contexto, teoria sincrética e prática desejável fornecem o explicativo das ambiguidades da experiência intelectual nesse contexto.

Outra análise clássica sobre o tema da experiência intelectual e da posição do intelectual latino-americano no mundo foi realizada por Silviano Santiago. Para este autor, o processo de cisão e hibridização que, sendo diferente da assimilação, marca a identificação com a diferença da cultura pressupõe o deslocamento do local como forma pura, limitado por fronteiras, mas que se projeta exatamente nessas negociações fronteiriças.[15] Tal processo geraria uma estética do reposicionamento e reinserção que permitiria olhar as coisas a partir da margem. São esses deslocamentos, no espaço geográfico ou virtual, os responsáveis pelo confronto entre parcelas de diferentes linhagens culturais.

Ainda seguindo este tema dos intelectuais e da experiência intelectual, Angel Rama, inspirado em Fernando Ortiz, apontou para

---

14  ORTIZ, 1984, p. 30.

15  SANTIAGO, 2000.

o processo de transculturação realizada pela experiência intelectual na América Latina.[16] Como do conflito entre o popular e o erudito surgiria uma concepção de cultura latino-americana. Rama formulou uma teoria sobre a narrativa latino-americana e a solução encontrada pelos intelectuais para o conflito regionalismo e universalismo. Para ele, a transculturação tornou-se um modo de reescrever a tradição latino-americana fazendo uma síntese de seus elementos mais produtivos, eliminando os arcaísmos e incorporando elementos modernizantes. A transculturação se daria no nível linguístico, na estruturação literária e na cosmovisão, como inerente possibilidade de forjar uma identidade original capaz de interagir com as culturas "externas" através da plasticidade característica de seu trajeto regional. O estatuto do intelectual latino-americano se definiria por esse movimento de transculturação realizado para interpretar sua própria realidade. Associado a isso, Rama apontou para a emergência da literatura latino-americana como efeito da modernização social da época, da urbanização, da incorporação dos mercados latino-americanos à economia mundial, e principalmente, como consequência do surgimento de um novo regime de especialidades, que retiraria dos letrados a tradicional tarefa de administrar os Estados e obrigava os escritores a se profissionalizarem.

Sobre os temas da modernização no campo literário e na vida cultural latino-americana, Julio Ramos em seu texto *Desencontros da Modernidade na América Latina* articulou um duplo movimento para a sua análise. Por um lado, a perspectiva histórica da literatura como um discurso que buscou sua autonomia, ou seja, delimitou seu campo de autoridade social. E por outro, as condições que permearam a impossibilidade de sua institucionalização em fins do século XIX. Ramos demonstrou que a literatura latino-americana emergiu

---

16  RAMA, 2001.

como um campo encarregado da produção de normas discursivas com relativa especificidade cultural, a partir das formas de autoridade do discurso literário e os efeitos históricos e sociais de sua modernização desigual. As dificuldades de autonomia contribuíram para explicar a heterogeneidade formal desta literatura, ocasionando uma proliferação de formas híbridas que desbordariam as categorias genéricas e funcionais canonizadas pela instituição literária em outros contextos. Esta heterogeneidade híbrida na qual se moveria o intelectual demonstraria a multiplicidade de formas disponíveis, como o romance, a poesia, a crônica e o ensaio, dispostos no mundo público e angariadores de legitimidade e pelo processo de escolha que os intelectuais efetuariam para elaborar suas propostas.

Ramos observara uma diferença crucial da constituição da vida cultural latino-americana se comparada à Europa. Para ele, a autonomização da arte e da literatura na Europa seria corolário da racionalização das funções políticas, pressupondo a separação da literatura da esfera pública, "já que a Europa do século XIX havia desenvolvido seus próprios intelectuais orgânicos, seus próprios aparatos administrativos e discursivos."[17] Enquanto na América Latina, os obstáculos enfrentados pela institucionalização da vida cultural, produziriam um campo literário cuja autoridade política se manifestaria de forma direta e veemente. "Daí a literatura, desigualmente moderna, operar frequentemente como um discurso encarregado de propor soluções a enigmas que extravasam os limites convencionais do campo literário institucional."[18] Julio Ramos observaria a tensão entre as exigências da vida pública e as pulsões da literatura moderna latino-americana, dessa contradição se intensificariam as relações do intelectual com a escrita, as formas literárias e a vida pública.

---

17 RAMOS, 2008, p. 19.
18 RAMOS, 2008, p. 19.

No fundo, o ponto central que Roberto Schwarz, Angel Rama, Renato Ortiz e Silviano Santiago levantaram é a contraposição de que a vida intelectual seria constituída a partir de uma *mimese*, de uma simples cópia da tradição intelectual do centro, e, ao mesmo tempo, chamaram a atenção para as características gerais que essa posição à margem instituiu nesse tipo de experiência intelectual. Posto nestes termos, esse tipo de debate ressalta a noção de que essa experiência intelectual fornece explicações sobre os modos de pensar típicos de cada contexto nacional ou regional.[19]

Retomando o argumento da tipologia dos intelectuais, os critérios de tempo e espaço são cruciais para se estabelecer as principais características que esse grupo social teve ao longo da história. O caso brasileiro, do século XIX até meados do século XX, no qual se concentram as interpretações do Brasil analisadas, pode-se falar em intelectuais polígrafos que viveram uma experiência intelectual às margens da modernidade ocidental clássica, estavam às bordas do sistema-mundo, como prefere Wallerstein,[20] ou do sistema-mundo moderno-colonial nas palavras de Aníbal Quijano.[21]

Na especificidade dos ensaístas brasileiros que constituíram o corpus da sociologia desde finais do século XIX até a década 1930 pode-se considerar que foram produtores e ordenadores de novos mundos, pela experiência intelectual e pelos produtos culturais que os diferenciaram dos modos clássicos de entrada na modernidade. A sociologia no Brasil e por conseguinte sua imaginação sociológica, floresceram através de intelectuais polígrafos, e essa marca de ori-

---

19 Seguindo essa linha de análise, vale retomar o ponto levantado por Werneck Vianna em Americanistas e Iberistas. Inspirado em Angel Rama, apontou que "aqui, o ideal precedeu o material; o signo, as coisas; o traçado geométrico do plano, as nossas cidades; e a vontade política de explorar, o sistema produtivo." WERNECK VIANNA, 1997.

20 WALLERSTEIN, 2001.

21 QUIJANO, 2007; 2000.

gem fornece reflexões imprescindíveis à interpretação e compreensão próprias ao espaço-tempo em que foram produzidos. Entre outras coisas, porque se torna um duplo procedimento de localização. Pensar a partir de um local e pensar a partir de um tempo. Associado a isso, mais do que uma dupla consciência, ao se imiscuírem entre duas tradições de pensamento, a nacional e a do centro, os intelectuais de certas localidades forneceram as bases para a diferenciação dos projetos e encaminhamento do moderno no mundo. Como alertou Bernard Lepetit, "o sistema de contextos, restituído pela série de variações do ângulo de mira e da acomodação da ótica, possui um duplo estatuto: resulta da combinação de milhares de situações particulares e ao mesmo tempo dá sentido a todas elas."[22]

Assim, os intelectuais são entendidos como um grupo social cuja ação se centra para a organização da cultura.[23] Esse sentido da ação social dos intelectuais está voltado para uma racionalização do mundo, a partir de um encadeamento teórico produtor de conceitos. Ideias, que servem como uma espécie de norte orientador de indivíduos e de grupos sociais. Na modernidade brasileira, adquiriram papéis fundamentais no artifício do mundo público, na composição dos interesses, na motivação às ações sociais, nas alterações institucionais, na animação da cultura política, nas definições de modos de pensar, de agir e de sentir.

É válido dizer que os homens produzem conhecimento sobre o seu presente, interpretam o passado da sociedade em que vivem e são capazes de iluminar o futuro, e isso não apenas de forma teleológica, mas sim de um ponto de vista político prático, mobilizador de ações sociais e estimulador de interações entre indivíduos, gerador de solidariedades tanto verticais quanto horizontais, inseridos

---

22 LEPETIT, 1998, p. 88

23 Não há como negar a dívida com GRAMSCI, 2004 e no caso específico do Brasil WERNECK VIANNA, 1997.

em uma rede de interdependência. Não se trata mais de percebê-los como produtores de conceitos que somente classificam experiências, mas sim de conceitos que criam e recriam experiências e expectativas. Experiências individuais e experiências coletivas. Expectativas individuais e expectativas coletivas.[24]

## As florações da sociologia: canteiros da imaginação sociológica

No final da década de 1940, Rubens Borba de Morais e Willian Berrien organizaram o *Manual Bibliográfico de Estudos Brasileiros* (MBEB). A intenção dos organizadores era propiciar um levantamento da bibliografia básica sobre diferentes áreas do conhecimento das ciências humanas, que tiveram o Brasil como objeto de análise e apreciação. A listagem das obras incluiu áreas como filologia, etnologia, literatura, folclore, sociologia, geografia, história, arte, direito, teatro e educação. O *Manual* contou com o suporte do Comitê de Estudos Latino-americanos da Universidade de Harvard, foi financiado pela Fundação Rockfeller, e utilizou como modelo de publicação, o *Handbook of Latin American Studies*, que fora publicado pela primeira vez, em 1936. A publicação do *Manual* estava prevista para o ano de 1943, mas foi adiada devido a vários fatores, sobretudo à entrada dos Estados Unidos na Segunda Guerra Mundial, dando-se sua publicação apenas seis anos mais tarde. Por isso, a data das publicações coletadas foi até o ano de previsão do lançamento do *Manual*. Segundo Berrien, esta publicação "trata(va)-se de breve histórico sobre o desenvolvimento e a situação das disciplinas selecionadas, acompanhado de uma bibliografia crítica e seletiva de itens, que deve(ria)m ser básicos para o estudo do assunto."[25]

---

24 Sobre a percepção da experiência e da expectativa na modernidade, inspiro-me sobretudo em KOSSELECK, 2006.

25 BERRIEN, 1998, p. 14.

Os organizadores estavam cientes que este tipo de publicação, apesar das eventuais limitações e lacunas, era fundamental por propiciar um panorama geral dos estudos publicados que versaram sobre o Brasil. Além disso, os organizadores tiveram o cuidado de incluir antes de cada listagem de obras, estudos introdutórios escritos por diversos intelectuais do período, como José Honório Rodrigues, Gilberto Freyre, Sérgio Buarque de Holanda, Caio Prado Junior, Otávio Tarquínio de Souza, Alice Canabrava, Mário de Andrade, Manuel Bandeira, Astrojildo Pereira, Francisco de Assis Barbosa, Robert Smith, Pierre Monbeig e Donald Pierson.

### Quadro 1. Assuntos e Autores do Manual Bibliográfico de Estudos Brasileiros

| Assunto | Autor(es) | Assunto | Autor(es) |
| --- | --- | --- | --- |
| Arte | Robert Smith | História (Bandeiras) | Alice Canabrava |
| Direito | Silvio Portugal | História (os holandeses no Brasil) | José Honório Rodrigues |
| Educação | Raul Briquet e Lourenço Filho | História (viagens) | Rubens Borba de Morais |
| Etnologia | Herbert Baldus | História (assuntos especiais) | Caio Prado Junior |
| Filologia | J. Matoso Câmara Junior | Literatura | Willian Berrien |
| Folclore | Mário de Andrade | Literatura (pensadores, críticos e ensaístas) | Astrojildo Pereira |
| Geografia[26] | Pierre Monbeig | Literatura (romances, contos e novelas) | Francisco de Assis Barbosa |
| História (Obras Gerais) | Alice Canabrava e Rubens Borba de Morais | Literatura (poesia) | Manuel Bandeira |

| História (Período Colonial) | Sérgio Buarque de Holanda | Música | Luis Heitor Correia de Azevedo |
|---|---|---|---|
| História (Independência, Primeiro Reinado, Regência) | Otávio Tarquínio de Souza | Sociologia | Donald Pierson |
| História (Segundo Reinado) | Caio Prado Junior | Teatro | Leo Kirschenbaum |
| História (República) | Gilberto Freyre | Obras Gerais de Referência | Rubens Borba de Morais e José Honório Rodrigues |

Fonte: MORAIS & BERRIEN, 1998

Entre os assuntos tratados, a área de história contemplou o maior número de publicações. Esta área congregou também o maior número de autores, sete, e subdivisões, nove. Foram listadas 1302 obras de história,[27] o que corresponde a aproximadamente 22% do total de 5887 obras. Em seguida estão, respectivamente, arte, geografia, sociologia, direito, educação e literatura.

---

26 Com uma nota relativa à zoogeografia brasileira escrita por Paulo Sawaya.

27 Como o processo de diferenciação das disciplinas estava em seu início, é possível observar algumas referências cruzadas entre as diferentes áreas do saber. Demonstrando assim, a proximidade da história com a sociologia, a geografia, o direito, a etnologia, e até mesmo a literatura. Por outro lado, ao realizar essa referência cruzada, se observa a poligrafia dos intelectuais, autores que estão listados como referências básicas ao mesmo tempo em diversas áreas do conhecimento.

Sociologia, modernismo e interpretação do Brasil 43

**Quadro 2. Assuntos e Número de Obras do Manual
Bibliográfico de Estudos Brasileiros**

| Assunto | Obras | Assunto | Obras |
|---------|-------|---------|-------|
| Arte | 968 | Geografia | 633 |
| Direito | 462 | História | 1302 |
| Educação | 419 | Literatura | 384 |
| Etnologia | 255 | Música | 303 |
| Filologia | 249 | Sociologia | 587 |
| Folclore | 178 | Teatro | 52 |

Fonte: MORAIS & BERRIEN, 1998.

Ao analisar a área de sociologia, o sociólogo Donald Pierson apontava para a ideia de que o material sociológico no Brasil estaria disperso em textos de diferentes matizes e que o processo de institucionalização e diferenciação da sociologia de outros campos do saber ainda estava em seu início.

> A impressão de que o material sociológico virtualmente não existe no Brasil parece ter tido origem no seguinte conjunto de circunstâncias. Em primeiro lugar, certos títulos imprecisos ou inadequados ocultam, às vezes, material sociológico. Em segundo lugar (e o mais importante), a especialização no campo das ciências sociais acha-se na sua infância no Brasil e por conseguinte a maior parte do material sociológico se encontra amplamente espalhada, aparecendo entre dados referentes a outros campos, tais como história, geografia, economia, ciência política e etnologia, juntamente com eruditos comentários sobre a vida social, num grande número de livros e artigos.[28]

28 PIERSON, 1998, p. 1157.

Não obstante essas afirmações acerca da sociologia brasileira, um ponto chamava a atenção de Pierson: a latência contundente de uma imaginação sociológica no Brasil e sobre o Brasil. Para ele, essa imaginação adviria de cinco fontes principais: os historiadores sociais, os folcloristas, os viajantes, os artistas e os romancistas. Teriam sido eles os responsáveis pela divulgação de argumentos sociológicos e pela construção da sociologia.

> De fato, pode-se dizer com alguma justificativa que esses homens constituem, no Brasil, os pioneiros da sociologia, como disciplina de pesquisa, que se distingue da filosofia social, da ética social e da política social. Pelo menos, forneceram-nos eles porção considerável de dados descritivos e analíticos até agora produzidos, bem como úteis hipóteses explicativas.[29]

Em seu levantamento sobre a sociologia brasileira, Pierson selecionou a bibliografia em torno de seis eixos: a) Periódicos, Enciclopédias, Bibliografia e Excertos (PEBE); b) População e Ecologia Humana (PEH); c) Organização Social, Mudança e Desorganização Social (OSMDS); d) Psicologia Social (PS); e) Teoria e Metodologia Sociológica (TMS); f) Obras sobre assuntos correlatos de utilidade para o sociólogo (OAC). As tabelas e gráficos a seguir mostram maiores detalhes do levantamento feito por Pierson.[30]

---

29 PIERSON, 1998, p. 1166.

30 Algumas obras não estão com a data da primeira edição. Como a recorrência é muita pequena e não compromete a visão do conjunto se optou por manter a fidedignidade da lista elaborada por Pierson. Outro ponto importante, diz respeito à mensuração das obras coletadas. Como o próprio Pierson alertou, o acesso e a disponibilidade dos títulos ficaram restringidos a bibliotecas de São Paulo. Entretanto, pelo volume coletado se acredita que seja suficiente para um panorama geral das publicações.

Tabela 1. Eixos e Obras de Sociologia Publicadas no Brasil

| Eixo | Século XIX | 1900-1910 | 1911-1920 | 1921-1930 | 1931-1943 | Sem Data | Obras |
|---|---|---|---|---|---|---|---|
| PEBE | - | - | - | - | 15 | - | 15 |
| PEH | 9 | 5 | 12 | 9 | 90 | 3 | 128 |
| OS-MDS | 10 | 16 | 9 | 19 | 81 | 4 | 139 |
| PS | - | - | - | 2 | 7 | - | 9 |
| TMS | 2 | 2 | - | 1 | 38 | 5 | 48 |
| OAC | 47 | 7 | 15 | 23 | 138 | 18 | 248 |
| Obras | 68 | 30 | 36 | 54 | 369 | 30 | 587 |

Fonte: MORAIS & BERRIEN, 1998

Gráfico 1. Obras de Sociologia e Período de Publicação

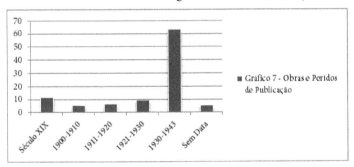

Fonte: MORAIS & BERRIEN, 1998

Ao dividir os eixos e as obras de sociologia no Brasil pelo seu período de publicação se observa que a década de 1930 concentra a maior parte das publicações. No primeiro eixo elaborado por Pierson, Periódicos, Enciclopédias, Bibliografia e Excertos (PEBE), todas as obras foram publicadas naquela década. Entre as quinze obras elencadas, se destacam os textos de Almir de Andrade sobre a formação da sociologia brasileira, os de Arthur Ramos de Araújo sobre o desenvolvimento do interesse sociológico no Brasil e a *Revista Sociologia*, publicada a partir de 1939.

Na segunda série de publicações listadas por Pierson, que incluem estudos de População e Ecologia Humana (PEH), se destacam os censos realizados pela Diretoria Geral de Estatística e pela Comissão Central de Recenseamento do Estado de São Paulo, além de textos como os de Alfredo Ellis Junior, Alfredo Taunay e Emílio Willems. Do total de 128 obras, 7% foram publicadas no século XIX, 3,9% na primeira década do século XX, 9,3% entre 1911 e 1920. Entre 1921 e 1930 se concentram 7% das publicações. E por fim, na década de 30 foram publicadas 90 obras, o que corresponde a 70,3% do total.

No terceiro grupo, estão dispostas as obras incluídas no tema Organização Social, Mudança e Desorganização Social (OSMDS). Das 139 obras listadas, 81 foram publicadas na década de 30. No século XIX foram publicadas 10 obras, nas duas primeiras décadas do século XX, 25 obras. Enquanto na década de 1920 foram publicadas 19 obras. Entre as obras listadas por Pierson nesse tema, se sobressaem os textos de Oliveira Vianna, Gilberto Amado, Gilberto Freyre, Sérgio Buarque de Holanda, Gustavo Barroso, Euclides da Cunha, Nestor Duarte, Arthur Ramos de Araújo Pereira e Sílvio Romero.

As obras acomodadas na área de Psicologia Social (PS) foram publicadas a partir da década de 1920. Das 9 obras listadas, 2 foram publicadas entre 1921 e 1930, e as demais a partir desse período. Os textos são: *Almas de Lama e Aço* de Gustavo Barroso, *Psicologia Social* de Raul Briquet, *Les personnages-Types du Brésil* de Pierre Deffontaines, *Fundamentos do Espírito Brasileiro* de Paulo Tollens, *Pequenos Estudos de Psicologia Social* de Oliveira Vianna, e por fim, *Introdução a Psicologia Social, Loucura e Crime, Notas Psicológicas sobre a vida cultural brasileira* e *A criança problema* de Arthur Ramos de Araújo Pereira.

Das 48 obras enquadradas no eixo Teoria e Metodologia Sociológica (TMS), 38 foram publicadas entre os anos de 1931 e 1943. Todas se referindo a problemas e questões teóricas enfrentadas pelos sociólogos. Entre as que foram publicadas antes desse período se sobressaem os textos de Paulo Egídio, *Conceito Científico das Leis Sociológicas* e *Estudos de Sociologia Criminal* e os de Sílvio Romero, *Ensaios de Sociologia e Literatura* e *O evolucionismo e o positivismo no Brasil*. Textos publicados na virada do século XIX para o século XX. Na década de 1920, se destaca o texto de Francisco Cavalcanti Pontes de Miranda, *Introdução à sociologia geral*, publicado em 1926.

No tópico das obras sobre assuntos correlatos de utilidade para o sociólogo (OAC), Donald Pierson elencou textos de história do Brasil, poesia, contos, romances, folclore, memórias, artes plásticas, notas de viagens e textos de viajantes. Textos que revelariam "de forma íntima e dramática o caráter das sociedades e culturas brasileiras, auxiliando substancialmente a compreensão das instituições, das relações entre raças, classes e sexos, dos *folkways*, *mores*, ideias, atitudes e sentimentos, característicos do Brasil em diferentes épocas e lugares."[31]

Das 587 obras coletadas por Pierson, 11,5% foram publicadas no século XIX. Na primeira década do século XX foram 5,1%. Entre os anos de 1911 e 1920, 9,1%. Entre 1921 e 1930, 11,3%. Por fim, após 1931, 63,2%. Em primeiro lugar, o que se depreende desses gráficos é o crescimento paulatino da sociologia durante as duas primeiras décadas do século XX, e o aumento vigoroso da disciplina após a década de 1930. Outro ponto interessante de se observar é o caminho entre o nascimento da sociologia no Brasil, em finais do século XIX, e o limiar dessa disciplina antes de sua institucionalização. Observando seus temas, seus conceitos, seus objetos de estudo.

Essa forma de se fazer sociologia certamente interessou Pierson, que vinha de outra tradição de pensamento, na qual a ciência

---

31 PIERSON, 1998, p. 1168.

era pensada enquanto disciplina institucionalizada em universidades ou centros de pesquisa científica. Nos Estados Unidos, revistas de divulgação de pesquisas da área de sociologia, como a *American Journal of Sociology*, foram criadas no final do século XIX. Enquanto a associação de sociólogos, a *American Sociological Association* fora criada em 1906.[32] E mais, no período entre 1895 e 1915, 95 doutorados já haviam sido defendidos nos departamentos de sociologia das Universidades de Chicago, Columbia, Yale, Pennsylvania, New York, Wisconsin e Michigan.[33] Por outro lado, nos anos 1930 e 1940 crescia o interesse das universidades norte-americanas e seus pesquisadores sobre a América Latina. [34]

Com relação aos aspectos científicos da sociologia brasileira, Pierson era reticente. Em suas palavras, "o Brasil constitui(ria) um campo quase virgem para investigações sociológicas de caráter científico."[35] Pois, ao tratar dos temas sociológicos sem o rigor científico que a disciplina exigiria, os ensaístas acabariam por torná-la uma disciplina que ele chamou de *inclusiva*. Ao contrário do que havia ocorrido nos Estados Unidos onde a sociologia definira desde o final do século XIX, seus métodos e conceitos próprios, se constituindo enquanto uma disciplina *limitada*.[36] Entretanto, Pierson

---

32 CALHOUN, 2007.

33 HINKLE, 1980.

34 Neste sentido, a criação da Latin American Studies e o interesse das universidades norte americanas na região, e a geração de intelectuais norte-americanos no Brasil nesse período, e a publicação próprio Manual de Estudos Bibliográficos.

35 PIERSON, 1998, p. 1160.

36 Para Pierson, a diferença entre disciplinas inclusivas e disciplinas limitadas se refere ao modo pelo qual sua segmentação e diferenciação de outras áreas se efetua. Uma disciplina é inclusiva quando se relaciona estritamente com outras disciplinas do conhecimento. Seus métodos, objetos de estudo e forma de apresentação das ideias estariam condicionadas por esta relação. Enquanto uma disciplina limitada, limita seu campo de ação e se define mais claramente em oposição a outras áreas do conhecimento.

reconheceu que esses "pioneiros da sociologia" ao se utilizarem do ensaio criaram outra tradição de se fazer sociologia e de interpretar o Brasil a partir de argumentos sociológicos.

Ao refazer os eixos elaborados por Donald Pierson pode-se observar melhor as maneiras pelas quais os ramos da sociologia aparecem nesse período.[37] Assim, estabeleceu-se uma nova divisão da literatura coletada a partir dos seguintes eixos: história e teoria sociológica (HTS); sociologia econômica, demografia e estudos populacionais (SEDEP); sociologia da cultura e sociologia política (SPSC); e, outras sociologias e obras de interesse ao sociólogo (OSOIS).

Tabela 2. Temas de Publicação de Obras de Sociologia

| | Século XIX | 1900-1910 | 1911-1920 | 1921-1930 | 1931-1943 | S/D | |
|---|---|---|---|---|---|---|---|
| HTS | 2 | 2 | - | 1 | 53 | 5 | 63 |
| SEDEP | 9 | 6 | 10 | 12 | 103 | 2 | 142 |
| SPSC | 9 | 17 | 10 | 14 | 75 | 6 | 131 |
| OSOIS | 48 | 7 | 15 | 23 | 139 | 19 | 251 |
| | 68 | 32 | 35 | 50 | 370 | 30 | 587 |

Fonte: MORAIS & BERRIEN, 1998

Essas subdivisões disciplinares abordadas pelos intelectuais que utilizaram argumentos sociológicos para interpretarem o país revelam algumas questões interessantes. No primeiro eixo, quase todas as obras foram publicadas no último período analisado. Entre elas, estão os textos de Almir de Andrade, Fernando de Azevedo, Romano Brito, Carlos Miguel Delgado de Carvalho, Tito Fonseca e Carneiro Leão.

---

37 Foram revistas e corrigidas algumas datas de publicação.

O segundo tópico concentrou obras que versaram sobre mobilidade social, colonização, emigração e imigração, povoamento, economia, além de estudos estatísticos. Obras como as de Hermenegildo do Brás, *Os grandes mercados de escravos africanos: as tribos importadas e sua distribuição regional*, Oscar Egídio de Araújo, *Distribuição Ecológica dos Sírios no município da capital do Estado de São Paulo*, Jerônimo Cavalcanti, *A Colonização Alemã no Brasil*, Antônio Ferreira de Almeida Junior, *Aspectos da nupcialidade paulista*, e os censos oficiais e recenseamentos sobre a população feitas pelo Estado.

O terceiro mote reuniu textos que se concentraram em estudos sobre o folclore e a cultura popular, miscigenação racial e cultural, contatos e tradições culturais, tipos sociais, estudos sobre negros e índios, subjetividade coletiva e psicologia social, nacionalismo, abolicionismo e ideias políticas, conflitos políticos, Estado e movimentos sociais e políticos. Constituindo um manancial heterogêneo de temas e abordagens. Entretanto, é possível selecionar entre esses textos certos grupos de obras que possuem características comuns a partir do ângulo de análise adotado. Assim, se propõe a seguinte subdivisão dentro da grande área SCSP: estudos monográficos, estudos culturalistas e ensaios de interpretação geral.

Tabela 3. Subdivisões da Sociologia da Cultura e Sociologia Política

| | Século XIX | 1900-1910 | 1911-1920 | 1921-1930 | 1931-1943 | S/D | |
|---|---|---|---|---|---|---|---|
| Estudos Monográficos | 4 | 5 | 3 | 5 | 23 | 2 | 42 |
| Estudos Culturalistas | 4 | 7 | 4 | 3 | 28 | 3 | 49 |
| Ensaios de Interpretação Geral | 1 | 5 | 3 | 6 | 24 | 1 | 40 |
| | 9 | 17 | 10 | 14 | 75 | 6 | 131 |

Fonte: MORAIS & BERRIEN, 1998

Sociologia, modernismo e interpretação do Brasil 51

No eixo dos estudos monográficos, se encontram obras que se dedicaram a um tema específico. Como exemplos, os textos de Carlos Alberto de Carvalho sobre a comunidade e as festas da Igreja do Bonfim, de Ettiénne Brasil sobre os negros maleses e o de José Gabriel de Lemos Brito sobre o sistema penitenciário brasileiro. Os estudos culturalistas, versaram sobre o folclore, a cultura popular, a miscigenação e o encontro de povos e culturas. Um bom modelo são os textos de Artur Ramos de Araújo sobre o negro e a cultura popular.

Por fim, os textos enquadrados no último eixo, ensaios de interpretação geral, mesclaram intimamente a sociologia da cultura e a sociologia política, postas em uma dimensão temporal. São textos que procuraram sintetizar características da história brasileira, de seu povo, seus costumes, seus hábitos, sua psicologia, seus tipos sociais, associando-os ao mundo da política ou da esfera pública. Como padrão de ensaios de interpretação geral, os textos de Sílvio Romero, Oliveira Vianna, Gilberto Freyre, Nestor Duarte, Sérgio Buarque de Holanda, Azevedo Amaral e Afonso Arinos.

São estes ensaios de interpretação geral que comumente são associados ao surgimento da sociologia no Brasil, a despeito da produção intelectual surgida no mesmo período. Ficaram como os clássicos da interpretação do Brasil, e pelo estilo de escrita, o ensaio, constituíram uma parcela da tradição de se fazer sociologia, o ensaísmo. Esse estilo de escrita e essa tradição não passaram despercebidos. A crítica e as análises sobre o ensaísmo brasileiro, em seu conjunto, fornecem algumas ponderações importantes sobre o modo como esse estilo foi concebido e analisado no caso brasileiro.

Um dos mais importantes críticos literários do século XX no Brasil, Afrânio Coutinho, se dedicou pouco ao tema. Entretanto, essa quase ausência indica uma perspectiva na qual o ensaio extrapolou as fronteiras da ficcionalidade e do círculo hermenêutico da literatura. Para Coutinho, o ensaio se incorporou na cultura brasileira, menos no sentido de tentativa, e mais na concepção de estudo interpretativo, tornando-se a forma paradigmática das interpretações historiográficas, filosóficas, políticas e sociológicas. Deste modo, aquele que escreve, extrapolaria a dimensão da ficcionalidade típica da literatura, sendo o ensaio no Brasil, um gênero que romperia com as fronteiras disciplinares. Resultaria disso, segundo Coutinho, certa ausência na crítica literária brasileira sobre a constituição do ensaio, afinal, os chamados ensaístas, "tomado *ensaio* no sentido de estudo fazem o objeto de capítulos especiais dedicados à crítica (ensaios críticos) ou a outras atividades (filosofia, história, sociologia, política), pois, em verdade, eles não são ensaístas, e sim filósofos, historiadores, sociólogos, pensadores políticos."[38]

De certo modo, seguindo essas assertivas de Coutinho, em *Literatura e Sociedade*, Antônio Candido abordou o ensaio brasileiro tendo como premissa sua inserção na tradição de pensamento e certa confluência da ficcionalidade presente nos escritos literários com um substrato científico.

> O poderoso imã da literatura interferia com a tendência sociológica, dando origem àquele gênero misto de ensaio, construído na confluência da história com economia, a filosofia ou a arte, que é uma forma bem brasileira de investigação e descoberta do Brasil e à qual devemos a pouco literária *História da Literatura Brasileira* de Sílvio Romero, *Os Sertões* de Euclides da Cunha, *Populações Meridionais do Brasil* de Oliveira Vianna, a obra de Gilberto Freyre e *Raízes do Brasil* de Sérgio Buarque de Holanda. Não será exagerado afirmar que esta linha de ensaio – em que se combinam com felicidade maior ou menor a imaginação e observação, a ciência e arte – constitui o traço mais característico e original de nosso pensamento.[39]

---

38  COUTINHO, 1997, p. 122.

39  CANDIDO, 2000, p. 119.

Infelizmente, Antônio Candido não desenvolveu uma reflexão mais sistemática acerca do gênero que o próprio crítico considerou como "o traço mais característico e original de nosso pensamento".[40] De todo modo, Candido concebia o ensaio como uma manifestação tipicamente modernista em função da escolha destes em interpretar o Brasil a partir de sínteses que possibilitavam inclusive recuperar certos autores vinculados ao que denominou de período pré--modernista. Não haveria dúvida da presença do ensaio como traço característico deste período, entretanto, a opção por este estilo de escrita evidenciaria um prolongamento do que havia sido realizado durante o século XIX, na imbricação entre a "tendência sociológica" e o ensaio neste período.

Quanto a este último ponto, Florestan Fernandes refletindo sobre a constituição da sociologia no Brasil, teceu profundas críticas a essa geração modernista e a essa forma de exposição das ideias.[41] Fernandes indicou três épocas de desenvolvimento da reflexão social no Brasil: a primeira se iniciaria desde o terceiro quartel do século XIX, cuja reflexão seria usada como recurso parcial de explicação e dependente de outros instrumentos; a segunda abarcaria o primeiro quartel do século XX, na qual predominaria o uso dessa reflexão como forma de consciência e explicação das condições histórico-sociais de existência; e a terceira estaria enraizada no segundo quartel do século XX, e que nos anos 1950 começaria a se configurar plenamente, quando vigoraria a subordinação do labor intelectual aos padrões de trabalho científico sistemático por meio da investigação empírico-indutiva. Fernandes afirmou que, tanto a "transformação da análise histórico-sociológica em investigação positiva", como a "introdução da pesquisa de campo como recurso sistemático de

---

40 Talvez, as exceções sejam seu texto sobre a sociologia no Brasil e seu texto sobre Sérgio Buarque de Holanda.

41 FERNANDES, 1958.

trabalho", poderia situar "historicamente a fase em que, no Brasil, a Sociologia se torna disciplina propriamente científica."[42]

O que interessa apontar neste momento é a crítica frontal que Florestan Fernandes realizou sobre o ensaio brasileiro. Para ele, haveria no ensaio o predomínio da subjetividade, a ausência de rigor conceitual, a aproximação excessiva com a literatura, o idealismo e a autonomia metodológica em relação aos padrões científicos de análise, principalmente pela negação do empirismo como método. Suas considerações o levaram, e toda sua geração, a desqualificar o ensaio como suporte para a sociologia e as ciências humanas.[43] Não caberia desenvolver aqui as eventuais razões pelas quais Florestan Fernandes chegara a tais proposições, entretanto, não há como negar que suas críticas ainda se fazem presentes quando se relaciona o ensaio com a sociologia, o que aporta em uma perspectiva de desconsiderar através da forma, o conteúdo inscrito neste tipo de texto.

Essa pequena fortuna crítica do ensaio no Brasil assinala uma necessidade de se pensar os elementos que o ensaio possibilita para uma interpretação do Brasil. Como apontou Coutinho, o ensaio se moldaria mais pela noção de estudo do que a de tentativa, sendo os escritores mais vinculados a áreas que extrapolariam a literalidade dos fundamentos ficcionais. Assim "em verdade, eles não são ensaístas, e sim filósofos, historiadores, sociólogos, pensadores políticos."[44] Outra questão é que a argumentação deve se direcionar aos meandros que este suporte literário perpassaria ao condensar uma tradição que se reinventou ao longo de dois séculos. Pois, se na formação do Estado, o ensaio gravitou em seu conteúdo elementos da teoria política que

---

42  FERNANDES, 1958, p. 203.

43  Dante Moreira Leite e Nelson Werneck Sodré também criticaram os ensaístas de inícios do século XX pela passionalidade da linguagem usada e pela pouca objetividade das teses levantadas. LEITE, 1969; SODRÉ, 1965.

44  COUTINHO, 1997, p. 122.

subsumiriam a sociologia, no final do século XIX, como bem apontou Candido, a "tendência sociológica" se fará mais latente.[45]

Tradicionalmente, a formação da sociologia brasileira se ancoraria a partir de uma subdivisão entre dois períodos distintos. O primeiro momento indicaria o início das formulações sobre a realidade ancorados em pressupostos da sociologia, sem no entanto, ainda constituir-se como uma ciência, com seus profissionais, mercado de trabalho, campo intelectual, praticado por diletantes ou polígrafos, considerados pensadores sociais, sem perspectiva metódica ou de delimitação clara de pressupostos científicos para se abordar os delimitados objetos de estudo típicos da sociologia. O segundo momento aportaria na especialização da disciplina, na formação e profissionalização universitária de cientistas aptos a empreenderem através do manancial da sociologia, seus estudos e interpretações sobre os objetos de estudos plenamente definidos da sociologia.

Certamente o debate sobre a institucionalização das ciências sociais no Brasil torna-se relevante para o tema em questão. Entretanto, cabe ressaltar que o processo de rotinização intelectual e demarcação disciplinar se iniciou antes da entrada da sociologia em universidades ou centros superiores de ensino e pesquisa. Caso a consideração de uma reflexão sobre a ciência basear-se somente em uma perspectiva institucionalista, estaremos condenados a replicar o predomínio norte-americano neste sentido, e esquecermos de outras tradições sociológicas, como a que emergiu no Brasil. Aliás, o caso brasileiro, visto sob o ângulo da institucionalização é bem interessante.

Enquanto disciplina curricular, a sociologia entrara na proposta de reforma de ensino de Benjamin Constant, no início da República brasileira, mas sem efetividade prática devido ao fracasso político do positivismo na área educacional. Entretanto, retornara ao sistema

---

45 Mesma percepção também teve Donald Pierson.

regular de ensino brasileiro em 1925, inserida no currículo ginasial, cursada por aqueles interessados em obter o diploma de bacharel em Ciências e Letras. Alguns anos depois, em 1928, nos Estados do Rio de Janeiro e Pernambuco, tornara-se disciplina obrigatória nos programas dos cursos de magistério.[46] Em 1931, após a Reforma Campos, em todo o Brasil, a sociologia ingressara no quadro geral de matérias para os cursos complementares dedicados ao preparo dos alunos para o ingresso nas faculdades e universidades, sendo conhecimento exigido nas provas de admissão para os cursos superiores. Nestes termos, a sociologia no Brasil apresenta uma fase anterior ao ensino e à pesquisa universitária.

Em texto sobre a formação da sociologia na Alemanha, Inglaterra e França, Lepenies observou as dificuldades com as quais se deparou a sociologia durante o século XIX, na Revolução Industrial na Inglaterra, na época pós-revolucionária francesa e na transição moderna alemã.[47] De um modo geral, nestes três casos, a sociologia teve que se inter-relacionar com a fixação de um pensamento intuitivo e flexível, representado pela literatura, e com o pensamento metódico e comprovatório advindos da ciência; do biologismo e do evolucionismo em particular. O fundamental da obra de Lepenies é a constatação de como a sociologia vai se desenvolvendo e assentando suas próprias bases, objetos e métodos de estudo em contraponto com outras áreas do conhecimento e com outras tradições interpretativas da realidade.[48] De outro lado, Lepenies evocou o processo de

---

46 MEUCCI, 2000.

47 LEPENIES, 1988.

48 Segundo Foucault, em *As Palavras e as Coisas*, a oposição humanidades/ciência foi apenas um primeiro movimento no sentido da especialização dos campos discursivos de representação do mundo natural mediante os relatos científicos. Desse modo, após a extração das ciências do seio das humanidades, implantou-se ao longo dos séculos XVIII e XIX uma profunda e crescente desconfiança mútua entre humanidades e ciências. Ao longo dos séculos,

Sociologia, modernismo e interpretação do Brasil 57

institucionalização da sociologia, demonstrando um descompasso temporal nos casos analisados. Enquanto a sociologia na França, que estava alijada com Comte, fora institucionalizada ao final do século XIX, com Durkheim, Worms, Tarde e Le Play; na Alemanha se institucionalizou e ocupou espaço nas universidades somente no entre guerras, apesar do prestígio de alguns sociólogos como Weber; na Inglaterra, a sociologia esperaria até o final da Segunda Guerra Mundial para adentrar nas centenárias universidades inglesas.

Neste mesmo sentido, em texto que dedicou à génese da sociologia, Edward Shils faz questão de acentuar a amplitude dos desfasamentos no processo de consolidação da disciplina, imputáveis à diversidade das dinâmicas intelectuais e institucionais características dos diferentes países em que a reflexão sobre o social foi emergindo. Não obstante ter sido nos países europeus centrais que se desenvolveram as grandes reflexões teóricas dos fundadores, foi nos Estados Unidos da América que a sociologia mais cedo se consolidou no plano académico-científico e profissional.[49]

Deve, aliás, incluir-se, entre essas condições, a própria importação de paradigmas teórico-metodológicos de origem norte-americana, quer por via dos fluxos de informação e publicações, quer através da presença, no campo académico-científico europeu, de uma geração de sociólogos formados nos EUA. Situação igualmente desfavorável à plena institucionalização da sociologia foi a que se verificou, na Alemanha, durante a primeira metade do século XX, com a particularidade de que nenhum dos fundadores ter sequer ocupado, com continuidade, um lugar universitário bem identificado com a disci-

---

cresceu a separação entre humanidades e pensamento científico, culminando com a ruidosa "guerra das ciências" do final do século XX, quando as ciências humanas quase foram expulsas do panteão dos conhecimentos socialmente legitimados. FOUCAULT, 2000.

49 SHILS, 1971.

plina. Só em meados da década de 1950 passaram a ser concedidos diplomas específicos nesta área, e depois disso, crescera em ritmo acelerado, o número de estudantes e professores em departamentos de sociologia.[50] Sendo certo que, em países como a Alemanha e a França, a influência do pensamento sociológico dos clássicos não deixou de se exercer sob várias formas, através da criação de revistas, de círculos informais de reflexão e de proselitismo, da difusão do saber sociológico em espaços disciplinares estabelecidos, como a filosofia, o direito ou mesmo a economia, pode se dizer, por referência ao caso americano, que a institucionalização em sentido estrito, se verifica na Europa, com descompasso significativo.

E se compararmos ao caso alemão, ou ao caso inglês, a sociologia brasileira também se institucionalizara antes. Ao compararmos o nascimento da sociologia a partir dos critérios de sua institucionalização nas universidades, entre Portugal e Brasil, nota-se um profundo desafino entre os dois processos. A sociologia, em Portugal, se institucionalizou somente na década de 1970, após a queda da ditadura de Salazar e o consequente esgotamento da modernização conservadora portuguesa. Enquanto no Brasil, a sociologia se institucionalizou na universidade na virada para a década de 1940, sendo inclusive, impulsionada pelo Estado. De outro lado, o tema da profissionalização das ciências sociais, se daria praticamente, mais uma vez excetuando o caso estadunidense, em efeito cascata no mundo ocidental. Os critérios de formação de comunidade científica, ampliação e popularização de cursos de pós-graduação, criação de redes de financiamento de pesquisas, abertura e rotinização de mercado de trabalho, formação de mão-de-obra, entre outros, exis-

---

50 WEINGART, 1998.

Sociologia, modernismo e interpretação do Brasil 59

tiriam em condições de implementação a partir da década de 1960 na Europa e na América Latina.[51]

Neste ponto específico, a abordagem cronológica deve ser matizada. O debate sobre quem institucionalizou a sociologia primeiro, não nos levaria a lugar algum. Estaríamos condenados à procura de um mito de origem e a reprodução enciclopédica da listagem de obras e autores, que primeiro foram capazes de sintetizar a teoria social dos clássicos, ainda não institucionalizados, e coloca-los sob a armadura universitária ou de uma comunidade científica. Seria interessante, alargarmos o quadro geral de referência. E tomarmos em conta balizamentos que extrapolam os quesitos nacionais de institucionalização da sociologia.

De todo modo, sobre o caso brasileiro nas décadas iniciais do século XX, pode se acrescentar, sem grandes hesitações, que havia condições políticas e culturais globalmente favoráveis a uma espécie de acumulação de conhecimentos sobre a estruturação e modos de transformação da sociedade, baseada em lógicas de cientificidade homólogas das então emergentes em outros contextos nacionais ou regionais, cujos critérios de diversificação do conhecimento e especialização das áreas de saber estivera na pauta do dia.

Uma breve observação do levantamento que Pierson fez sobre a sociologia brasileira mostra tanto os aspectos teóricos gerais com os quais a sociologia caminhou, como uma diversidade de metodologias científicas, especialmente a partir da década de 1920 e 1930. O levantamento de Pierson, apontou diversos textos de teoria e metodologia da sociologia, o que nos leva a pensar na disciplina realizando um processo de teorização sobre seus limites e potencialidades de análise. Apontou a existência de textos sobre a história da sociologia, o que nos leva a consideração da disciplina refletindo sobre o seu ofí-

---

51  WEINGART, 1998; MICELI, 1989; MELO, 1999.

cio ao longo tempo, o intérprete que interpreta o interpretar. Elencou a existência de estudos sociológicos sobre a população e sobre a organização social e mudança, temas clássicos com os quais a sociologia operou. E possibilitou a averiguação de estudos monográficos e estudos culturalistas com requinte analítico e propositor de metodologias de pesquisas originais e relevantes para se interpretar os objetos de estudos sociológicos. Contudo, essa multiplicidade e latência disciplinar devem ser orientadas para a direção do reconhecimento disciplinar antes de sua institucionalização, e por outro lado, para a averiguação de uma determinada tradição de sociologia que convivia e brotava em paralelo aos textos de estudos monográficos e estudos culturalistas com os quais a sociologia se institucionalizou.

Reintroduzindo o tema do ensaio, são os ensaios de interpretação geral que comumente são associados ao surgimento da sociologia no Brasil, a despeito da produção intelectual surgida no mesmo período. Para uma diferenciação de outros estilos propícios ao ofício do sociólogo, torna-se necessário uma definição sobre estes estudos que ficaram como os clássicos da interpretação do Brasil, e que pelo estilo de escrita, o ensaio, constituíram uma parcela da tradição de se fazer sociologia, o ensaísmo. Posto nestes termos, a perspectiva de florações da sociologia modernista, possibilitaria uma visão móvel e dinâmica sobre a história da sociologia brasileira, na medida em que o termo possibilitaria, por exemplo, a convivência e interdependência com outras formas de sociologia, como a sociologia acadêmica, a sociologia profissional, que se institucionalizou no país, ou a sociologia monográfica presente no período, além da relação com outros suportes de escrita e outros tipos de linguagem, como a literatura e as artes. A metáfora da floração da sociologia modernista, permitiria entender estas formas de conhecimento intimamente conectadas ao canteiro do qual fazem parte, imiscuídas entre diversas folhagens, mas com características comuns, sendo possível sua identificação.

Sociologia, modernismo e interpretação do Brasil 61

A sociologia modernista seria uma das formas clássicas do ofício, uma tradição de se fazer sociologia. Acabou por trazer como referência muito mais uma série de temas e forma de apresentação das ideias, do que um mero encadeamento de livros e autores, consistiria em conjuntos de pressupostos, valores e concepções que catalisariam interpretações em seu favor, cristalizando ângulos interpretativos. Constituiria-se enquanto perspectiva analítica composta por sua transversalidade e intertextualidade, um conjunto de parâmetros para se interpretar o Brasil, que se difere de outras tradições de interpretação, e se difere de outros modos de se fazer sociologia. As primeiras florações da sociologia modernista encontraram terreno fértil de desenvolvimento em finais do século XIX, perpassando as primeiras décadas do século XX. O desenvolvimento do canteiro sociológico se daria com maior adubagem na década de 1930, com a proliferação efetiva desta tradição de interpretação e aprimoramento de seus principais argumentos. Entretanto, os percursos que levam à diferentes florações são entrecortados, descontínuos. Não constituem uma linha histórica contínua ou evolutiva, são antes plurivocidade discursiva, com temas enredados, conflituosos, que se embaraçam e se interseccionam a partir de conjuntos de repertórios e estilos de interpretação.

Sendo assim, um dos alvos a serem atingidos é investigar essa tradição de se fazer sociologia a partir de uma reflexão sobre estes ensaios de interpretação geral que constituem o *corpus* da sociologia modernista e que lhe deram forma. Dois motes centrais mobilizariam estes textos: a caracterização cultural brasileira e sua ação social postos no arrolamento público e privado nas relações entre Estado e sociedade no Brasil. Posto desta forma, este tipo de sociologia remeteria a averiguação de uma concepção de sociologia política, ainda que indissociada da sociologia da cultura e da historiografia, interpelando as explicações sobre as relações entre público e privado na sociedade e na história dessa sociedade. A partir deste tipo de interpretação do Brasil realizado por ensaios, se apreende a particular configuração histórica da constituição das relações entre Estado e sociedade no Brasil.[52] Uma vez que esta questão em torno da qual se forma a sociologia modernista, e a própria disciplina, pode ser entendida e imiscuída como o processo da formação de uma comunidade política típica da modernidade que envolveria a articulação de alguns aspectos cruciais relacionados ao modernismo e à modernização: a burocratização do poder público, a formação de uma solidariedade social adequada a este tipo de autoridade, a formação de uma sociabilidade e a constituição de uma subjetividade moderna e os enlaces do moderno específicos desta região se comparadas ao processo ocidental clássico. Embora relacionada ao valor heurístico do relacionamento público/ privado abordado nesses ensaios para a discussão dos impasses do Estado-nação no Brasil, se aprofunda uma compreensão sociológica das interpretações do Brasil não como descrições externas, mas antes constitutivas enquanto forças sociais do próprio processo moderno de nacionalização da vida social.[53]

Por fim, cabe mencionar que esses diagnósticos provenientes dessas interpretações do Brasil se ancoram na construção de uma historiografia. Em dois sentidos, no de escrita da história e no de fundamentar os argumentos com base na história. A história enquanto escrita. Analisada, ponderada, sopesada, interpretada através de conceitos explicativos. E a história enquanto devir da sociedade no tempo, enquanto coleta e seleção de fatos. Posto dessa maneira, a historiografia efetuada pelas interpretações do Brasil, ou pela sociologia nascente, conjugou três elementos fundamentais. O primeiro diz respeito à própria explicação da história brasileira no que tange aos conceitos e à própria noção de tempo histórico. O segundo se

---

52  LAVALLE, 2004.

53  WERNECK VIANNA, 1997; BOTELHO, 2007; BRANDÃO, 2005; TAVOLARO, 2005.

# Sociologia, modernismo e interpretação do Brasil    63

relaciona aos personagens desse enredo, lidos e interpretados a partir da chave do interesse e da virtude. E por fim, o espaço no qual a trama se desenrola, elaborando uma criativa cartografia semântica.

Essas sugestões teóricas são cruciais porque permitem rediscutir as interpretações do Brasil, e por conseguinte a sociologia modernista, em um outro patamar analítico, não somente como a exegese dos textos, mas sondando a sua contribuição para a criação de um espaço social de comunicação entre dimensões distintas da sociedade brasileira, operando nela, como um tipo de metalinguagem do próprio grupo social a qual pertencem, de sua sociedade, de seu Estado-nação e de seu tempo.[54] Assim, a constituição do Estado Nacional, no campo político, a consolidação do capitalismo industrial, na área econômica, e a estrutura de classes sociais, na esfera social, em cada contexto, tempo e espaço, adquirem um andamento diferenciado, conservando, entretanto, aspectos universais de inter-relacionamento.[55]

O próximo passo é a investigação sobre o suporte de escrita que os intelectuais brasileiros dos anos 30 se utilizaram para interpretar o Brasil. Neste caso, o apontamento é para as características do ensaio como forma e os modos pelos quais esse estilo de escrita se aclimatou no território latino-americano em geral e brasileiro em particular.

---

54  WERNECK VIANNA, 1997; BOTELHO, 2007.

55  A tensão entre universalismo e nacionalismo se tornou patente no ensaísmo sociológico dos anos 30 e no modernismo que lhe dá substrato. Como se verá adiante, o modernismo brasileiro, e talvez o de certa parte do subcontinente latino-americano, se diferenciou das matrizes do modernismo ocidental central. Não somente pelas atribuições e a forma como se deu a recepção do modernismo nesta região, mas em grande medida, pela tradição histórica e pelo processo de modernização realizado.

# AS AVENTURAS DA FORMA

> Trincheiras de ideias valem mais que trincheiras
> de pedra. Por isso o livro importado foi vencido
> na América pelo homem natural. Os homens
> naturais tem vencido aos letrados artificiais.
>
> José Martí, *Nuestra América*, 1891

Este capítulo é composto por três movimentos interdependentes. O primeiro é a busca por uma definição geral do estilo de escrita ensaio. O segundo diz respeito a formas de apropriação e reinserção desse estilo em um contexto diverso do europeu. O terceiro trata especificamente do ensaísmo brasileiro.

Na primeira parte, realizo uma breve exposição das principais características do ensaio enquanto forma de escrita e de exposição das ideias. Apesar da crítica literária ter se dedicado e estabelecido certos parâmetros, se recorreu a algumas proposições de Georg Lukács e Theodor Adorno sobre o ensaio para se estabelecer algumas referências para a discussão do alcance do ensaio como forma adequada de conhecimento da realidade. Ademais, se indicou mesmo que superficialmente, as trajetórias do ensaio como tradições nacionais de interpretação que paulatinamente ganharam expressão através de certos temas e debates. Nas origens, se o texto de Montaigne se tornou fundamental para o estabelecimento deste suporte de escrita, o ensaio conheceu diversas trajetórias na Europa central, sendo apropriado pela filosofia alemã, pelo debate cultural inglês e pela crítica francesa. Seguindo este raciocínio, se considera que os elementos distintivos do ensaio, enquanto proposição de uma teoria geral como a concebida por Lukács e Adorno, não são suficientes para a exaustão analítica sobre os modos pelos quais estão disponíveis certos estilos aos autores e os usos pelos quais se constrói a argumentação proposta por cada autor.

No segundo tópico do capítulo, estabeleço uma reflexão sobre o ensaio latino-americano, sua vocação para a participação na vida pública da região e a experiência intelectual latino-americana. Inicialmente, se localiza duas tradições de interpretação sobre ensaio no território, uma que que se utiliza de uma metáfora da América enquanto ensaio civilizatório e outra que localizou o ensaio e a vocação ensaística latino-americana conectada aos movimentos de autonomia política-institucional do continente. Em seguida, encaminha-se a ponderação de que a proliferação do ensaio nesta região periférica ajudou a configurar um pensamento que tenderia a expressar-se através de uma relação com sua sociedade e seu território, a partir de sua posição e de sua experiência intelectual. Nestes termos, indica-se a persistência de práticas cognitivas do mundo em territórios fora do eixo europeu e sua imbricação com a forma como as ideias são apresentadas. Em seguida, se relaciona essa forma periférica de apresentação das ideias com a característica típica desses territórios, na confluência para a inventividade, em seu aspecto construtivo, o inacabamento e a concepção desses territórios como um campo de experimentação da modernidade. Assim, a América Latina, na visão de seus intérpretes emergiria como um espaço de projetos.

# Sociologia, modernismo e interpretação do Brasil

E por fim, na terceira parte do capítulo, realizo uma breve genealogia do ensaio brasileiro e suas características gerais, procurando estabelecer as possíveis relações entre as características do suporte de escrita e as vicissitudes dos temas tratados. Se observa a diferença do conteúdo entre o ensaio no contexto do século XIX e especialmente a virada sociológica dentro do ensaísmo e as principais características que cimentaram o solo no qual a sociologia modernista se construiu.

## Os Contornos da Escrita: as formas do ensaio

As posições de Georg Lukács e Theodor Adorno tornaram-se referência para a discussão do alcance do ensaio como forma adequada de conhecimento da realidade. Para Lukács, o ensaio como forma partiria da renúncia ao direito absoluto do método e da ilusão de poder resolver pela forma o sistema de contradições e tensões da vida.[1] O ensaio não obedeceria a regras da ciência, tampouco da teoria, para as quais a ordem das coisas seria o mesmo que a ordem das ideias. Pelo contrário, o ensaio, partindo da consciência da não identificação seria radical em seu não radicalismo, na abstenção de reduzir o todo a um princípio, na acentuação do parcial frente ao total, em seu caráter fragmentário. O ensaio, nesta concepção, seria a forma de decomposição da unidade e da reunificação hipotética das partes, no sentido que daria movimento ao imaginar a dinâmica da vida, reunindo estruturas provisórias do que estaria dividido, e distingui-lo do todo que se apresentaria como unidade.

Esse movimento, instante fugaz, deveria propiciar ao ensaio uma distinção central na filosofia de Lukács: a oposição entre vida cotidiana e vida autêntica.[2] A existência autêntica seria a única capaz de permitir ao homem deixar de conceber a morte como um limite

---

1 LUKÁCS, 2009; 1985.

2 LUKÁCS, 2009.

que apaga sua existência e ilude seu sentido. Nestes termos, a busca lukácseana da forma para dotar a vida de sentido encontraria no ensaio uma expressão que dotaria de sentido a vida autêntica como gesto reflexivo. De modo que nos seus escritos sobre a forma e alma, o que pareceria ser dois discursos separados, o fictício e o teórico,[3] constituem a mesma resposta para a tragicidade da vida.

No fundo, para Lukács, o ensaio expressaria uma síntese da vida, que buscasse a dinâmica efetiva dos elementos dela. Entretanto, a impossibilidade de se dar uma forma à vida, de resolver sua antítese na dimensão afirmativa de uma cultura, obrigaria o ensaio a se auto interpretar como representação provisória e como ponto de partida de outras formas, de outras possibilidades. Daí seu caráter errante entre a forma e sua superação irônica, entre a forma como destino e a aforia de uma forma como totalidade independente. Dito de outro modo, essa irrupção irônica que se alimentaria da surpresa de se observar a suspenção da ideia de absoluto, através da irrupção de coisas fragmentárias da vida, assinalaria que através do jogo e das variações e configurações da vida se renunciaria as formas de evidência do real, e impõem ao ensaio um procedimento abstrato, que determinaria tanto sua estratégia discursiva como a forma de conhecimento que seria própria.

A diferenciação do ensaio de outras formas como a poesia, seria que a poesia receberia o destino em seu perfil, em sua forma, enquanto no ensaio, a forma se faria destino, ou ao mesmo o princípio do destino, uma vez que decidiria a resolução particular dos possíveis. O ensaio necessitaria da forma enquanto vivência, para realizar-se na consciência da vida através do desacordo entre a vida e suas instâncias de representação e explicação. Estas postulações de

---

3   Cabe lembrar, a invenção de Leo Popper, amigo imaginário a quem Lukács discorre sobre o ensaio.

# Sociologia, modernismo e interpretação do Brasil

Lukács seriam retomadas por Adorno que encaminharia a discussão sobre o modo de escritura do ensaio a outro ponto.

Para Adorno, a forma ensaística é pensada como o estilo ou a maneira de se fazer filosofia, que de uma maneira geral, não só eximiria o texto de cair na armadilha das tradições acadêmicas e científicas, portadoras de uma tradição de pensamento conservador, mas sobretudo, permitiria uma maior precisão filosófica do que outros suportes literários. Ciência e filosofia se valeriam de uma interpretação conceitual da realidade, de um amálgama entre a ordem das coisas e a ordem dos conceitos.

> O ensaio não segue as regras do jogo da ciência e da teoria organizadas, segundo as quais, diz a formulação de Spinoza, a ordem das coisas seria o mesmo que a ordem das ideais. Como a ordem dos conceitos, uma ordem sem lacunas, não equivale ao que existe, o ensaio não almeja uma construção fechada, dedutiva ou indutiva. Ele se revolta sobretudo contra a doutrina, arraigada desde Platão, segundo a qual o mutável e o efêmero não seriam dignos de filosofia.[4]

Para percorrer esse denso traçado que a revolta do estilo sobrepujaria, implicaria compreender as tensões entre história e filosofia, ideologia e pensamento. Adorno buscou as matrizes de onde o problema teria emergido: a separação incondicional entre ciência e arte e a consequente fragmentação da unidade do saber, em saberes científico e artístico. Diz Adorno:

> Com a objetivação do mundo, resultado da progressiva desmitologização, a ciência e a arte se separaram; é impossível restabelecer com um golpe de mágica uma consciên-

---

4 ADORNO, 2003, p. 25.

cia para a qual intuição e conceito, imagem e signo, constituam uma unidade.[5]

A entidade constitutiva desta forma de apreensão, somente seria definível mediante a habilitação de uma operação reflexiva que oscilaria entre a sensação e a impressão, a opinião e o juízo lógico. É fundamentalmente o discurso sintético da pluralidade discursiva unificada pela consideração crítica do indivíduo. Por outro lado, o ensaio tenderia a possibilitar o tratamento de tudo o que lhe fosse suscetível de ser tomado como objeto conveniente ou interessante para a reflexão. A liberdade do ensaio adviria tanto de sua organização discursiva e textual como de seu horizonte de eleição temática. Para Adorno, o ensaio seria um acoplamento entre arte e ciência, e conviveria com especial propensão integradora, ao tempo em que necessariamente imperfeita e inacabada, uma síntese cambiante com uma forma poliédrica.

> O ensaio não apenas negligencia a certeza indubitável, como também renuncia ao ideal dessa certeza. Torna-se verdadeiro pela marcha de seu pensamento, que o leva para além de si mesmo, e não pela obsessão em buscar seus fundamentos como se fossem tesouros enterrados.[6]

Essa insinuação de não acabamento do ensaio seria o movimento que perpetuaria o seu voo ao infinito. Os objetos, as premissas, os conceitos e os fins, não poderiam ser omitidos, mas também não poderiam ser sistematicamente determinados por uma linguagem tradicional. Nas palavras de Adorno:

> Sua totalidade, a unidade de uma forma construída a partir de si mesma, é a totalidade do que não é totalidade, uma

---

5    ADORNO, 2003, p. 20.
6    ADORNO, 2003, p. 30.

# Sociologia, modernismo e interpretação do Brasil

> totalidade que, também como forma, não afirma a tese de identidade entre pensamento e coisa, que rejeita como conteúdo. Libertando-se da compulsão à identidade, o ensaio é presenteado, de vez em quando, com o que escapa ao pensamento oficial: o momento do indelével, da cor própria que não pode ser apagada.[7]

A postura crítica do ensaio, a sua cor própria, estaria presente em seu conteúdo e sua forma. Primeiro, transpareceria em seu conteúdo na medida em que um dos temas examinados seria a própria forma de apresentação da filosofia e dos seus conceitos.

> O ensaio exige, ainda mais que o procedimento definidor, a interação recíproca de seus conceitos no processo da experiência intelectual. Nessa experiência, os conceitos não formam um *continuum* de operações, o pensamento não avança em sentido único; em vez disso, os vários momentos se entrelaçam como um tapete.[8]

Segundo, o próprio ensaio seria, em sua forma, uma resposta possível ao problema elaborado no conteúdo do texto. O que resguardaria o ensaio de fracassar como a tentativa de meta-arte, por exemplo. Seria que o ensaio trabalharia em cima de conceitos, "ele necessariamente se aproxima da teoria, em razão dos conceitos que nele aparecem trazendo de fora não só seus significados, mas também seus referenciais teóricos."[9] Ele transitaria entre esferas aparentemente desconexas, e estabeleceria à sua vontade as ligações necessárias para usufruir da própria tensão entre forma e conteúdo, entre exposto e exposição, para criar seu próprio caminho.[10] Porém,

---

7   ADORNO, 2003, p. 36-37.

8   ADORNO, 2003, p. 29-30.

9   ADORNO, 2003, p. 37.

10  NOYAMA, 2009.

independente do caminho percorrido, cada um à sua maneira, a forma de apresentação de ideias permaneceria determinada pelos princípios, regras, limites e por todo corpo metodológico do perfil de pensamento que se estabeleceria.

> Todos os seus conceitos devem ser expostos de modo a carregar os outros, cada conceito deve ser articulado por suas configurações com os demais. No ensaio, elementos aparentemente separados entre si são reunidos em um todo legível; ele não constrói nenhum andaime ou estrutura. Mas enquanto configuração, os elementos se cristalizam por seu movimento.[11]

Outra característica fundamental do ensaio, seguindo os passos de Adorno, é que no ensaio se apresentaria o calor do momento, a contemporaneidade explícita do pensamento e do diálogo que o ensaísta necessita efetuar. Assim, "a atualidade do ensaio é anacrônica. A hora lhe é mais desfavorável do que nunca."[12]

O ensaio seria um protótipo moderno, uma criação estilística da modernidade, especificamente assinalaria uma perspectiva histórica-intelectual do Ocidente e sua cultura de reflexão especulativa e crítica.[13] Naturalizado e privilegiado pela cultura da modernidade europeia, o ensaio seria o centro de um espaço que abarcaria o conjunto de textos destinados a resolver as necessidades de expressão e comunicação do pensamento. Assim, o ensaísmo enquanto criação literária, ao reconstruir no interior de sua narrativa um espaço e um tempo próprios, com palavras que em si condensam os sentidos acumulados em seu próprio curso, revela-

---

11 ADORNO, 2003, p. 31.

12 ADORNO, 2003, p. 44.

13 HARO, 1992; OBALDIA, 1995; GOMÉS-MARTINEZ, 1992; EARLE, 1982; WEINBERG, 2002.

Sociologia, modernismo e interpretação do Brasil        73

ria os modos peculiares de interpretação advindos da tradição e da experiência intelectual do seu autor.[14]

Dentre os analistas que se aventuraram em traçar a linhagem do ensaio, parece consenso apontar os *Ensaios* de Michel Montaigne, como texto fundante deste estilo de escrita. Apontaram que Montaigne construiu a primeira poética do ensaio ao estabelecer quatro características dessa atitude literária: o juízo individual ou subjetivo, o caráter dialógico, a vontade de estilo e a interpretação da realidade.[15]

Os *Ensaios* resumiriam pensamentos, máximas, conselhos, cujo núcleo temático se encontraria na dispersão das questões que afligiriam seu autor, mediatizado pela sensação de um indivíduo dramaticamente cindido, desarraigado do mundo, avaliando-o como a si mesmo.[16] Nestes termos, o ensaio nasceu porque em seu contexto de origem, a Renascença, se deu relevância ao indivíduo dentro do mundo das letras e das artes, aumentando os graus de representação da subjetividade do conhecimento. Esta variação trouxera consigo certa consciência da individualidade, que por sua vez, implicara em uma nova maneira de assumir a inteligibilidade da realidade.[17]

De outro lado, se pensarmos como Costa Lima, até a época de Montaigne, pontificava a ordem da mimesis, em que a literatura se confundia com a retórica, se enquadrava nas belas letras, não se opondo de forma acentuada a um pensamento que associava a racionalidade à teologia e que muitas vezes se expressava de forma alegórica.[18] Nestes termos, a obra de Montaigne anunciaria a ordem do método e abriria para o sujeito recém descoberto um horizonte vazio pois ainda

---

14  ROLLAND, 1997, p. 230

15  HARO, 1992; OBALDIA, 1995; GOMÉS-MARTINEZ, 1992; EARLE, 1982; WEINBERG, 2002

16  ROLAND, 1997, p. 226; OBALDIA, 1995.

17  Sobre a constituição subjetiva do homem na Renascença, ver: HELLER, 1986.

18  LIMA, 1995; 1993.

não existiria uma lei que substituísse a visão em ruínas da ordem da mimesis. A ordem do método, na ficção, seguindo os passos de Costa Lima, organizaria um controle do imaginário, o processo pelo qual a literatura se autonomizaria enquanto discurso, como um espaço circunscrito e limitado do imaginário individual e social, de modo a minimizar os efeitos que a ficção engendraria nos discursos estabilizados e dominantes da religião, da filosofia ou da ciência.

Nestes termos, o ensaísmo na França, se associaria a ideia de crítica e de passagem da ordem da mimeses para a ordem do método, e se associariam "a leituras pessoais de textos literários (um subproduto da teoria literária), ou escritos esparsos (um subproduto da filosofia), ou ainda divagações sobre eventos cotidianos e políticos (caso em que o ensaio, abastardo, se aproximaria da crônica)."[19] Desta forma, a tradição francesa do ensaio teria como característica a hesitação entre uma demanda filosófica que seria referencial e um horizonte de representações que tangeria o ficcional.

Se a obra capital de Montaigne fora escrita em 1589, e traduzida para o inglês em 1598, foi em Francis Bacon e David Hume que o ensaio se destacaria na produção intelectual inglesa.

> Conquanto nascido em solo francês, o ensaio prosperaria nos séculos XVII e XVIII entre os escritores anglo-saxônicos: a partir de Francis Bacon, cujos *Essays* datam de 1597, a nova modalidade literária encontraria adeptos do nível de um Addison, Alexander Pope, Samuel Johnson, David Hume, John Dryden, Jonathan Swift, Daniel Defoe, Abraham Cowley e outros. Acrescente-se como sintoma de "naturalização", que a primeira revista inteiramente dedicada ao ensaio, *The Spectator*, veio a lume em 1711, graças a Richard Steele e Addison, e na qual Pope colaborou. Ao mesmo tempo que o ensaio se propaga na Inglaterra, observa-se o emprego cada vez mais difundido da palavra que o

---

19  PINTO, 1998, p. 76.

Sociologia, modernismo e interpretação do Brasil

> denomina: *Essays concerning human understand* (1690) de John Locke, *Essay on dramatic poesie* (1668) de John Dryden, *Essay on Criticism* (1711) e *Essay on Man* (1732-34), de Pope são exemplos dos mais notáveis.[20]

Na Inglaterra, o ensaio floresceria e permaneceria por duas razões: "em primeiro lugar, a fonte do ensaísmo inglês é Bacon, ou seja, um empirista, que de saída, afasta qualquer pretensão sistemática à qual o ensaio se contrapusesse",[21] em segundo lugar, o ensaio inglês não tem grande proximidade com o ficcional e sua característica marcante é a pluralidade de motivos. Tendo como subsolo uma filosofia empirista e pragmática, o ensaio inglês descreveria o fenômeno da cultura em sua variedade, enquanto no caso francês, existiria a busca de uma identidade à qual fosse redutível toda a experiência humana.

No caso inglês, o ensaio serviria de suporte ao debate sobre a relação entre o homem e a cultura e se difundiria em diversas publicações, mas manteria seu substrato empirista e pragmático. Na França de Montaigne, o estilo seria usado para tecer comentários relacionados à crítica literária, estética, filosófica, com propensões de individualidade, e sempre em busca do desvelamento da identidade íntima das coisas. No caso alemão, do qual Adorno se enquadra, o ensaio se associaria a um modo de se fazer filosofia em que se concatenava a sua posição entre a arte e a ciência.

> Em outras palavras, se na Inglaterra a tradição ensaística assume, de maneira geral, as vezes de um discurso aberto e público sobre a cultura e na França ela passa a se ligar mais estritamente à prosa da literatura como forma de crítica literária, na Alemanha trata-se de uma maneira particular de se fazer filosofia, cujo nome notável da segunda metade do século XIX é Nietzsche e, na primeira metade do XX, Walter

---

20  MOISES, 1993, p. 69.

21  PINTO,1998, p. 76.

> Benjamin. Na Espanha, por outro lado, cultura dada a introspecção onde o gênero pareceu sempre gozar de boa reputação, ele se filia mais abertamente a uma tradição intimista e quase religiosa de pensamento, onde se coloca em primeiro plano, além da questão do 'eu', uma indagação vigorosa sobre a identidade cultural espanhola, em que se destacam nomes como Miguel de Unamuno e José Ortega y Gasset.[22]

Dito isso, além de suas características formais enquanto suporte literário, ao se pretender uma análise sobre o ensaio, há que se atentar para as transformações eventuais que ocorrem dentro de certos limites impostos pela tradição nacional. Não há dúvida da pertinência das proposições de Lukács e Adorno acerca do ensaio, buscando uma teoria geral que mobilizaria elementos fundamentais para esse suporte de escrita. Entretanto, por si só, esses elementos constitutivos não são suficientes para o esgotamento analítico que se propõe a abordar os modos pelos quais estão disponíveis certos estilos aos autores e os usos pelos quais se engendra a argumentação proposta por cada autor. O ensaio na América adquiriu outros contornos, diferentes do contexto europeu. É o tema que se passa a tratar.

## O Ensaio como Vocação: o Ensaísmo Latino-americano

De todo o debate sobre a natureza do ensaio e as tentativas de elaboração de uma teoria geral do ensaio, salta aos olhos a insuficiência de uma possível transposição desse modelo de interpretação aos estilos de escritas realizados fora do eixo europeu sem alguns retoques. Não há dúvida da tradição ensaística remontar ao contexto europeu, sofrendo lá, diversas mutações relacionadas à inscrição em tradições nacionais específicas. Associado a isso, o núcleo temático

---

22 NICOLAZZI, 2008, p. 313.

do qual os ensaístas aderiram possui como marca fundamental as variações de tempo e espaço.[23]

Se em Montaigne chamava a atenção a ausência de uma afeição concentrada, uma causa definida em torno de um tema ou núcleo temático, a não ser o exercício radical da liberdade de viver e escrever e de poder apresentar seu livro como a si mesmo,[24] a recepção e recriação desse estilo ao longo do tempo e espaço se alterará consubstancialmente.[25]

O debate sobre as origens do ensaio[26] no continente latino--americano apresenta duas postulações. A primeira apontou o surgimento do ensaio a partir das interpretações realizadas pelos europeus no Novo Mundo, sua necessidade de descrever a paisagem e os seus habitantes. A segunda perspectiva localizou o ensaio dentro do movimento emancipacionista do século XIX, que culminou com as Independências e construções dos Estados nacionais.

Dentro do primeiro ponto de vista, German Arciniegas apontou que a tradição ensaística no continente remontaria ao século

---

23  Neste sentido é preciso historicizar o ensaio. WEINBERG, 2002.

24  OBALDIA, 1995.

25  "Simplificando, podemos distinguir dois tipos de ensaística. Uma tradicional, de temática variada, que cumpre uma função basicamente intelectual e que floresceu na Europa do séculos XVI a XVIII e outro, americanizado, que se caracteriza por uma unidade temática centrada na própria identidade e por uma ativa função política, e que conheceu seu auge nos séculos XIX e XX." HOUVENAGHEL, 2002, p. 25.

26  O ensaísmo fornece reflexões imprescindíveis à interpretação e compreensão próprias ao tempo-espaço em que foi escrito, na medida em que se toma como premissa um procedimento de localização: pensar a partir de. Com a noção de posição, Dominique Maingueneau explorou a polissemia de uma localização enunciativa em dois eixos: o de uma tomada de posição e o de uma ancoragem em um espaço conflitivo. Assim, "ocupar uma certa posição será portanto determinar que as obras devem ser enquadradas em determinados gêneros e não em outros. (...) A própria relação que uma posição mantém com respeito a genericidade é variável de acordo com as épocas e as posições." MAINGUENEAU, 1995, p. 59-60.

XVI, ainda que a palavra ensaio, que nomeará o gênero mais adiante não existisse. O ensaio revelaria uma vontade interpretativa ante o Novo Mundo, ignoto, estranho, distante, que conquistadores e colonizadores intentaram apreender através do poema épico e das crônicas. Arciniegas afirmou que o ensaio esteve presente "desde os primeiros encontros do branco e do índio, em pleno século XVI."[27] Por metáfora, a América encarnaria ela mesma um próprio ensaio. Essa metáfora que definiu a América como um ensaio se explicaria pela eclosão do grande debate que suscitou a aparição de um novo continente na geografia e no imaginário europeu.

> Surpreende a primeira vista, esta antecipação quando outros gêneros literários só apareceram na América tardiamente (a novela, a biografia). A razão desta singularidade é óbvia. A América surge no mundo com sua geografia e seus homens, como um problema. É uma novidade insuspeitável que rompe com as ideias tradicionais. A América é já, em si, um problema, um ensaio de novo mundo, algo que tenta, provoca, desafia a inteligência.[28]

Conquistadores, colonizadores, clérigos e mestiços estariam imersos em especulações religiosas e espirituais que postulariam que a experiência americana, sua natureza e seu homem possuiriam outro significado diferente do europeu, pois a América seria o ensaio civilizatório a aguçar as interpretações.

Seguindo essas ponderações, Arciniegas apontou que Cristóvão Colombo e Américo Vespúcio já continham elementos ensaísticos em suas reflexões. Para ele, Colombo discutiu o problema do paraíso terreal e sua correspondência nas terras que tinha a vista, retirando o debate de textos bíblicos, do catolicismo de sua época e dos geógrafos

---

27 ARCINIEGAS, 1983, p. 95
28 ARCINIEGAS,1983, p. 331.

Sociologia, modernismo e interpretação do Brasil

mais antigos. Américo Vespúcio provocava o debate com os humanistas de Florença acerca da cor dos homens em relação ao clima e a possibilidade de que as terras abaixo da linha do Equador fossem habitadas por seres humanos. Para Arciniegas, teriam sido estes os primeiros ensaios da literatura latino-americana. Nas palavras do autor:

> o ensaio que é a palestra natural para que se discutam certas coisas, com todo o que há neste gênero de incitante, breve, audaz, polêmico, paradóxico, problemático, resultou desde o primeiro dia algo que parecia disposto sobre medidas para que nós nos expressássemos. Ou para que os europeus se expressassem sobre nós.[29]

Esta intuição de Arciniegas ganhou mais força com Héctor Orjuela, que remontaria as origens do ensaio no Novo Mundo lendo de uma maneira inovadora os discursos dos sacerdotes e conquistadores que possibilitaram a emergência da cultura letrada na América.[30] Para ele, os séculos XVII e XVIII implicaram não somente a aparição do barroco nestas latitudes, mas também a diversificação das manifestações ensaísticas. O ensaio teria ganhado primazia graças ao estilo cultivado pelos escritores mais destacados da época, como Hernando Domingos Camargo, com sua *Invenctiva Apologética*, Juan de Cueto y Mena com o *Discurso del Amor y la Muerte* e Madre Francisca Josefa de la Concepción del Castillo, autora de *Afetos Espirituales*.

Da mesma opinião que Orjuela e Arciniegas, Edgar Montiel, quando se referiu aos antecedentes do ensaio americano, o localizou entre os europeus que primeiro pisaram essas terras.

> Passagens em que se formulam reflexões de índole ensaística houve em quase todos os nossos historiadores e cronistas primitivos, nos humanistas dos séculos XVI a XVIII, parti-

---

29  ARCINIEGAS, 1983, p. 97.

30  ORJUELA, 2002.

cularmente nas obras de Bartolomé de las Casas, Francisco Xavier Clavijero, Andrés Cavo e Pedro José Marquez.[31]

Com a inflexão sobre a natureza, o ambiente e as riquezas materiais e simbólicas do Novo Mundo, estes religiosos e cronistas, cujo interesse e curiosidade científica anunciavam a influência da Ilustração, compartilhavam um traço geracional baseado no assombro e na inovação que em seus horizontes de sentido se fixou a América. Para Orjuela, "os escritores sentiam a necessidade de inventariar os produtos da terra e o habitat dos aborígenes nas diferentes regiões do país e incorporavam a informação da história natural em crônica, tratados e ensaios com temas muito diversos."[32]

No fundo, seriam hermeneutas que começaram a decodificar a fauna, a flora e as matizes do Novo Mundo, para construir mediante o exercício da escrita uma nova identidade a partir da alteridade americana, lugar onde todos os opostos se encontrariam, não para eliminarem-se senão para viverem na diferença em relação ao conhecido continente europeu. Estariam preocupados em direcionar seus escritos ao público que se encontrava do outro lado do Atlântico, no esforço de apresentar o Novo Mundo e suas particularidades a partir das diferenças que se encontravam nesses territórios. Ganharia expressões e sentidos diversos essa ambiência. Para uns, a comprovação do paraíso terreal, de um mundo idílico, e para outros, a fúria da natureza e a decadência selvagem.[33]

O importante é que se nota como uma nova aproximação dos textos produzidos nas circunstâncias histórico-culturais advindas da Conquista e da experiência colonial, poderia apoiar a discussão sobre a presença da inflexão ensaística nestas terras antes do sur-

---

31  MONTIEL, 2000, p. 170.

32  ORJUELA, 2002, p. 83.

33  Sobre as concepções de natureza nas Américas e sua genealogia, ver: GREENBLATT, 1996; PRATT, 1999.

Sociologia, modernismo e interpretação do Brasil          81

gimento de Montaigne. Entretanto, resulta válida a ponderação de Claudio Maíz e de Leopold Zea a respeito de que o ensaio é a forma de expressão de conteúdos críticos em períodos específicos.[34] E na América Latina, adquiriu força e constância no século XIX, quando apareceram os "desbravadores da selva e os pais do alfabeto", como os chamou Alfonso Reyes em *Passado Inmediato*.[35] Assim, a partir do século XIX, surgiu uma tradição de pensamento sentenciado pelo ensaio para estabelecer um diálogo com o centro assim como para gerar aquilo que Leopold Zea chamou de "consciência intelectual da América".[36]

Nesta perspectiva, na América Latina, o ensaio dialogaria em suas origens com as inquietudes próprias dos letrados e polígrafos do século XIX e com os ecos do pensamento ilustrado herdado da Revolução Francesa e do Enciclopedismo,[37] com o liberalismo[38] nascente, com os próceres da Revolução Americana, com o exemplo da Revolução do Haiti, assim como com a própria tradição ibérica,[39] definitivos na busca pela expressão ensaística.[40]

---

34  MAIZ, 2003; ZEA, 1972.

35  Alfonso Reyes se referia especialmente a Andrés Bello, Domingo Faustino Sarmiento, Eugenio María de Hostos, Justo Sierra, Jose Enrique Rodó e Jose Martí.

36  ZEA, 1972.

37  Fato que levou a primazia da "Razão política" no século XIX. CARVALHO, 1980 e WERNECK VIANNA, 1997.

38  FERNANDES, 2006; CARVALHO, 1980; PRADO, 1999.

39  Como apontou BARBOZA FILHO, 2000. Os principais elementos que particularizaram a Ibéria em relação ao restante da Europa e que incorporaram-se à tradição americana foram: o territorialismo e sua capacidade de controle sobre espaços cada vez mais amplos, a religiosidade simples e de fronteira que transformou seu movimento territorialista em cruzada, a fixidez da estrutura social, preservada pela capacidade de drenar os conflitos internos para as zonas de expansão, conquistando-as para a reprodução da mesma morfologia social, a centralidade política da Coroa responsável pela ordem jurisdicional e corporativa.

40  Observando a língua como instrumento da independência, a partir e na literatura latino-americana, Angel Rama colocou em questão a dialética entre *originalidade* e *representatividade*, sob um eixo histórico. Rama afirmou que as letras latino-americanas jamais se resignaram com suas origens, tampouco

Temos assim, que são duas as inquietudes filosóficas dos pioneiros do ensaio na América Latina: a independência e a formação do Estado. Estas questões motivaram uma forte produção ensaística na literatura latino-americana que neste sentido assinala nomes fundamentais como José Joaquín Fernández de Lizardi, Simón Bolívar, Andrés Bello, Juan Montalvo, José Bonifácio, Frei Caneca, Visconde do Uruguai, Tavares Bastos, entre outros. Depois, viriam aqueles que fariam do ensaio o âmbito literário propício para a definição de um continente que oferecia a discussão sobre o passado colonial, a análise dos traços étnicos, a constituição dos Estados nacionais, a crítica aos regimes políticos, a produção intelectual e a ontologia do ser latino-americano como temas dominantes desta nascente tradição ensaística.

> Na transposição das direções europeias do ensaio para a Iberoamérica, muitos dos seus traços essenciais sofrem uma metamorfose, um mestiçamento e um acomodo com as necessidades e urgências continentais: uma problemática diversa gravita sobre a função e em larga medida inflexiona os traços de origem, altera as linhas de seu perfil. Somente ele conhece as lutas e as angústias do mundo hispano-americano, a necessidade de manter-se alerta ante o espólio e a vontade de "fazer a América" com as riquezas de nossas nações, (assim se) pode compreender a torção do ensaio desde sua fórmula europeia contemplativa e serena até sua vontade programática, lutadora e eruptiva, inscrita na maioria de suas páginas.[41]

Na linha divisória do passado colonial e da independência frente ao centro político ibérico podemos conferir a vocação do ensaio como construtor dos Estados nacionais latino-americanos em opo-

---

se reconciliaram com o seu passado ibérico, gerando uma tentativa forçosa de *originalidade* em relação às fontes. Tal empreendimento se refere ao esforço insurgente de construção de linguagens particulares.

41 LOVELUCK, 1976, p. 9.

Sociologia, modernismo e interpretação do Brasil    83

sição ao contexto anterior, no qual se inseria esta região em um sentido mais amplo de pertencimento ao Império Transatlântico Português e ao Império Transatlântico Espanhol. Uma nova modalidade política se insurgiria contra as antigas valorações de pertencimento, uma nova forma de escrita se insurrecionava contra o que consideravam antigos hábitos de pensamento.[42] São políticos-intelectuais que entendiam o ensaio como tribuna para inocular mensagens com maior impacto imediato do que poderiam alcançar com a poesia, o romance, obras de ficção ou tratados.[43]

> Apesar disto e de tudo, a América foi se fazendo. Não pela tradição, pela religião, pela utopia ou pela economia. Mas foi se erguendo. E este é seu mistério, a sua particularidade. Se não podemos encontrar um momento fundador capaz de brilhar e persistir como um sol e uma fonte de sentido e ordem, certamente temos uma origem: um barroco destituído de metafísica, mistura de indeterminação ética, fragmentação real e fome de sentido. O que herdamos do barroco ibérico não foram as formas de vida e as crenças peninsulares, mas a linguagem do sentimento, com sua natureza estética, com sua capacidade de integrar antagonismos e diferenças, com sua veemência teatral e seu voluntarismo.[44]

Neste sentido, os primeiros polígrafos e ensaístas são figuras representativas de um processo de interpretação do território para a construção do Estado.[45] Em certa medida, a independência política do espaço não trouxe consigo a criação de um centro que o contex-

---

42  Segundo Angel Rama, essa atitude multitudinal compilou um esforço de "descolonização do espírito" e uma superação do "folclorismo autárquico". Isso denota que a plasticidade contida no ensaio não é mera invenção combinada com vistas a uma dissensão sem substância.

43  SKIRIUS, 1994.

44  BARBOZA FILHO, 2008, p. 32.

45  BARBOZA FILHO, 2000.

tualizara e como os sucessivos intentos de cria-lo partiam, em geral, do artifício sobre a tábula rasa, tais propósitos parecem se converter em projetos individuais, que situados de novo em um centro externo ao próprio território, conceberam que o Novo Mundo começaria por eles. Esses projetos são mediatizados pela reconfiguração do centro político e pelo modo como se construiu cada Estado-nação no continente. Por esse viés, é o projeto expansionista do centro político e sua penetração no ideário de cada particularidade histórica que definiu a intensidade e ampliação de cada projeto sobre determinado território.

> O barroquismo ibero-americano foi obrigado a levar ao limite o verismo próprio do seu congênere peninsular: a vida social e política existe e se reproduz tão somente pela gestualidade voluntarista e exagerada das cerimonias teatrais, que reúnem e interpelam periodicamente os homens. É nessa teatralização que os ibero-americanos recolhem os arruinados pressupostos comunitaristas das antigas tradições – dos indígenas, dos africanos e dos europeus -, reinventam instituições já desfiguradas e fazem aparecer os precários fundamentos da ordem social, ultrapassando os limites "estruturais" de sua organização. A sociedade adquire realidade por meio dessa movimentação verista de subjetividades, dispensando o trabalho sistemático do *logos* em favor da força aglutinante do *eros*, do sentimento e de suas linguagens.[46]

O resultado é que se vai fomentando um permanente estado de expectativa sob a experiência intelectual.[47] Na realidade, esse estado

---

46  BARBOZA FILHO, 2008, p. 32.

47  Sobre este estado de expectativa entre os intelectuais americanos no século XIX: VALENILLA, 1992. Sobre a expectativa, as contribuições de KOSELLECK, 2006:213 são interessantes: "Bem diferente é a estrutura temporal da expectativa, que não pode ser adquirida sem a experiência. Expectativas baseadas em experiências não surpreendem quando acontecem Só pode surpreender aquilo que não é esperado. Então estamos diante de uma nova experiência. Romper o horizonte de expectativa cria, pois, uma experiência nova. O ganho de experiência ultrapassa então a limitação do futuro possível, tal como pres-

Sociologia, modernismo e interpretação do Brasil          85

de expectativa era o essencial do antigo conceito de território, quando a fronteira se estendia na linha de encontro ou na confrontação com o outro. Essa permanência da expectativa como contextualização do novo espaço criado, deu lugar a um modo peculiar de se conceber a criação do Estado.[48]

Uma breve reflexão sobre os conceitos-chaves presentes no contexto latino-americano nos dá um quadro geral das proposições levantadas neste contexto. Se no período colonial o conceito de América possuía um significado geográfico com implicações geopolíticas que indicavam a possessão desta região como parte das monarquias ibéricas, no final do século XVIII e início do XIX, o termo se converteu em bandeira de mobilização política, "acabando inclusive por integrar o nome de algumas comunidades políticas recentemente liberadas do vulgo colonial."[49] Associado a isso, o termo americano passara a ser uma identidade política que diferenciava os europeus dos nascidos na região. "Este deslocamento semântico redundou inclusive na perda de importância relativa do termo criollo como identidade política principal. Esse exemplo histórico nos leva a uma questão teórica importante: a capacidade das instituições para mudar a cultura política, redefinido seus conceitos básicos."[50]

Redefinição observada no conceito de povo, como instância legitimadora do processo de refundação política, que de vocábulo marginal, se tornou referência constante no pensamento latino-americano. Neste sentido, "é inegável que o movimento de semantização

---

suposta pela experiência anterior. Assim, a superação temporal das expectativas organiza nossas duas dimensões de maneira nova".

48  No caso brasileiro do século XIX, WERNECK VIANNA, 1997, apontou a singularidade do Estado como administrador metafísico do tempo e a formação de uma teoria política que se submete aos fatos, aportando assim em uma dialética que se expressa em "tranquila teoria". Quanto aos intelectuais, o mesmo WERNECK VIANNA, 2001, é taxativo sobre a separação entre o *pensar* e o *agir*.

49  FEREZ JUNIOR, 2009, p. 59.

50  FEREZ JUNIOR, 2009, p. 60.

do vocábulo povo – levado para o centro do discurso político – esteve indissociavelmente ligado a necessidade de dotar de legitimidade a ruptura com o Antigo Regime e com sua respectiva concepção de soberania."[51] O conceito de cidadão, vinculado necessariamente a uma comunidade, também se alterou no período.[52] Se durante a vigência dos Impérios Ibéricos o termo cidadão estava intimamente ligado a seu par, vizinho, e indicava o pertencimento a uma cidade ou uma vila, durante o processo emancipatório passou a designar o termo cidadão a uma comunidade imaginada, nos termos de Benedict Anderson. Antes, indicava um indivíduo com certos privilégios e obrigações no mundo local, para depois se ampliar a uma esfera mais ampla, conquanto o novo centro fosse ampliando e garantindo soberania sobre território.

> A possibilidade de definir conjuntos políticos de diversas entidades, associadas agora a ideia de soberania, provocou uma abertura que fazia referência ao termo nação. Esta começou a cobrir um extenso arco de possibilidades que iam da totalidade dos domínios da Coroa, passando pela metrópole, o continente americano, seus vice-reinados, reinos, províncias, povos ou associação de algumas destas comunidades políticas. Se entendia, ademais, que a organização das nações como corpos políticos requereria uma sanção constitucional. Por isso, os numerosos debates constitucionais – e em seus resultados, as incontáveis constituições promulgadas a partir de 1808 na Iberoamérica – se puseram em jogo diversas concepções de nação e seus alcances, seja de índole territorial (sobre o espaço que se exerce a soberania), social (os setores que a compõem, quais estão excluídos, de que modo se concebem as relações sociais), e políticos (quais direitos e obrigações tem seus membros, como os concebem e se os representa). Isto implicava fortes tensões e conflitos

---

51  WASSERMAN, 2009, p. 118.

52  LOSADA, 2009.

Sociologia, modernismo e interpretação do Brasil 87

que expressavam distintas visões e interesses, já que o que estava em jogo era o acesso ao poder, mas também, e isto era decisivo, a sua própria definição; definição para a qual adiante não poderia se evitar o conceito de nação.[53]

Em geral, as disputas por soberania dos novos centros políticos, incluindo a experimentação de Bolívar, a fragmentação da América Central, e a incursão brasileira às margens do Prata, lograram diversos movimentos sociais e políticos, arrastaram regiões e suas populações ao seu movimento centrípeto e passaram lentamente a se definirem enquanto Estado-nação. Libertados do jugo imperial, estabeleceriam a criatividade para dar plástica às instituições, e conceberiam uma nova experiência e uma nova sensibilidade temporal. Seguindo este raciocínio, uma nova concepção de história e experimentação do tempo se constituiu nas primeiras décadas do século XIX, originários da desarticulação dos Impérios Ibéricos. Assim, foram as mudanças políticas que sustentaram a transformação semântica da história, sem que existisse uma elaboração intelectual prévia.[54]

Excetuando-se o caso do Haiti, modularmente representado pela violência revolucionária e sua extremada aceleração temporal, a região passaria a gestar um novo espaço de experiência com relação ao tempo histórico, em termos de uma linguagem que associaria a contemporaneidade e a filosofia da história. O conceito de história, deixaria de expressar-se através da concepção circular e pedagógica da *historia magister vitae* para a concepção moderna de história, cindindo, em linguagem koseleckeana, o espaço de experiência do horizonte de expectativa. Redesenhando as modalidades políticas e se insurgindo contra as antigas valorações de pertencimento, o presente se abriria em sua diversidade de opções. Essa abertura se

---

53 WASSERMAN, 2009, p. 858.
54 PADILLA, 2009, p. 571.

fecharia no momento em que cada região começou a fabricar seu próprio espelho a partir do passado que se separavam e negavam. Desta maneira, a flecha direcionada ao futuro, teria que colocar seu arco no passado.

Se até meados do século XIX, essa primeira geração de polígrafos ensaístas se voltou para as instituições e para o território, foram nas últimas décadas do século XIX que os aspectos conceituais da sociologia adquiriram notoriedade. Uma geração de ensaístas, como Rodó, Martí, Eugenio Maria de Hostos, Sílvio Romero e Euclides da Cunha, assinalariam a importância de uma reflexão centrada na sociologia deste território. No fim do século XIX e início do XX, a ação desta geração de polígrafos passou a se destacar tendo como uma de suas principais preocupações a busca pela definição de uma ontologia social que diferenciava o tempo-espaço do continente em relação a outras regiões do Ocidente. A partir dos diagnósticos, diferentes entre si, se observaria como substrato comum, a perspectiva de uma separação nítida entre o Estado e a sociedade civil. Esse diagnóstico da fratura entre a sociologia e a política, no tempo-espaço da região, se tornaria o argumento central para a busca de soluções e empreendimentos originais e criativos. Surgiria nessa geração, um profundo desconforto na aplicabilidade de modelos e respostas exógenas aos diagnósticos efetuados.

Para estes escritores, o ensaio funcionou como essa forma própria de expressão nas reflexões em torno de uma identidade ibero-americana, a qual pode se entender como a busca por uma americanidade, que definiria em forma e conteúdo grande parte da tradição ensaística continental. A proliferação do ensaio na América Latina ajudou a configurar um pensamento que tenderia a expressar-se através de uma relação com sua sociedade e sua natureza, adquirindo uma função de impacto no mundo público, impacto que consistiria

Sociologia, modernismo e interpretação do Brasil 89

em sugerir, meditar, estimular e construir determinada realidade.[55] A partir de sua posição e de sua experiência intelectual, os pensadores latino-americanos tiveram que desenvolver estratégias e aceitar o axioma excludente da modernidade central do sistema-mundo, afirmação e negação, ser o mesmo e o outro, contudo sabotaram-na com as técnicas do ensaio: uma maneira de raciocinar e de pensar que exporia as ideias em forma de opiniões pessoais e provisórias.

Um bom exemplo dessa característica peculiar da tradição latino-americana seria que a construção do Estado e a ideia de nação no subcontinente não poderiam se pautar pelos desejos de homogeneidade cultural. A heterogeneidade deveria ser expressa através de um tipo de texto que fosse capaz de capturar a adversidade de um território híbrido. A construção de imagens, através das interpretações realizadas e possibilitadas pela forma escolhida de apresentação das ideias, deveria constituir-se sob um suporte de escrita que fosse possível captar a originalidade do tempo-espaço nos quais estavam inseridos. A abertura e flexibilidade do ensaio se associariam à própria plasticidade do conteúdo tratado.

A partir das características do ensaio como forma, e seu dinamismo na escrita, fora possível capturar o movimento de construir-se pela proposição de algo novo, de uma nova experiência da modernidade que apesar dos seus contratempos, se realizava fora do contexto europeu.[56] O conteúdo criativo e inerente deste movimento de construção não poderia ser mediatizado pelas formas convencionais operadas em outros locais. A hipótese que se levanta é que esta

---

55 GOMEZ-MARTINEZ, 1992, p. 19-26; RAMOS, 2008.

56 Como observou Houvenaghel existe uma tendência geral em analisar o ensaio americano a partir do conteúdo, esquecendo-se da forma. "A crítica tende, claramente, a inclinar-se em favor dos conteúdos ideológicos do ensaio, em detrimento dos valores expressivos do mesmo, e por geral, recusam ademais, vincular os aspectos formais do texto ensaístico com sua mensagem ideológica." HOUVENAGHEL, 2002, p. 13.

experiência, que se relaciona à posição do ensaísta enquanto local em que se expressa, é transposta ao texto.[57]

Esse ponto se relaciona a três questões. A primeira diz respeito a persistência de práticas cognitivas do mundo em territórios fora do eixo europeu e sua imbricação com a forma como as ideias são apresentadas. A segunda aponta para uma característica típica desses territórios, nos quais existiria uma confluência para a inventividade, em seu aspecto construtivo, e o inacabamento, se comparado, como fazem os ensaístas, a outros andamentos modernos. Outra hipótese que se levanta a partir dessas considerações, é a concepção desses territórios como um campo de experimentação da modernidade. Assim, a América Latina, na visão de seus intérpretes emergiria como um espaço de projetos.[58] Não obstante, apresentariam como fundamento um caráter dialógico das análises, fazendo emergir comparações com outras experiências, como a inglesa, a norte-americana e a francesa. Emergindo com maior clareza as diferenças no andamento moderno, as singularidades do próprio território e sua natureza e a pluralidade de sua constituição societal.

Desta experiência do confronto insurgia diferentes tempos históricos que coexistiam e conferiam especial densidade à realidade que interpretaram, em um esforço de compor o mapa da cultura, revelando sua capacidade de mediador entre mundos e articulador de experiências.[59] A comparação seria um poderoso recurso não só ao cotejarem semelhanças e diferenças que se produziriam em espaços geográficos e sociais distintos, mas também entre as culturas presen-

---

57 Sobre este ponto inspiro-me em MAIA, 2009 e MIGNOLO, 2013. Associado a essa perspectiva incluo a noção de posição e local de enunciação, como proposto por MAINGUENEAU, 1995.

58 Sobre esta concepção de projetos, que incluem em suas formulações o dualismo entre inventividade e pragmatismo, inspiro-me sobretudo em BARBOZA FILHO, 2000 e WERNECK VIANNA, 1997.

59 WEINBERG, 2002.

Sociologia, modernismo e interpretação do Brasil 91

tes nesse espaço. Em outras palavras, a contrastividade interna presente na sociedade informaria também a contrastividade em relação ao resto do mundo, esboçando uma peculiar cartografia semântica a partir dessas relações entre tempos-espaços distintos.[60]

No fundo, a argumentação proposta ao ensaio perpassaria a consideração de entendê-lo como uma forma, dentre outras, de teorização produzida nas margens do Ocidente brotado pela colonização europeia, e não apenas como a expressão exógena que invadiria uma tradição nacional ou regional. Explicitando o engajamento pela posição geográfica na configuração do mundo ocidental. Traria em seu bojo a presença constante do outro, que produziria a estranheza da falta ou do excesso, e que muitas vezes faria transbordar nas narrativas o sentimento de desterro, traço comum a diversos intelectuais latino-americanos.

Outro aspecto fundamental do ensaio latino-americano seria a temporalidade que o encerra. A sua imediatez revelaria a ânsia intelectual pela construção de uma modernidade americana. Essa temporalidade imediata do ensaio e sua relação direta com o pragmatismo e a inventividade oriundos da necessidade imposta pela tábula rasa em que fora posta a situação americana e periférica do século XIX. Em um primeiro momento, imperiosa necessidade de construção de seu Estado, e depois, de uma interpretação de seu território e sua população. Um movimento que oscilaria de uma proposição individual, efetuado através do ensaio, a uma concepção de palavra pública,[61] e sua entrada no universo de publicização das ideias.

A tradição ensaística do século XIX latino-americano legou sua tradição às gerações de ensaístas subsequentes. As "radiografias do século XX" que captaram os ensaístas relem-

---

60 Essa discussão será retomada nos próximos capítulos.

61 Aproprio-me livremente desta concepção de palavra pública a partir de LECLERC, 2004 e POCOCK, 2003.

bram o conceito de Jose de Onis a respeito do ensaio como literatura funcional, no sentido de que a substância discursiva se impõe sobre a forma mesma do ensaio, dado que seu compromisso está ligado a interpretação de numerosas e flutuantes realidades da América Latina.[62]

Durante o século XX, o ensaísmo latino-americano cresceu em autores, temas e formulações diversas sobre o progresso, a história, a política, a sociologia e a crítica da cultura latino-americana, a cidade, a desterritorialização, a função do escritor na sociedade, a crítica literária frente à poética europeia. Com o passar do tempo, o ensaio adquiriu novas feições e se abriu cada vez mais.

Um simples olhar sobre a produção ensaística do século XX pode apontar sua vasta diversidade de temas e estilos, formas e sentidos que põem em relevo um significativo leque destas identidades múltiplas do ensaio. Octavio Paz, com seu perfil filosófico poético, se abeirou de sua cultura através da psicologia da mexicanidade que se traduziu no "labirinto da solidão", enquanto os "sete ensaios" de Mariátegui, de forte viés marxista, recuperariam o comunismo incaico ancestral como modelo de uma sociedade mais justa a ser construída. E os ensaios de conjuntura do marxismo acadêmico, como os de Ruy Mauro Marini, a desvelar o processo de espólio, subdesenvolvimento e dependência do continente latino-americano.

O pessimismo de Martinez Estrada que refletiu sobre a psique social dos grupos rurais e urbanos da Argentina, enquanto o espirituoso Fernando Ortiz definiu a cultura cubana a partir do contraponto entre o açúcar e o tabaco, dois elementos importantes na cultura cubana, base de seu desenvolvimento econômico e cultural, que ajudariam a definir as questões antropológicas da identidade cubana, construída a partir dos processos de transculturação.

---

62  SKIRIUS, 1994, p. 19.

Sociologia, modernismo e interpretação do Brasil 93

José de Vasconcelos acreditou na possibilidade, ainda que utópica, de uma nova raça cósmica que surgiria dos processos de mestiçagem do subcontinente. Carlos Fuentes concentrou na metáfora do espelho enterrado a complexidade de um continente que foi resultado da exploração colonial e ao mesmo tempo herdeira de tradições transplantadas. Alfonso Reyes, com habitual erudição e estilo, concebeu imagens, muitas vezes utópicas sobre a inteligência americana, enquanto Ángel Rama, em sua reflexão, remontou a vida cultural das cidades coloniais como células originais da cultura letrada nas Américas. Cidades letradas que são elas próprias espaços privilegiados de uma nova cultura que produziu uma literatura transcultural.

Nessa literatura de autoexame e de diagnóstico, que começou muito cedo no discurso latino-americano, a busca conduziu à indagação sobre o passado. A emergência da preocupação sociológica, que em um lento processo subsume a teoria política, condensará no ensaísmo sociológico as interpretações sobre o continente. Não há dúvida de que o ensaio enquanto forma de escrita se associou ao conteúdo e ao contexto em que foi produzido.

## Nas Asas da Interpretação: o ensaísmo brasileiro

No tópico anterior, a argumentação girou em torno de uma reflexão sobre a transfiguração do ensaio em terras americanas, chegando a conclusões de que o ensaio na América revelaria características que se relacionam ao conteúdo e ao contexto. Em outras palavras, vai se apropriar de conceitos originários de sistemas filosóficos e científicos os mais diversos e, libertando-os do peso dessa origem, da pureza e transcendência que ela lhes impunha, vai vê-los funcionar e significar a partir de sua inserção numa forma discursiva nova, de sua colaboração numa experiência intelectual específica e interina. Desse modo, fugiria aos padrões frios da descrição analítica e da erudição metafísica ao colocar-se no mundo público, construindo seu Estado, se definindo como interpretação de um novo mundo, com seus habitantes e território. E como um peculiar elemento construtivo, cuja centralidade se ancoraria na inventividade e no pragmatismo, postos na confluência da imposição pessoal e da palavra pública.

O caso brasileiro, também seguiria em linhas gerais, o que foi proposto anteriormente acerca das peculiaridades do ensaio em regiões fora do eixo europeu. Professaria como especificidade de uma interpretação, cujo suporte de escrita, o ensaio, se adequaria às exigências dessa interpretação por suas características enquanto forma.

O início do debate para a construção do Estado-nação no Brasil, contou com uma pluralidade de obras e autores que procuravam dar plasticidade às suas propostas, se as compararmos com a teoria política europeia. A geração de José Bonifácio e Frei Caneca, saída de um processo de separação com Portugal, passou a se interessar pelas características que fariam do território americano um espaço para a criatividade e a novidade. Esse interesse inicial se acentuou após a criação do Estado e fora aprofundado durante o período regencial, onde houvera a abertura para a proposição de novas engenharias institucionais.

Após a Regência, período caracterizado por fortes turbulências sociais, a elite política se esforçou em criar um compromisso que buscava unificar os interesses dos grupos políticos que então dominavam a cena política, os liberais ou luzias e os conservadores ou saquaremas.[63] O segundo grupo se consolidou no poder, inaugurando o predomínio da ordem saquarema, em contraponto a desarticulação dos oponentes. Até a década de 1870, a elite política do Império poderia ser comparada a um círculo fechado. Por um lado observa-se uma certa homogeneidade da elite imperial caracterizada por um

---

63 Este período ficou conhecido como a época da "Conciliação".

Sociologia, modernismo e interpretação do Brasil    95

pacto entre as facções políticas. Por outro lado, o Poder Moderador se esforçava em garantir a estabilidade política. Deste modo, o projeto político imperial encontrava sustentação a partir de uma constituição não escrita, que representava o "espírito" do regime.[64]

Grosso modo, um dos textos clássicos da teoria política do Império, pelo seu próprio título, *Ensaio sobre o Direito Administrativo* de Visconde do Uruguai, sintetiza o argumento da predominância dos preceitos de uma razão de Estado entre os interpretes do Brasil na primeira metade do século XIX. De certo, este debate característico se pode remontá-lo na famosa contraposição entre o Visconde de Uruguay e Tavares Bastos. Efetivamente a que vigorou institucionalmente, a de Uruguay, seja conduzida pelo Partido Conservador, seja pelo Liberal, resultou na fragilização da representação parlamentar, portanto do "espírito público", no dizer de Tavares Bastos, deixando o monarca como último recurso de legitimação do poder. Centrava-se, sobretudo, na correção das marcas civilizacionais via centralização política e administrativa, numa concepção que via o Estado como o administrador metafísico do tempo, o elemento propulsor do desenvolvimento histórico, ao reafirmar a racionalidade política sobre as demais.[65]

A estratégia de Tavares Bastos, que em certa medida, foi também a do Centro Liberal de 1869, e em certo sentido a do Partido Republicano pós-1870, apontava para a descentralização política, o alargamento da representação da nação para a formação gradativa da nacionalidade e da cidadania. O que estava em jogo, era uma leitura política do liberalismo como elemento propulsor da revolução passiva brasileira.[66] Com a vitória momentânea de Visconde do Uruguay, a matriz política imperial se caracterizou pelo

---

64  HOLANDA, 1985.

65  CARVALHO, 1980; CARVALHO, 1996.

66  WERNECK VIANNA, 1997.

predomínio dos ideais do liberalismo estamental, do catolicismo e do romantismo indianista.

> Desse modo, o movimento de juridificação da nação equivaleria ao movimento de sua construção e de autoconsciência do povo, ordenando uma vontade geral em atividade, insubmissa aos limites de uma articulação procedimental dos interesses e às exigências dos direitos negativos do individualismo.[67]

O romantismo indianista buscava a fundamentação da identidade nacional ao formular as raízes do povo brasileiro a partir da exaltação do nativo indígena. Esta corrente promoveria a idealização da nacionalidade tendo por epicentro a fusão de um colonizador épico com um bom selvagem. Assim, se firmavam as características positivas em uma imagem idílica da nacionalidade e se expurgava o processo de colonização. Pois, para que a nação fosse de fato brasileira era preciso gerar uma diferenciação com a antiga metrópole, enfim, uma origem nativa. O propósito político e os aspectos literários se afinavam tanto porque não havia uma camada letrada e intelectual autônoma no Império - política, historiografia, letras e bacharelismo compunham facetas de uma carreira pública unificada. Nota-se que autores como José de Alencar e Gonçalves Magalhães, expoentes do romantismo brasileiro, atuavam na política oficial do Império e chegaram a exercer postos decisórios dentro do Estado Imperial.

O catolicismo dava os meios simbólicos da legitimação do trono, a partir da postulação da forma litúrgica do regime, da representação hierárquica da sociedade, propiciando argumentos para uma sociabilidade tradicional. Desta forma, a Igreja vinculava-se intimamente ao Estado. Cabe lembrar que D. Pedro II era também autoridade máxima da Igreja católica no Brasil, a partir da existência de

---

67 BARBOZA FILHO, 2003, p. 42.

mecanismos como o padroado e o beneplácito. Além disto, a Igreja apresentava-se como um braço do Estado na área rural do país, onde o Estado oficial não conseguia exercer seu poder.

Por fim, o liberalismo definia a cidadania e buscava garantias para que o Poder Moderador não descambasse em poder pessoal. A unidade de representação política era a família, e não o indivíduo, portanto, o voto era concebido como função social. Os poucos cidadãos aptos a exercer o voto, deveriam ter senso moral e econômico para realizarem o bem coletivo. Por outro lado, o liberalismo imperial convivia com a questão do escravismo das elites territorialistas.

> Para as elites políticas do novo Estado-nação a primazia da razão política sobre outras racionalidades se traduz em outros objetivos: preservação e expansão do território e controle sobre a população. A Ibéria, em sua singularidade, ressurgiria melhor na América portuguesa do que na hispânica, onde o liberalismo teve força mais dissolvente por ter sido a ideologia que informou as revoluções nacional-libertadoras contra o domínio colonial. E a Ibéria é territorialista, como o será o Estado brasileiro nisto, inteiramente distante dos demais países da sua região continental, predominantemente voltado para a expansão dos seus domínios e da sua população sobre eles a economia seria concebida como uma dimensão instrumental aos seus propósitos políticos.[68]

O processo de cisão política e a disputa pela condução teórica, através dos polígrafos-intelectuais, e prática, através do Estado, da modernização da sociedade e da economia dos anos 1870 e 1880 geraram uma crise que desestabilizou a chamada ordem saquarema. Neste contexto de divisões partidárias, o Poder Moderador ganhou evidência como força incontrolável. As mudanças políticas passariam pela obra do Poder Moderador, e os liberais mais exaltados passaram a contestar

---

68  WERNECK VIANNA, 1997.

a intervenção direta do Imperador após a queda do Gabinete Zacarias em 1868. Com a dissensão da política da conciliação, os partidos políticos se desfiguraram, exacerbou-se a cisão liberal, caracterizada pela deflagração de uma oposição ao regime, e os princípios da ordem sócio-política foram reiterados pela ala reacionária. Além disso, a reforma política empreendida ao longo da década seguinte abriu novas vias de acesso ao universo político para agentes sociais até então alijados dos centros decisórios.[69] Se a situação institucional no campo político estava garantida pelos arranjos entre a elite política e o Rei, o mesmo não se poderia dizer do aspecto social, em especial de seu grande entrave para o campo das teorias que sustentavam o regime, o liberalismo, o romantismo e o catolicismo.

A escravidão se apresentava ao final dos anos 1870 na pauta dos debates sobre o país, em especial na geração que ocupava paulatinamente os centros decisórios derivados das reformas políticas empreendidas pelo Estado. O grande ensaio de interpretação sobre a escravidão, nesta época, foi escrito por Joaquim Nabuco, *O Abolicionismo*. Certamente, *O Abolicionismo* foi além de uma obra de propaganda política, e se constituiu também como um estudo sociológico, econômico e historiográfico do Brasil. Foram três pontos fundamentais levantados por Nabuco em seu ensaio sobre a escravidão: a ilegalidade e ilegitimidade da escravidão; a incompatibilidade entre escravidão e civilização; e, a escravidão como sistema social, por sua vez, estruturante de instituições políticas, sociais e econômicas, além de práticas e hábitos.

Com o advento da República e a Carta de 1891, se obteve a reviravolta, dentro da organização do Estado e da engenharia institucional, rumo à americanidade como possibilidade de acesso ao futuro, uma

---

69  ALONSO, 2002.

Sociologia, modernismo e interpretação do Brasil    99

espécie de horizonte de expectativa.[70] Um americanismo reinventado, que reposicionou os agentes no interior de uma estrutura de poder e de um novo princípio de autoridade, consagrando uma nova ordem legal, que possuía como elemento central o reconhecimento da autonomia política dos Estados, e sua consequente incorporação ao sistema federativo. Entretanto, a partir da solução imposta por Campos Salles, mostrava-se a ambiguidade das novas práticas e a sobrevivência de velhos hábitos, como a forma geral dos conflitos, expresso na luta entre facções, na investidura da autoridade nas práticas eleitorais, e na relação público/privado, geral/particular.[71] A política dos governadores bloqueava o sistema de diferenciação política, negando as situações conflituosas da política, a República brasileira nascera sem um programa efetivamente democrático no campo societal.

Nesta República, encarnava-se a simbiose entre a penetração dos interesses modernos com o patriarcalismo moral tradicional, mais uma ressignificação conceitual e semântica das metáforas e subjetividades que formaram o país. Neste redemoinho, nesta espécie de revolução sem luta, a início estritamente política, contraditória na Carta de 1891, com sua efetividade prática, juntaram-se elementos aparentemente irreconhecíveis entre si. Neste ínterim, a tensão entre culturas políticas, agora sob o viés do republicanismo, foram criadas e recriadas continuamente através das articulações entre os conceitos utilizados, a partir de uma redefinição semântica de novas categorias que circulavam através de textos do período, e, lado

---

70  KOSELLECK,2006.

71  "O coronelismo como forma de fazer política talvez possa, realmente, ser interpretado como síntese (solução) histórica de uma revolução inacabada em razão da exclusão das classes populares. Uma revolução geradora de uma identidade nacional autônoma (por oposição à heteronomia de uma nação referida a um poder externo a si própria) que se truncou na dispersão da subjetividade republicana por uma infinidade de centros de poder patriarcal irredutíveis, (...) à generalidade de uma ordem democrática. (...) Uma síntese portanto entre o velho e o novo." ANDRADE, 1981, p. 98.

a lado de novas categorias de outras tradições intelectuais e culturais redefinidas semanticamente para adaptar-se à realidade brasileira. Neste período se define como linguagem dominante o nacionalismo, que traz consigo, a percepção da integração, do interesse nacional, da homogeneidade cultural, da construção de uma subjetividade integradora que perpassaria os interesses particulares. De certa forma, enquanto base para a interpretação do país, o nacionalismo se poria como mais um elemento que embasaria a crítica ao modo como a República se desenrolara e fixava suas instituições.

A desilusão com a República acometeu diversos republicanos históricos como Alberto Salles. Após participar ativamente no Partido Republicano e na propaganda republicana durante os anos finais do Império, Salles observara a diferença entre os projetos debatidos e idealizados por sua geração e a prática empreendida pelo Estado e pela elite política. Para ele, a República e a federação trariam consigo a descentralização do poder político, a unidade nacional e o equilíbrio orgânico das forças democráticas propulsoras do interesse coletivo, gerando a organicidade e a funcionalidade necessárias para o progresso, girando a engrenagem da evolução histórica. Pela junção destes interesses individuais, fomentados pela cooperação rumo à concretização de objetivos comuns, a integração social se daria pela identidade de funções dentro do organismo social. Pelo conjunto de dependência mútua entre estas funções se criariam as condições para a integração da nacionalidade. Esta seria a mesma lógica, aplicada por Sales, em sua versão do federalismo. Pelo interesse individual, chegar-se-ia ao interesse coletivo, pelo interesse dos Estados, chegar-se-ia ao interesse nacional.

Em resumo, no campo específico de sua imaginação sociológica, Alberto Salles desenvolveu uma perspectiva que combinava concepções organicistas no modo como a solidariedade se estabeleceria entre os indivíduos, na coesão entre indivíduos que desempenhariam a mesma função social e na identidade mutualista entre os grupos de indivíduos que realizariam funções diferentes no organismo social, sob o pano de fundo do tema dos interesses, advindo do liberalismo.

Se a política como ciência possuía como principal hipótese que o organismo nacional seria tal como o organismo de um indivíduo (com estrutura, crescimento e função definidos), a anatomia do corpo nacional reger-se-ia sobre a lei da evolução e da especialização dos órgãos de uma forma natural, "sem que houvesse a interferência de ninguém". Entretanto, em alguns casos, como parecia ser o brasileiro, haveriam desequilíbrios fundamentais, chamadas por Alberto Salles de *metamorfoses regressivas*, nada mais do que o funcionamento anormal do Estado, como no caso do fisco e do militarismo que via ressurgir como um problema grave da política republicana, além da figura do Legislador, caracterizado como vaidoso, retórico e vazio. "Na minha opinião o método próprio da política não pode ser outro senão o da observação descritiva, auxiliado por um lado pelos processos elementares da comparação e da analogia e, do outro, pelo processo fundamental da filiação; que é o método por excelência da sociologia."[72]

No caso brasileiro, a questão das formas de governo tornara-se para ele, em suas últimas publicações, um debate infrutífero. "A distinção em monarquia ou república é puramente artificial."[73] Além desta mudança de posicionamento sobre a relevância dos debates que praticamente movimentaram sua juventude em São Paulo sob os auspícios da propaganda republicana, Alberto Salles acabou por realizar uma contraposição às ideias de *política abstrata* e *política concreta*, em um movimento de revisão de suas teses.

Procurava Alberto Salles, por esta época, a investigação de um problema capital no pensamento brasileiro: o problema das relações

---

72  SALLES, 1997, p. 87.

73  SALLES, 1997, p. 91.

entre Estado e sociedade. Para ele, a República seria o regime da reciprocidade na igualdade, sendo o sufrágio um fator fundamental na averiguação da opinião pública. Entretanto, os entraves da democracia estariam associados a confusão entre os sentimentos do desejo e da opinião, ao nível educacional do povo, as falhas do sistema representativo, a mesquinhez dos partidos políticos, ao interesse mercantil do jornalismo e à inércia dos publicistas. O momento republicano brasileiro seria uma fase transitória, cujo principal perigo seria a soma de poder político experimentado dentro da organização republicana com o baixo nível de responsabilidade adquirido, fatores reforçados pela baixa elaboração intelectual e moral. Assim, já em 1891, Alberto Salles constatava os vícios do regime democrático no Brasil:

> Não há dúvida, portanto, que a responsabilidade só poderá aparecer como um corretivo, quando ela brotar espontaneamente da consciência geral de todas as classes, como um produto direto de sua evolução intelectual e moral, e não quando existir apenas na constituição ou nas leis, como meras disposições escritas, verdadeiras plantas exóticas que não tem raiz no cérebro e no coração das massas.[74]

Na montagem de Salles, o desejo seria um fenômeno elementar, enquanto a opinião seria um fenômeno complexo associado a um pensamento analítico. Todas as classes sociais seriam capazes de desejos, mas nem todas de opinião, pois o elemento integrante e associativo da opinião seria a doutrina política. O desejo social popular seria responsável pela indicação do fim (finalidade) dando a direção do trabalho realizado pelo Estado que seria responsável pela execução prática da opinião. O jornalismo na teoria, potencial vetor de formação de opinião e de espaço para debates, cuja principal característica seria a imparcialidade, no Brasil, entretanto, seria uma

---

74 SALLES, 1997, p. 8.

Sociologia, modernismo e interpretação do Brasil    103

instituição híbrida do consórcio entre o capitalismo e a indústria, possuindo uma finalidade ligada a interesses econômicos. "O jornalismo contemporâneo, qualquer que seja a sua ação sobre a opinião pública, tem invariavelmente um fim industrial e mercantil."[75]

Quanto ao sistema representativo, continuaria a ser uma ficção política dominado pelos grupelhos políticos que expressavam interesses particulares. "Qualquer que seja a organização das assembleias, nunca aparecem os seus membros como uma corporação uniformemente constituída pelo sentimento moral do dever e do respeito aos interesses reais da nação, senão como um ajuntamento heterogêneo de grupos rivais, mesquinhos pelas paixões dominantes e desprezíveis pela reconhecida incompetência."[76]

Neste movimento crítico à organização política brasileira da época, Alberto Salles observou que existiria uma confusão entre os órgãos da opinião e da administração, naquela situação de descompasso entre o tempo social, advindo da sociologia, e o tempo político, advindo da ciência política. Seria preciso a criação de órgãos adequados à manifestação da vontade popular e a restrição da ação da legislatura.

A solução estaria na regeneração moral pela virtude do publicista, ao levar a cabo a interpretação da vontade nacional. "A opinião limitará sua função em querer e na indicação do fim; os publicistas apontarão os meios necessários à consecução do fim e os estadistas pô-los-ão em execução."[77] O publicista teria por missão indicar os meios conducentes ao restabelecimento do equilíbrio geral de todas as funções do corpo social, portanto, da sociologia da nação, inclusive a própria organização da política, levando os pressupostos básicos da sociologia organicista pregada por ele ao mundo da política.

---

75  SALLES, 1997, p. 48.
76  SALLES, 1997, p. 40.
77  SALLES, 1997, p. 297.

Após o advento da República, Alberto Salles assinalara que a solidariedade e o interesse seriam desenvolvidos e postos na progressão da evolução histórica nacional somente a partir da figura de um estadista. "Daí ainda este desprezo que em muitos países tem merecido da parte de estadistas como Bismarck, que, saltando por cima da ficção reinante, sabem compreender melhor os destinos social e político da sua nacionalidade e empreendem com rigor e energia a grande obra da integração nacional."[78] Na armação de Salles, os pressupostos que regeriam a sociologia, a forma como a solidariedade horizontal entre indivíduos em mesma função social, e, os modos como a solidariedade vertical entre grupos que formariam o organismo nacional, estariam na base da postulação da sua ciência política. Salles advertiria que "a política é um capítulo da sociologia que investiga as leis estáticas de uma ordem particular de criações sociais, que tem os fundamentos nas nossas criações afetivas."[79] Após a desilusão com a República, os ensaios dos polígrafos brasileiros passariam a seguir esta direção de substrato sociológico de análise.

Seguindo esta linha de argumentação, nos primeiros anos do século XX, autores como Euclides da Cunha, Manoel Bomfim, Eduardo Prado e Sílvio Romero se utilizariam do ensaio como uma forma propícia de interpretação dessa nova realidade advinda com a República. A novidade em relação ao ensaísmo anterior estava na concentração do argumento sociológico como elemento central de análise. Ao comentar o livro de Euclides da Cunha, *Os Sertões*, Sílvio Romero apontava que "já andamos fartos de discussões políticas e literárias. O Brasil social é que deve atrair todos os esforços dos seus pensadores, de seus homens de coração e boa vontade, todos os que tem um pouco de alma para devotar à pátria."[80] Em fins do século

---

78  SALLES, 1997, p. 41.
79  SALLES, 1997, p. 70-71.
80  ROMERO, 2001c, p. 172.

Sociologia, modernismo e interpretação do Brasil      105

XIX Sílvio Romero tornou-se membro-fundador da Academia Brasileira de Letras (ABL), ocupando a cadeira de nº 17, cujo patrono era Hipólito da Costa. Na ABL, envolveu-se em uma polêmica na posse de Euclides da Cunha em 1906. Sílvio Romero, encarregado do discurso de recepção, fez severas críticas a Castro Alves, ao sistema político da época e a organização social brasileira. Segundo os parâmetros da ABL, os discursos de posse deveriam ser um ato de elogio aos antecessores e de boas-vindas ao novo integrante. Na plateia estavam membros da política brasileira como o Presidente da República, Afonso Pena.

Em seu discurso, Sílvio Romero apontava a importância da obra de Euclides da Cunha neste processo de descobrimento do Brasil pelos seus intelectuais. Sílvio Romero a considerava uma destas "obras que fazem parte do tesouro intelectual da nação, que lhe germinaram na alma, abrindo-lhe novas e mais rasgadas perspectivas, que não podem desfolhar ao vento."[81]

> Assim sendo, crescia e se estruturava, no debate político-intelectual, então, a consciência da débil integração da sociedade brasileira, das suas reduzidas possibilidades de amplo desenvolvimento. Tornava-se, pois, imperioso que se avaliasse com precisão o precário estado dos vários componentes da nossa organização social, a partir do que, dever-se-ia pensar também nos mecanismos, nas estratégias de constituição ou reconstituição nacional para o que, se reconhecia, a República tinha contribuído minimamente.[82]

Nesta chave, assim Sílvio Romero reiterava sua apreciação da escrita de Euclides, o tempo social e o tempo político, advindos de dois tempos históricos que andariam separados, o do litoral e o do

---

81  ROMERO: 2001c, p. 153.
82  GOMES, 1980, p. 26.

sertão, deveriam se fundir, para garantir o que parecia um cruzamento inevitável do qual resultaria o nosso "centauro"[83],

> Seu livro (...) é um sério e fundo estudo social de nosso povo que tem sido o objeto de vossas constantes pesquisas, de vossas leituras, de vossas observações diretas, de vossas viagens, de vossas meditações de toda hora. Começastes por querer surpreendê-lo na índole, na sua constituição mais íntima, na essência intrínseca, nessa espécie de *rendez--vous* que ele se deu a si próprio nos campos do Paraguai. (...) O nervo do livro, seu fim, seu alvo, seu valor, estão na descritiva do caráter das populações sertanejas de um dos mais curiosos trechos do Brasil.(...) Tanto é profundo o inconsciente desconhecido de nós mesmo!(...) De vosso livro deve-se tirar, pois uma lição de política, de educação demográfica, de transformação econômica, de remodelamento social, de que depende o futuro daquelas populações e com elas os doze milhões de brasileiros que de norte a sul ocupam o corpo central do nosso país e constituem o braço e o coração do Brasil.[84]

No final do século XIX, a campanha de Canudos revelaria a esses intelectuais esta população interiorana, onde predominariam crenças medievais e características de momentos históricos anteriores. Segundo Euclides, "uma grande herança de abusões extravagantes, extinta na orla marítima pelo influxo modificador de outras

---

83　Diria Araripe Junior ao se referir à obra euclidiana: "o jagunço é um temperamento resultante das circunstâncias em todas as gradações, desde o Calibã, o bruto inconsciente, que se move como uma máquina de maldade, até o matuto mitrado, o qual, posto na orla da civilização, participa de ambos os feitios, semelhante ao centauro, essa bela expressão mitológica do homem de intermédio. É nessa atitude do centauro que o Sr. Euclides da Cunha encontra o jagunço, que surge de repente em canudos, espantando o país, surpreendendo o governo e dando ao soldado disciplinado uma lição empírica da tática dispersiva." ARARARIPE JR, 1978, p. 222.

84　ROMERO,1979, p. 164-165.

Sociologia, modernismo e interpretação do Brasil 107

crenças e de outras raças, no sertão ficou intacta". Caracterizados por um tipo de atavismo, estes homens representariam o próprio momento em que haviam se insulado, adquirindo, "a forma grosseira de um campeador medieval desgarrado em nosso tempo"[85], como se ali o tempo tivesse permanecido imóvel, desligado do "movimento geral da evolução humana".[86]

Habitariam um mesmo território, dois tipos distintos em duas sociedade diversas, separados por quase trezentos anos de evolução histórica.[87] A percepção de que coexistiriam dois tempos sociais distintos, ao mesmo tempo em que aturdiria o autor, o estimulava a pensar a renovação da decrépita civilização litorânea: aquela "rocha viva" atávica continha em si a bravura dos remotos bandeirantes que seguiam inexoravelmente o fluxo do tempo, se deixando levar pelos chamados da natureza. E daquele homem rústico e retrógrado, porém dotado de força e boa compleição, poderia emergir o antídoto da cultura de empréstimo litorânea.

> Não é, todavia, a natureza que tem o condão de arrancar à paleta do escritor imagens, que são fotografias. Os tipos étnicos, os caracteres das coletividades, as índoles individuais, moldadas no cadinho dos vícios ambientes, os vincos deixados nas almas pela atmosfera social fazem-se reproduzir com firmeza. (...) Eis aí uma galeria de indivíduos que são como índices ou sumários de um meio, de uma situação, de um momento. (...) São como feixes de fatos, cada um com seu rótulo, sua rubrica inapagável e eterna; são como expo-

---

85  ROMERO, 1979, p. 125, 155, 134.

86  ROMERO, 1979, p. 156.

87  Euclides em sua obra *Os Sertões* mobilizou diversos elementos para mostrar essa coexistência de temporalidades distintas. O homem do sertão seria atávico, marcado por "divertimentos anacrônicos" CUNHA, 2008, p. 145), "corridas de tártaros" (CUNHA, 2008, p. 144), "monoteísmo incompreendido" (CUNHA, 2008, p. 154), etc. "Ali, as tradições do passado permanecem intactas" (CUNHA, 2008, p. 121).

> entes indicadores das correntes subterrâneas das multidões; fórmulas lógicas, obtidas por processos indutivos, como integração completa de milhares de fenômenos observados. Mas são definições ditadas pela própria natureza: cada indivíduo é um resumo e um compêndio. Ali estão as cristalizações humanas obtidas por quatrocentos anos do labutar de uma meia cultura incongruente, cheia de falhas, grosserias e indisciplinas de toda casta. E todas são reais e pegadas em flagrante. Parece uma página do *Purgatório* ou dos quadros tétricos de Dostoievski.[88]

Desta forma, "o heroísmo tem nos sertões, para sempre perdidas, tragédias espantosas. Não há que revivê-las ou episodiá-las. Surgem de uma luta que ninguém descreve – a insurreição da terra contra o homem".[89] Esse seria o sentido trágico[90] da vida sertaneja, resultado da experiência direta com a natureza rude, nos trezentos anos de insulamento. Tornava o sertão uma metáfora para a própria nação.[91]

Nesta busca pelo sertão se inseriu Sílvio Romero. Concluíra, a partir da leitura euclidiana do sertão que o tempo social e o tempo político no Brasil estariam desajustados. Se o objeto de estudo se tornara claro com os apontamentos de Euclides da Cunha, Romero dava um passo adiante na constituição da imaginação sociológica ao dotar a sociologia de preceitos científicos. A sociologia angariava para si o valor e a legitimidade do discurso científico. Mesmo que praticada através do ensaio. Para ele,

> existem as seguintes *zonas sociais* mais notáveis no Brasil: região do gado no alto norte; região da borracha no vale do Amazonas; região da pesca fluvial nesse grande rio e seus

---

88  ROMERO, 1979, p. 167-170.

89  ROMERO, 1979, p. 150.

90  HARDMAN, 1996.

91  LIMA, 2000.

Sociologia, modernismo e interpretação do Brasil 109

> afluentes; região do gado nos sertões secos do norte, região do gado nos campos e tabuleiros de Minas, Goiás e Mato Grosso; região do açúcar na chamada zona da mata, desde o Maranhão até o norte do estado do Rio de janeiro (faixas intermédias desta região existem próprias para o algodão, o fumo, a banana); região da mineração em Minas, Goiás e Mato grosso; região do mate nas matas do Paraná e Santa Catarina e parte do Mato Grosso; região dos cereais na zona serrana de santa Catarina e Rio Grande do Sul; região do gado nos campos deste último Estado.[92]

Em sua análise sociológica sobre a história brasileira e sobre as zonas sociais tipificadas, Romero apontaria que a tradição ibérica do comunarismo não estimularia no Brasil a ideia de uma solidariedade nacional, que só poderia ser alcançada através de uma reorganização social e política. A "singularidade latino-americana agravada no Brasil, e oriunda das precedentes, é que não conseguimos formar ainda um povo devidamente organizado de alto a baixo." Pois, "faltam-nos a hierarquização social, o encadeamento das classes, a solidariedade geral, a integração consensual, a disciplina consciente dum ideal comum, a homogeneidade íntima"[93].

Estaria rearticulado, o campo de experiência caracterizado a partir da tradição histórica do comunarismo, para explicar a falta de solidariedade social e a ausência de um projeto nacional estimulado pela ideia de bem coletivo, motivos do fracasso da via americanista do Legislador de 1891. Segundo Romero, desde os tempos coloniais, com a fusão das três raças, o comunarismo a partir do regime patriarcal do português e do trabalho escravo, enraizou-se nos costumes populares. Assim, "as gentes brasileiras por toda a vastidão do interior do país, e até nas próprias cidades nas camadas populares,

---

92 ROMERO, 1979, p. 189.
93 ROMERO, 1990, p. 90.

vivem de ordinário todas em torno de um chefe, de um patrão, de um protetor, de um guia; todos têm o seu homem".[94] Transpondo esta peculiaridade da história brasileira para o aspecto político, ele observaria que "a política nos Estados gira em torno de um chefe, um oligarca".[95] Neste sentido, mais do que a procura da identidade nacional, em uma visão culturalista da obra de Sílvio Romero, os seus textos de sociologia expressariam as difíceis relações entre os tipos sociais que aqui emergiram, e de fato, constituíram uma identidade, mas que foram jogados no mundo público, indissociando o público do privado através do patriarcalismo, e incapacitando a formação da própria identidade nacional.

A tradição histórica do comunarismo brasileiro, construído no período colonial, deveria ser combatido e repelido da vida política nacional. O que se herdou do passado comunarista expresso na sociologia política, impediria a simples imitação de soluções políticas geradas em outro contexto. O povo deveria ser disciplinado através de uma educação republicana, que deveria garantir o espírito cívico e propiciar o correto funcionamento de uma organização democrática.

> A crise universal hodierna entre a velha e a nova educação, entre a cansada intuição *comunitária*, que procura resolver o problema da existência, apoiando-se na *coletividade*, na *comunhão*, no *grupo*, quer da *família*, quer da *tribo*, quer do *clã*, quer dos *poderes públicos*, do *município*, da *província*, do *Estado*, dos *partidos*, jogando como uma arma principal das classes ditas dirigentes a *política alimentaria*, o *emprego público*, as fáceis *profissões liberais* ou o comércio, a crise entre esta intuição e a educação particularista que se encara aquele problema, principalmente como coisa a ser solvida pela energia individual, a autonomia criadora da vontade, a força propulsora do caráter, a iniciativa particular do trabalho, as

---

94  ROMERO, 1979, p. 191.
95  ROMERO, 1979, p. 191.

Sociologia, modernismo e interpretação do Brasil 111

ousadias produtoras do esforço, essa crise universal acha-se no Brasil complicada por causas e circunstâncias especiais de seu desenvolvimento etnológico e histórico.[96]

Segundo Sílvio Romero, "os dois maiores fatores de igualização entre os homens são a democracia e o mestiçamento."[97] A democracia expressaria a igualdade em termos políticos e o mestiçamento em termos sociais e raciais. O mestiçamento era um projeto futuro, que expressava sua filosofia da história, ora via o branqueamento da população num futuro próximo, ora distante. Enquanto a democracia, mesmo no período republicano, para ele, não se dava de forma efetiva. O eventual processo de controle da política pelos clãs políticos, a dominação central exercida pelo Executivo nos Estados, o comunarismo ibérico herdado dos portugueses e a situação cultural do povo, todos estes fatores em sua opinião, impediam o perfeito funcionamento de um regime republicano democrático.

Com a virada sociológica dentro do ensaísmo e a desilusão com a República, diversos intelectuais estabeleceriam a partir do ensaio e da experiência intelectual da época suas interpretações sobre o país. Além de Euclides da Cunha, Sílvio Romero e Alberto Salles, outro autor importante para se entender a imaginação sociológica do período é Manoel Bomfim. Em *América Latina: males de origem*, Bomfim traçou uma peculiar interpretação dos países que tiveram no iberismo sua matriz formativa.

Assim como Sílvio Romero, Bomfim apostaria na sociologia como ciência, e como Alberto Salles, partiria do princípio de que seria possível analisar a sociedade como um organismo biológico, constituído por regularidades, expressas em leis científicas,

---

96 ROMERO,1979, p. 174.
97 ROMERO, 2000, p. 72.

tão fatais como as da astronomia ou da química, fatos estreitamente dependentes e relacionados, e pelos quais nos é dado perceber a sociedade como uma realidade à parte, cujas ações, órgãos e elementos são perfeitamente acessíveis ao nosso exame (...). As sociedades obedecem a leis de uma biologia diversa da individual nos aspectos, mas em essência idêntica.[98]

Em comum, as sociedades latino-americanas teriam seu processo formativo a partir da colonização ibérica. Como argumentação central, Bomfim recorreu a uma apropriação biológica, sustentando o conceito de parasitismo social. Os efeitos do parasitismo se expressariam sob três modalidades: a hereditariedade social, a educação (tradição) e a reação à exploração. A hereditariedade social seria a transmissão, ao longo das gerações, das características psicológicas próprias a um grupo social, de traços de caráter compartilhados. Entretanto, se o homem herda hereditariamente seu vigor moral e sua tendência psicológica, por outro lado a inteligência e a sensibilidade se formariam a partir dos elementos externos que são introduzidos pela ação educativa da sociedade. O caráter se completaria pela educação e se tornaria indissociável da hereditariedade.

Assim, Manoel Bomfim identificaria no caráter latino-americano (especialmente no da classe dirigente) elementos como uma sociabilidade afetiva, sentimentos de hombridade e independência nacional. Por outro lado, o latino-americano seria portador de um conservantismo afetivo, ou seja, de uma resistência a mudanças reais, mesmo aquelas que toleraria e propagaria sem, no entanto, concretizar. Assim, as lideranças se esforçariam não só para permanecerem imóveis, mas também para imobilizarem todos à sua volta, promovendo uma sucessão de repetições e a manutenção de preconceitos consolidados e privilégios.

---

98 BOMFIM, 1993, p. 51-52

Sociologia, modernismo e interpretação do Brasil      113

Esses caracteres sociológicos se transportariam para a política. Na América do Sul e na América Central a política conservadora se perpetuaria a partir desta hereditariedade sociológica e pela educação generalizando-se por todos os partidos políticos. Mesmo os líderes revolucionários só propagariam reformas no discurso, pois suas ações seriam conservadoras.

Deste modo, as sociedades latino-americanas seriam "arquivos de instituições e costumes arcaicos com etiquetas modernas"[99]. Este conservadorismo do colonizado é herdado do repertório do parasitismo do colonizador, bem como a falta de observação, a incapacidade de perceber a realidade, que levaria a um apreço pelas soluções por decreto, pela norma escrita, que desdenharia a realidade. A imitação conservacionista seria a tônica das produções intelectuais. Segundo Bomfim, quando o organismo parasitado deriva e é constituído pelo próprio parasita, ocorreria uma relação ambígua de amor e ódio, de rejeição e imitação.

Além dos defeitos herdados e daqueles adquiridos pela educação, há aqueles que derivariam da sobrevivência das tradições perniciosas que seriam perpetuadas pela imitação. Dentre essas tradições figuraria a noção de Estado, que se manteria a mesma desde os tempos coloniais, quando a máquina administrativa era "a ventosa e os colchetes do parasita: cobrava, coagia, prendia, matava; criava privilégios."[100] Por outro lado, o Estado colonial se alinhavaria à metrópole que exigiria que a colônia a sustentasse, alheio à nacionalidade nascente. O Estado era, para o colonizado, um ente estranho desde os tempos coloniais, e a máquina administrativa se mantivera à parte dos interesses da nação por todo o século XIX e início do século XX.

---

99  BOMFIM, 1993, p. 166.
100 BOMFIM, 1993, p. 189.

O terceiro efeito do parasitismo seria a reação à exploração do Estado. A América Latina teria um histórico de levantes e revoltas, funcionando como uma mensagem ao espoliador, o parasitado chegou ao limite. Mas essa mensagem não seria precedida por ações coletivas, por negociações no plano político. O sistema colonizador--colonizado, parasita-parasitado desenvolveria uma situação de desinteresse do parasitado em mudança enquanto as condições são contornáveis. Entretanto, a aparente acomodação explodiria em ódio quando a exploração se tornasse insuportável.

> Uma sociedade que viva parasitariamente sobre a outra perde o hábito de lutar contra a natureza; não sente necessidade de apurar os seus processos, nem de por em contribuição a inteligência, porque não é da natureza diretamente que ela tira a subsistência, e sim do trabalho de outro grupo (...) Em tais condições é lógico que a inteligência não poderá progredir, decairá (...) Como se poderão desenvolver e apurar os sentimentos altruísticos, de justiça e equidade, de cordialidade e amor, numa sociedade que sucede viver, justamente, de uma iniquidade – do trabalho alheio?[101]

O parasitismo que causaria a degeneração, enfraqueceria moralmente uma dada sociedade. Prejudicaria tanto o parasitado, porque lhe sugaria as forças, quanto o parasita, pois geraria nele a incapacidade de enfrentamento dos desafios da vida. Nesse par, a força residiria ainda no parasitado, no explorado, porque ele sustentaria a si e ao explorador. O que se observa neste período é a consolidação do dualismo enquanto forma de interpretação do Brasil. Seja na sua forma generalizante entre a sociologia e a política, quanto nos subtemas tratados, como colonizador-colonizado, parasita-parasitado, no caso de Bomfim; litoral e sertão, no caso de Euclides da Cunha; intimamente

---

101 BOMFIM, 1993, p. 60.

Sociologia, modernismo e interpretação do Brasil       115

conectados a conceitos da sociologia como o comunarismo ibérico de Sílvio Romero e solidariedade e interesse de Alberto Salles.

No caso da dualidade entre o campo e a cidade, Alberto Torres, outro importante intelectual do período, a abordou a partir de uma rígida contraposição. No campo, imperaria o trabalho produtivo e organizado, herança da escravidão. Segundo ele, "social e economicamente, a escravidão deu-nos, por longos anos, todo o esforço e toda a ordem que então possuímos, e fundou toda a produção material que ainda temos"[102]. Ela seria o alicerce da formação nacional, e sua herança permaneceria servindo de base para que o Brasil possuísse uma organização nacional, em contraponto à desestruturação provocada pela influência urbana.

O desenvolvimento, para Torres, passaria não pela industrialização e urbanização, mas sim, pela exploração sistemática e racional dos recursos agrícolas, bem como pela preservação dos recursos naturais. A sua reflexão intelectual sobre o Brasil, assim como em Alberto Salles, Sílvio Romero, Euclides da Cunha e Manoel Bomfim, se orientou basicamente por uma ampla crítica à inadequação do país ao regime republicano, à ineficácia da constituição de 1891 e a consequente oligarquização da república. Sob diversos aspectos a estrutura social e política brasileira se apresentariam como artificiais, portanto inadequadas. Este artificialismo da organização liberal republicana federativa, em relação ao senso de realismo, traria como consequência a necessidade de uma revisão constitucional e uma alteração das incumbências do Estado.

A crítica de Alberto Torres ao liberalismo republicano pode ser entendida sob dois aspectos que se entrecruzam.[103] O seu entendimento do processo universal de formação das nações e o diagnóstico

---

102  TORRES, 1982, p. 32.
103  SIMÕES, 2002.

imediato do Brasil. No primeiro aspecto, existiria a concepção de que a estruturação das nações em geral implicaria na interação de vários elementos de auto identificação dos grupos, entre os quais a raça, a língua, o território, a religião, até mesmo a literatura. Entretanto, estes são aspectos fundamentais, mas não exclusivos, pois:

> O espírito da nação forma-se assim, como um sentido coletivo de proteção, de amparo, de assistência e de socorro, práticos e efetivos contra riscos conhecidos e experimentados, entre homens e famílias que vivem juntos, tendo interesses comuns e sabendo da existência de outros grupos, com os mesmos caracteres, e ligados pelos mesmos interesses, contrários ou alheios, aos dos seus e prontos a sacrificá-los, a bem da gente de sangue.[104]

A organização da nação brasileira dependeria de uma adequada intervenção política que a direcione, pois o Brasil seria uma dessas nações novas, caracterizadas por nunca se estruturarem espontaneamente, como as nações velhas, a partir de uma solidariedade natural posta na evolução social, ao contrário, os problemas de organização nacional ancorados neste tipo de solidariedade vão subsistindo ao longo do tempo. O caso dos Estados Unidos tornara-se paradigmático para Alberto Torres na medida em que a elite dirigente norte-americana soube, desde a Independência, captar os reais parâmetros daquela nacionalidade e dirigi-la de acordo com tais parâmetros.

A relação do mundo social com a ordem política seria de dependência: a sociedade dependeria da ação estatal para organizar-se, superar seus conflitos e deficiências, enquanto o Estado, para Torres, deveria se constituir como um espaço desvinculado de interesses particularistas geradores de conflitos. Nesse tempo histórico relacionado ao processo de formação das nações novas, a terra adquiriria um papel

---

104 TORRES, 1982.

Sociologia, modernismo e interpretação do Brasil 117

fundamental como elemento de auto identificação de um grupo nacional a partir da relação homem e natureza. Além desta pavimentação da solidariedade nacional, a terra englobaria o próprio território da nação, o solo como meio de produção de riquezas e desenvolvimento. Também seria a terra que movimentaria o tempo social associado à solidariedade social, e ao mesmo tempo, constituir-se-ia como uma das fontes de vida devendo ser explorada racionalmente.[105]

Uma espécie de planificação econômica para a exploração do território da nacionalidade. Podemos afirmar que os fatores correlacionados na análise torreana: formas de produção econômica, sociabilidade e tipo de vida mental e moral, e, instituições políticas, associavam-se à aplicação do saber sociológico na condução do governo, através da organização racional das tarefas político-administrativas. Neste sentido, o tempo político baseado na atividade política mais adequada à organização das nações novas, deveria ser baseado no conhecimento dos recursos naturais do país, racionalmente estruturado e livre dos interesses particularistas.

> Estudar a geografia de um país (...) procurando apreender o caráter das diversas zonas geológicas e mineralógicas (...) para conhecer os elementos e aptidão de sua exploração e cultura, e ao mesmo tempo as condições necessárias ao espírito da unidade social e econômica à solidariedade entre os interesses e tendências divergentes, eis o ponto de partida de toda política sensata e prática.[106]

A existência de um tempo histórico recente, incapaz de conduzir a um tempo social cuja solidariedade nacional, associar-se-ia a

---

105 Teotônio Simões observou que a ideia de *fonte de vida* em Alberto Torres, constitui-se como elemento fundamental no engendramento da relação entre homem e natureza, como por exemplo no tema do trabalho, da alimentação, da paz e da sobrevivência. Cf. SIMÕES, 2002.

106 TORRES, 1982, p. 97.

caracteres homogêneos de identificação, tornar-se-ia o fundamento para a elaboração do tempo político, e este traduziria através de um método racionalmente estruturado, a formação de um tempo social adequado. De todo modo, as nações novas produziriam novos tipos de sociabilidade, de ação coletiva, de hábitos e consequentemente um *ethos* específico, uma sensibilidade nova se comparada a outros desenvolvimentos históricos. O desvendamento dessa psicologia social própria se tornou uma das formas pelas quais a sociologia deveria compreender o desenvolvimento nacional. Partindo desse axioma, seria no período de formação nacional onde se encontrariam os vestígios mais significativos dos aspectos sociológicos que formaram e moldaram os grupos sociais que aqui se desenvolveram.

Os estudos do ensaísmo sociológico brasileiro das primeiras décadas do século XX, Sílvio Romero, Euclides da Cunha, Alberto Torres, Alberto Salles, Manoel Bomfim, expressaram essa preocupação, mesmo que em alguns não seja a preocupação central, de procurar na gênese nacional os elementos subjetivos de formação do que a geração seguinte viria a chamar de caráter nacional. *O Retrato do Brasil* de Paulo Prado também se estende sob esta linha de argumentação.

Segundo Paulo Prado, nos tempos coloniais, aportou na colônia um tipo de homem novo, surgido da Renascença e movido pela ambição e a luxúria. Este homem renascentista teria experimentado o choque provocado pelo contato com uma natureza tão nuançada de força e graça que rapidamente esqueceu os limites civilizacionais da Europa natal. Sua paixão infrene colocava-o na trilha do ouro e das paixões sexuais, a luxúria e a cobiça. "Aí vinham esgotar a exuberância de mocidade e força e satisfazer os apetites de homens a quem já incomodava e repelia a organização da sociedade europeia."[107] A visão edênica que povoou as representações mentais do homem do

---

107 PRADO, 1997

Renascimento estaria mais balizada com os relatos de viagens como o de Marco Pólo ou com o erotismo oriental das *Mil e Uma Noites*. Esse horizonte de ideias comporia o escopo intelectual em conjunto com o cristianismo. De conhecimento geral, talvez a Bíblia possibilitasse uma interpretação mais erótica e ambiciosa nos homens que vieram para o território americano no século XVI. O que importa saber é que a aventura portuguesa em terras americanas, para Prado, foi guiada pela utopia do paraíso terreal. Aqui tudo era permitido: a sensualidade infrene, a ambição desmedida.

Naquilo que Paulo Prado chamou de "uniões de pura animalidade", formou-se uma raça mestiça, totalmente adaptada às agruras tropicais. A união do negro com o índio e o branco "veio facilitar e desenvolver a superexcitação erótica em que vivia o conquistador e povoador, e que vincou tão fundamente o seu caráter psíquico."[108] Entre os colonizadores, de acordo com Paulo Prado, foi o paulista aquele a empreender a maior aventura pelo sertão brasileiro. Responsáveis pela interiorização do Brasil, esses homens de grossa ventura percorreram o interior em busca de minérios preciosos, mais difíceis, e o apresamento dos indígenas, mais abundantes. A corrida do ouro levaria quase três séculos para encontrar seu eldorado no Brasil. Quando a América espanhola esgotava seu Potosí, em Minas Gerais tinha início as faisqueiras de aluvião. "As fortunas amontoavam-se repentinamente pelo acaso feliz das descobertas."[109] Contudo, o ouro somente alargaria o fosso entre ricos e pobres. O fausto da corte, o enriquecimento de traficantes, o esgotamento precoce das lavras em meados do século XVIII, foram fatores responsáveis pela falência do Estado e do Sistema Colonial.

---

108 PRADO, 1997.

109 PRADO, 1997

Nos capítulos dedicados à tristeza e ao romantismo, Paulo Prado demonstra como a explosão das paixões gerou um mal fisiológico e se agravou com um mal ideológico. A tristeza brasileira gerada pela luxúria e cobiça do colonizador, seria agravada no século XIX pelo ideário romântico. À ineficiência do Estado português somava-se a dissolução dos costumes. O cruzamento entre as raças deixou marcas indeléveis no caráter brasileiro, não pelo efeito da miscigenação, mas moralmente. A escravidão, agravaria o quadro precário colonial, o negro e o mestiço, em represália à situação transbordaram a vida dissoluta por toda a sociedade. Contudo, a mineração bandeirante e mais tarde o romantismo iriam esgotar lhes as forças. Sob os auspícios de Rousseau, Victor Hugo e Byron, o século XIX foi inspirado pelo romantismo. "O país nascia assim sob a invocação dos discursos e das belas palavras." A misantropia e o pessimismo dos românticos só fizeram agravar a tristeza brasileira. "Viveram tristes, numa terra radiosa."[110] Em resumo, a luxúria, a cobiça, a tristeza, o romantismo e os efeitos da escravidão se associariam à ineficácia da elite política, vista por Paulo Prado como mesquinha e passiva, para formarem esse quadro geral pintado pelo autor.

Retomando o tema das relações entre o ensaio e a imaginação sociológica, se pode dizer que desde o início do século XX se observa a virada sociológica dentro do ensaísmo com algumas caraterísticas: crítica formal às instituições políticas da República, crítica à importação de ideias e modelos exógenos e a procura pela autenticidade brasileira, senso de realismo e recusa ao romantismo, florescimento do nacionalismo, análises historiográficas sobre a formação do país, separação entre a sociologia e a política e análises comparativas com outros países e regiões, e, por fim, a caracterização geral do país atra-

---

110 PRADO, 1997, p. 53

Sociologia, modernismo e interpretação do Brasil 121

vés das dualidades. Todas essas características foram fundamentais para cimentar o solo no qual a sociologia modernista se construiu.

Como lembrava Vicente Licínio Cardoso, se esboçava por esta época uma "geração de críticos republicanos", justamente aqueles que foram capazes de formular uma estratégia de contraposição, do ponto de vista político, ao modelo Campos Sales, e, do ponto de vista conceitual, à geração de intelectuais do século XIX.[111] Os críticos republicanos, que se expressaram através do ensaísmo sociológico, opuseram-se à via estrita da política, colocando o fulcro das questões pertinentes no tempo social. Retomariam com vigor a exigência da matriz republicana de incorporação do povo para a legitimação do poder, opondo-se aos mecanismos meramente formais da representação e do sufrágio, colocando-os sob um fundamento sociológico. Além de ressaltarem os problemas cruciais de seu presente, os consideravam a partir da complexificação da ordem social moderna: o mundo urbano e o mundo rural, as políticas industriais e agrícolas, o capital estrangeiro e o problema do imperialismo, as políticas de imigração e a ocupação do solo, a questão educacional e o domínio oligárquico.

Seria no início dos anos 1920, que a sociologia modernista deixava de ser broto para se transformar em floração. Surgira por esta época, dois textos fundamentais que comporiam, conjuntamente com textos da década posterior, o núcleo básico e clássico desta tradição sociológica: *Populações Meridionais do Brasil* e *Evolução do Povo Brasileiro*, ambas escritas por Oliveira Vianna.[112] Seria de seus argumentos centrais, que a sociologia modernista posterior desenvolveu o debate com maior precisão conceitual e com maior acuidade terminológica.

---

111 CARDOSO, 1990.

112 *Populações Meridionais do Brasil* foi publicado pela primeira vez em 1920 e *Evolução do Povo Brasileiro* em 1923. Além destes dois libelos da sociologia modernista, Vianna publicara em 1921, o livro *Pequenos Estudos de Psicologia Social*, reunião de diversos ensaios do autor.

Partiriam todos das teses levantadas por Vianna, seja para contrapô-lo e contestar suas afirmações, seja para corroborar e sustentar suas teses. É notório que Gilberto Freyre, Sérgio Buarque de Holanda, Nestor Duarte, Afonso Arinos, entre outros, comentaram em textos as principais teses de Oliveira Vianna levantadas por estes dois livros. De todo modo, a década de 1930, veria florescer com maior frescor a sociologia modernista, com o conjunto de ideias desenvolvidas em torno da caracterização identitária brasileira, suas ações sociais e seus tipos de solidariedade e autoridade, especialmente nas mediações entre as relações público e privado, coordenadoras das relações entre Estado e sociedade no país, postos pela sociologia modernista, também como um problema histórico e historiográfico. Ademais, essa tradição de sociologia veria suas últimas florações nos anos 1950, em torno do ISEB, perdendo paulatinamente força e poder explicativo, enquanto outros modos de operacionalização disciplinar, como a sociologia acadêmica se profissionalizava.

Um ponto interessante de se levantar a respeito das relações entre o ensaio e a sociologia, modo de apresentação das ideias da sociologia modernista, seria o tema da ciência e da argumentação científica efetuado através deste tipo de escrita. Se retornarmos aos pontos de inflexão do ensaio estabelecidos no primeiro tópico deste capítulo, se apreenderá que para a teoria geral do ensaio de Adorno e Lukács, o ensaio intercederia um conflito entre a arte e a ciência. No desdobrar do fazer sociológico deste período, isto trouxe algumas implicações.

Em primeiro lugar, a subversão de uma poética do pensamento que criativamente construiu uma sociologia iconoclasta e original, perifericamente arredia aos padrões de cientificidade exigidos pelo pensamento europeu central. Por outro lado, a relação entre a sociologia e o ensaio, neste contexto periférico, se associaria à ideia de uma geopolítica do conhecimento,[113] pois possibilitaria problematizar o mapa epistêmico, com os espaços privilegiados, as fronteiras, os fluxos e as direções que instituíram esse modo, de aparência natural, de perceber países, regiões, povos e redes como produtores de teorias universalmente válidas, as culturas de investigação do norte, e outros espaços relegados à posição de objeto de estudo e à recepção de teorias produzidas em outra parte, as culturas a serem investigadas ao sul.

Segundo, a fragmentação e especialização das ciências humanas foi barrada pela tipologia de intelectual, os polígrafos, que se utilizaram do ensaio para construir esta disciplina. Nestes termos, a sociologia apareceu enquanto método de análise científico, com um suporte de escrita maleável, escapando do método descritivo ao armar pela pessoalidade da escrita um método analítico. Mais do que a descrição, interessava a análise dos fenômenos.

Em terceiro lugar, uma sociologia intimamente conectada aos temas da agenda pública, empurrando questões a serem debatidas, forçando a abertura da imaginação sociológica do período. Com uma forma de apreensão da realidade, fundamentando conceitos básicos da sociologia, tanto no horizonte discursivo e de eleição temática, como a tentativa de síntese interpretativa do país.

Quarto, uma sociologia ativamente política, mas que direcionou seus argumentos ao Estado e à elite política e intelectual, tanto pela própria configuração do espaço público brasileiro, quanto uma opção estratégica de intervenção.

Quinto, o estabelecimento dos parâmetros da sociologia brasileira, na sua eleição temática, mas principalmente na consolidação do dualismo para se explicar o país. Temas que serão aprofundados nos anos de aceleração temporal dos anos 1920 e 1930. Nestes termos, o amanhecer da sociologia modernista caminhava para o seu meio-dia. É o tema a que se passa a tratar no próximo capítulo.

---

113 MIGNOLO, 2013; SANTOS & MENESES, 2010; WALSH, 2002.

# AS DUALIDADES DO MODERNISMO BRASILEIRO

Precisamos descobrir o Brasil! (...)
Precisamos colonizar o Brasil. (...)
Precisamos educar o Brasil.
Compraremos professores e livros,
assimilaremos finas culturas,
abriremos dancings e subvencionaremos as
elites.
Cada brasileiro terá sua casa
com fogão e aquecedor elétricos, piscina,
salão para conferências científicas.
E cuidaremos do Estado Técnico.
Precisamos louvar o Brasil.
Não é só um país sem igual.
Nossas revoluções são bem maiores
do que quaisquer outras; nossos erros também.
E nossas virtudes? A terra das sublimes paixões (...)
Se bem que seja difícil caber tanto oceano e
tanta solidão
no pobre coração já cheio de compromissos...
se bem que seja difícil compreender o que que-

rem esses homens,
por que motivo eles se ajuntaram e qual a razão
de seus sofrimentos.
Precisamos, precisamos esquecer o Brasil!
Tão majestoso, tão sem limites, tão despropositado,
ele quer repousar de nossos terríveis carinhos.
O Brasil não nos quer! Está farto de nós!
Nosso Brasil é no outro mundo. Este não é o
Brasil.
Nenhum Brasil existe. E acaso existirão os brasileiros?

Carlos Drummond de Andrade, *Hino do Brasil*, 1934.

Este capítulo aborda o tema das relações entre o modernismo, a sociologia modernista e a modernização ocorrida no Brasil nos anos 1920 e 1930. Na primeira parte do capítulo, estabeleço uma diferenciação entre o modernismo e o movimento modernista, contrapondo uma visão que tradicionalmente se habituou a reiterar a captura do termo modernismo pelo movimento modernista paulista em 1922. Assim, se amplia a noção de modernismo para além das vanguardas artísticas e estéticas das artes, da literatura e da arquitetura, encarando-o como um fenômeno histórico que se inicia em fins do século XIX, e que se atrela a uma dimensão cultural mais ampla da modernidade brasileira.

Na segunda parte, debato o tema da experimentação temporal do modernismo brasileiro, por todas as suas características internas, que se diferem do modernismo europeu, mais do que procurar a revolução do tempo, procuraria controla-lo, estabeleceria certos limites da ruptura. Se cindiria em futuro, certamente, mas também construiria a tradição. Mais do que a concepção de revolução, o modernismo brasileiro se orientou pela ideia de reforma.

E por fim, na terceira parte, esclareço a íntima relação entre o modernismo central e o Estado brasileiro no processo de montagem da organização política construída na década de 1930, se ressaltando os encadeamentos entre cultura e política no processo de modernização conservadora à brasileira.

## A ruptura e a tradição: o Modernismo Brasileiro

Em diversas interpretações sobre o modernismo brasileiro, consideradas clássicas sobre o assunto, alguns tópicos aparecem constantemente: a Semana de Arte Moderna como marco fundador e evento aglutinador de ideias inovadoras para as artes e literatura, um grupo de jovens e letrados da cidade de São Paulo como catalisadores de novas percepções e questões advindas da modernidade, a cidade de São Paulo como o espaço propício ao desenvolvimento de novas subjetividades artísticas, as ideias de vanguarda e ruptura, associadas a um movimento artístico e literário, que teria empreendido uma revolução nas letras nacionais, colocando-as de acordo com seu tempo e com seu país, após um período comumente considerado como de estagnação nas letras e nas artes.[1]

Essa versão amplamente difundida, principalmente por seus protagonistas, teria criado um marco zero, mitigando passagens e percepções anteriores, que desde a virada do século, poderiam figurar como antecedentes desse movimento. Autores e acontecimentos fundamentais na compreensão do Brasil foram legados a segundo plano.[2] Pela disputa em torno da memória dos anos 1920 e 1930, os modernistas centrais capturaram para si o próprio termo modernismo.

---

1 VELLOSO, 2010.

2 Sobre o tema da memória e da identidade de grupo, Pollack argumentou que a memória seria um fenômeno construído social e individualmente, atuando como fator decisivo do sentimento de continuidade e de coerência de um grupo, transformando-se em um elemento constituinte da identidade, ou, mais especificamente, do sentimento de identidade desse grupo. POLLACK, 1993.

Essa perspectiva sobre o modernismo brasileiro se enraizou na crítica literária e cultural, de modo a subscrever a variedade de autores e obras entre o final do século XIX e o modernismo paulista sob o rótulo de pré-modernismo. Diversos analistas, como Joaquim Francisco Coelho, Massaud Moisés[3] e Afrânio Coutinho,[4] agruparam autores como Euclides da Cunha, Cruz e Sousa, Alphonsus de Guimarães, Augusto dos Anjos, Lima Barreto, Coelho Neto e Graça Aranha nesta vertente denominada pré-modernismo, construindo uma perspectiva etapista da história cultural brasileira. Wilson Martins, no artigo *A crítica modernista*, inserido no livro *A Literatura no Brasil*, organizado por Afrânio Coutinho, afirmou que o modernismo, entre 1922 e 1928, foi um movimento exclusivamente paulista, e tão paulista que suscitou movimentos hostis no Rio de Janeiro e no Nordeste.[5] Alfredo Bosi, se apercebera da captura do termo modernismo pelo movimento paulista dos anos 1920.

> O que a crítica nacional chama de *Modernismo* está condicionado por um *acontecimento*, isto é, por algo datado, público e clamoroso, que se impôs à atenção da nossa inteligência como um divisor de águas: a Semana de Arte Moderna, realizada em fevereiro de 1922, na cidade de São Paulo. Como os promotores da *Semana* traziam, de fato, ideias estéticas originais em relação às nossas últimas correntes literárias, já em agonia, o Parnasianismo e o Simbolismo, pareceu aos historiadores da cultura brasileira que *modernista* fosse adjetivo bastante para definir o estilo dos novos, e *Modernismo* tudo o que se viesse a escrever sob o signo de 22.[6]

Entretanto, estudiosos têm desenvolvido trabalhos cujos resultados contrapõem essa perspectiva instituída do modernismo,

---

3   MOISES, 1993.
4   COUTINHO, 1986.
5   MARTINS, 1986.
6   BOSI, p. 303.

# Sociologia, modernismo e interpretação do Brasil 129

abrindo a possibilidade de uma desnaturalização da ideia de vanguarda e de exposição dos mecanismos políticos e institucionais que, para além das qualidades intrinsecamente literárias, culminaram na canonização do modernismo associada à ideia de ruptura completa com a tradição. Seja em aspectos literários e formais, seja na crítica ao conteúdo, a pormenorização no espaço e no tempo, a delimitação de autores e obras e, principalmente, a revisão conceitual do termo modernismo. Dilatados os campos de visão graças ao distanciamento no tempo, tem-se chamado a atenção para a importância de se repensar os limites da associação entre o termo modernismo e o movimento paulista de 1922, e buscar outras trilhas para se pensar em como se instalaram as ideias, a subjetividade e a sensibilidade modernas em contextos periféricos.

Seria mais proveitoso, segundo Flora Sussekind, ampliarmos a visão sobre o período, menos importando com as sequências de escolas literárias, do que com o conteúdo pelo qual se movimentaram os intelectuais do período e o processo de modernização nacional. Uma íntima associação da estética modernista e as inovações técnicas, que pelo seu conteúdo descortinariam a própria modernidade à brasileira.

> É como se as inovações técnicas impusessem a própria tematização. Rastro as vezes perplexo, as vezes perverso que parece chamar a atenção na ficção brasileira dos anos 90 do século XIX e dos anos 10 e 20 para um traço que lhe será bastante característico: o diálogo entre a forma literária e imagens técnicas, registros sonoros, movimentos mecânicos, novos processos de impressão. Diálogo entre as letras e os *media* que talvez defina a produção literária do período de modo mais substantivo do que os muitos neo (parnasianismo, regionalismo, classicismo, romantismo) pós (naturalismo) e pré (modernismo) com que se costuma etiqueta-la.[7]

---

7   SUSSEKIND, 1987, p. 13.

O primeiro ponto desta nova inflexão sobre o modernismo se associaria a uma ponderação sobre a modernização técnica e a obra de arte, para se desvelar a sensibilidade modernista. O segundo aspecto se ancoraria em uma reflexão sobre a própria estética modernista e suas implicações para a construção desta sensibilidade. No fundo, trataria de verificar em que medida os meios tradicionais de expressão são afetados pelo poder transformador da nova linguagem proposta, isto é, até que ponto essa linguagem é realmente nova;[8] em seguida e como complementação essencial, seria preciso determinar quais as relações que o modernismo manteve com os outros aspectos da vida cultural, de que maneira essa renovação se inseria no contexto mais amplo de sua época.

> Enquanto projeto estético, diretamente ligada às modificações operadas na linguagem, e enquanto projeto ideológico, diretamente atada ao pensamento (visão de mundo) de sua época. (...) O ataque às maneiras de dizer se identifica ao ataque das maneiras de ver (ser, conhecer) de uma época; se é na (e pela) linguagem que os homens externam sua visão de mundo (justificando, explicitando, desvelando, simbolizando ou encobrindo suas relações reais com a natureza e a sociedade) investir contra o falar de um tempo será investir contra o ser desse tempo.[9]

Nestes termos, seguindo esta trilha, existiria um duplo aspecto de entendimento do modernismo, o primeiro se realizaria na renovação dos meios, na ruptura com a linguagem tradicional, a natureza da linguagem modernista a exigir a incorporação de novos elementos e de novos temas; o segundo, na consciência do país, o desejo e a busca de uma expressão artística nacional e a criação de novos hábi-

---

8  LAFETÁ, 2000.
9  LAFETÁ, 2000, p. 19-20.

tos e costumes. O que terminaria por conduzir a um terceiro ponto sobre o modernismo, sua dimensão ética.

Sobre o primeiro aspecto, implicaria reconhecer uma tradição de sensibilidade moderna e modernista em alguns grupos de intelectuais que podem remontar no caso brasileiro ao século XIX, sendo apropriados e esquecidos pelos intelectuais dos anos 1920 e 1930. Em termos gerais, a ruptura radical é mais anunciada do que realizada, ela é mediatizada pela elaboração sutil de um projeto estético e político que se opõem às formas estilísticas específicas, cediças e agônicas ao contemporâneo, como toda atualização estética procede.

Sobre o segundo ponto, as mudanças operadas a partir dos anos 20 e acentuada na década de 30 descobre ângulos diferentes: preocupa-se mais diretamente com os problemas sociais e produz a sociologia modernista e o realismo literário.[10] Assim, se conectaria cultura e política na feição de projetos específicos, mesmo que não intencionalmente derivados do projeto inicial. E que não figurariam somente em um campo da experiência humana, abrangendo uma perspectiva mais ampla de relacionamento entre conhecimento, interpretação e poder.

Exatamente na medida em que não se trata mais de ajustar a realidade do país a uma realidade mais moderna a exigir o rompimento completo com a tradição, na medida em que a modernidade representaria o presente enquanto experiência e sensibilidade, se trataria de um esforço interpretativo de reformar ou revolucionar essa realidade em associação com a política. Daí a necessidade de se rechaçar a ideia de que o modernismo brasileiro foi um movimento exclusivamente especular, exclusivamente estético ou literário, de modelos exógenos, sem autêntica base americana e periférica. De

---

10 Sobre a relação entre o realismo literário e o realismo político, ver: PAIVA, 2011.

modo que essas perspectivas sugerem a abertura da própria concepção de moderno e de modernismo.

A proposta não é que os artistas e intelectuais do moderno ocupem o mesmo espaço das novas forças sociais advindas do moderno, nem mesmo que manifestem qualquer simpatia ideológica ou conhecimento existencial delas, antes que sintam aquela força gravitacional à distância, e que sua própria vocação pela mudança estética as práticas artísticas novas e mais radicais se sinta poderosamente reforçada e intensificada pela nascente convicção de que a mudança radical está ao mesmo tempo à solta no mundo social externo.[11] E que o sentido do tempo, deveria ser mensurado e medido, exposto e controlado.

Deste modo, o modernismo – ou os modernismos, no plural - pode ser caracterizado como as formas criativas de expressividade dentro da modernidade e como a constituição paulatina de uma sensibilidade moderna, que não só refletem a condição da modernidade como também a possibilitam. Ademais, o modernismo possuiu determinados padrões cognitivos, axiológicos e normativos, imagens e interpretações do mundo e identidades definidoras de uma ontologia social. Visto sob um ponto de vista geral, o modernismo pode aderir ou não à modernidade, pode resistir criticamente a ela, mas em todo o caso é sempre uma parte integrante e significativa da modernidade e não separada dela. Para pluralizar a concepção de modernismo e aplica-lo ao caso brasileiro, se necessita repensar as noções tradicionais do modernismo ocidental e verificar em que sentido e intensidade o modernismo se associou a duas de suas dualidades básicas, ruptura e tradição, reforma e revolução.

Sobre os diferentes tipos de modernismo que afloraram ao longo do tempo, Marshall Berman apontara uma dialética entre mo-

---

11 JAMESON, 2005, p. 159.

Sociologia, modernismo e interpretação do Brasil       133

dernização e modernismo, elemento central para se compreender a modernidade. Berman percorreu autores como Goethe, Baudelaire, Marx e Dostoievski, e na evolução urbana de metrópoles como Paris, São Petersburgo e Nova York, o que em sua perspectiva constituiria as constantes contraditórias da modernidade.

A modernidade, segundo Marshall Berman, poderia ser compreendida enquanto um *modus vivendi*, uma experiência vital de tempo e espaço, de si mesmo e dos outros, das possibilidades e perigos da vida. Aventura e rotina se mesclariam na percepção modernista do mundo, estabelecendo um certo modo de entendimento que levaria em consideração tanto a crítica à modernização, quanto o seu oposto, a tradição, fundantes assim, de uma sensibilidade modernista que veria na novidade, o transitório e o contingente, seu elemento compósito central.

Resumindo o argumento de Berman, existiriam três fases na história da modernidade. A primeira se estenderia do século XVI ao XVIII onde se experimentaria os primeiros indícios de modernidade, mas sem a consciência cultural sobre os valores pelos quais a modernidade se desenvolveria. O segundo período que se iniciaria com o movimento revolucionário francês de 1789, os ideias de modernidade se apresentariam de forma abrupta e violenta no plano da política e da sociedade, sem que se erradique completamente os valores do Antigo Regime, de modo que, no século XIX, a coexistência de ambos os modelos emergiria da confrontação dialética de ambos os mundos. Por fim, o século XX completaria a predominância modernista na medida em que a cultura e a economia moderna se expandem a todas as esferas da vida, para que, finalmente, a modernidade se fragmente de tal forma que perderia a capacidade de organizar e dar sentido à vida coletiva.

As características gerais do modernismo também fora tema de teóricos vinculados à teoria pós-colonial e aos chamados estudos culturais. Para Sérgio Costa, a releitura da história moderna empreendida pelos teóricos pós-coloniais buscaria reinscrever e reinserir o colonizado na modernidade, não como o outro do ocidente, sinônimo do atraso, do tradicional, da falta, mas como parte constitutiva do moderno.[12] Associado a essa nova inscrição, criticariam a teleologia da história do modernismo europeu, a concepção de indivíduo propagado pelo iluminismo europeu e redefiniriam conceitualmente as mediações culturais entre centro e periferia. Conceitos como entre-lugar, deslocamento, diáspora, crioulização, negritude, hibridização, transnacionalidade, transculturação, poética da diversidade, geopolítica do conhecimento, passariam a expressar as difíceis relações entre o centro do mundo ocidental e outras regiões do globo. De certo modo, estes estudos referem-se muito mais a um desvio e uma abertura. Desvio porque enstão sendo a discussão para outro caminho, abertura, porque os pressupostos que sustentavam o mundo moderno europeu-ocidental estão sendo colocados em cheque de modo a possibilitar uma nova configuração e um novo escopo de reflexão.

Recentemente, o argumento de uma multiplicidade de modernismos ao redor do globo tem tornado possível a elevação do debate a outros parâmetros. Estudiosos tem procurado avaliar o modernismo e os movimentos modernistas em regiões como a África,[13] o leste europeu,[14] a Rússia,[15] a China,[16] o Japão,[17] o Irã,[18] Israel e a Palesti-

---

12  COSTA, 2006, p 90.

13  AGWELE, 2012.

14  KRONFELD, 1996.

15  BARTA, 2000.

16  HUANG, 1997.

17  LIPPIT, 2002.

18  RAJAEE, 2007.

na.[19] Essa ampliação na geografia dos modernismos[20] permitiu considerações sobre o modernismo que levariam em conta: as formas pelas quais a cultura modernista fora criada, apropriada e criativamente traduzida nestas regiões; a criação de estratégias literárias e figurativas em sintonia com as experiências e subjetividades concernentes da posição às margens; a experiência e explicitação dos antagonismos advindos de um processo de modernização alternativo; e sua complexa relação com o centro; a engenhosidade da floração da linguagem modernista e suas dimensões técnica, ética e estética; os motivos pelos quais a arte modernista confluiu para a avaliação de temas como o habitual e o cotidiano, a tradição e a ruptura, a reforma e a revolução; a avaliação sobre as novidades e os paradoxos da modernidade; os limites e perímetros do pensamento e da teoria eurocêntrica; a elaboração de um mapa geral sobre a sociabilidade dos diversos grupos modernistas; o deslocamento e realinhamento do modernismo no mundo moderno; e, por fim, as características gerais da sensibilidade modernista.

Analistas da modernidade como Jurgen Habermas e Anthony Giddens não teriam se dado conta de que o processo de modernização que levara à modernidade não poderia partir do pressuposto de uma ocidentalização do modernismo que partiria do centro para a periferia. A modernidade europeia não fora capaz de transcender uniformemente seus valores e padrões estéticos ao resto do mundo sem sobressaltos, pois o processo de modernização se diferira em diversas regiões do mundo. Para Habermas, o que caracterizaria a modernidade seria uma partição da razão, ou seja, sua diferenciação em esferas institucionalmente autonomizadas. Historicamente, a diferenciação do sistema político ocorreu quando a autoridade política

---

19 OHANA, 2012.

20 Inspiro-me livremente em HUYSSEN, 2005 e na coletânea organizada por BROOKER & HACKER, 2005.

se cristalizou em torno das posições judiciais que prendem os meios da força. Dentro da estrutura das sociedades organizadas em torno do Estado, os mercados foram emergindo e adquirindo uma lógica própria.[21] Estes sistemas seriam domínios formalmente organizados da ação que seriam integrados menos através do mecanismo da ação comunicativa, do que fora dos contextos do mundo da vida. Habermas localizaria o início deste processo nas revoluções políticas do século XVIII e suas consequentes manifestações culturais e filosóficas.[22] Dessa forma, para Habermas, a modernidade nasceria como projeto, em solo europeu, com a instauração do princípio articulador da subjetividade moderna e com a separação das esferas de valor.

Por outro lado, para Giddens, o distanciamento tempo-espaço, efetuado pela modernidade, suspendera a tradição e o local (território) como formas únicas de mobilização de identidades. Desta forma, a modernidade ao lançar mão de um mundo no qual os indivíduos não se fixariam identitariamente, possibilitou a emergência de novas possibilidades individuais de construção das identidades. As principais características da modernidade seriam: (1) o adven-

---

21 Para causar este desacoplamento do sistema e do mundo da vida, Habermas discutiu a lei (direito) que institucionaliza a independência da economia e do Estado das estruturas do mundo da vida (HABERMAS, 1987, p. 164-79). Os sistemas podem operar-se independentemente do mundo da vida somente quando reacoplados ao mundo da vida com a legalização de seus meios respectivos, no caso do estado, o poder, e no caso do mercado, o dinheiro. No exemplo do meio-dinheiro, as relações da troca têm que ser reguladas em leis de propriedade e de contrato, enquanto o meio-poder do sistema político necessita ser escorado normativamente a organização de posições oficiais nas burocracias estatais. Consequentemente, a diferenciação dos sistemas requer um nível suficiente de racionalização do mundo da vida com uma separação da lei e da moralidade e da lei pública e privada. A separação da lei e da moralidade se basearia no nível convencional da evolução social, isto é quando as representações legais e morais estariam baseadas nos princípios abstratos que podem ser criticados, mais do que nos valores específicos que estariam amarrados diretamente em tradições éticas concretas.

22 HABERMAS, 2002.

Sociologia, modernismo e interpretação do Brasil          137

to das sociedades capitalistas, subtipo específico da sociedade moderna, cuja natureza é expansionista e competitiva, utilizando-se de inovação tecnológica, e promovendo o distanciamento da economia face às demais esferas, tendo por eixo a propriedade privada. (2) O industrialismo, que se refere à transformação da natureza e das relações homem-natureza. (3) A ideia de vigilância, pelo controle da informação e supervisão social. (4) O poder militar estatal que detém o monopólio dos meios de violência. Junta-se a este esquema os caracteres da globalização (instituições desencaixadas), o sistema de Estado-nação, a economia capitalista mundial, a ordem militar e a divisão internacional do trabalho.[23]

As descontinuidades da modernidade em relação à tradição estariam associadas ao ritmo de mudança, ao escopo da mudança e a natureza das instituições modernas. De todo modo, encarar a modernidade pela ótica da ruptura total com a tradição implica considerar, seja em Habermas, seja em Giddens, a separação formal entre Estado, mercado e sociedade. E especialmente entre mundo privado e mundo público que sustentariam a lógica intrínseca destes aparatos modernos. Se este processo fora levado a cabo no contexto europeu, no caso brasileiro, como em outras regiões periféricas, Estado, mercado e sociedade, não puderam se dissociar de forma plena no processo de modernização. Essa peculiaridade se refletiria na diferença entre o modernismo europeu e o modernismo brasileiro, especialmente sob o tema da tradição e da reforma.

Ademais, o debate elaborado por Berman, pela teoria pós-colonial, pelos teóricos dos estudos culturais, e pelos estudos que ampliam a geografia do modernismo, abririam uma seara interessante de discussão sobre o modernismo. Além do ponto sobre a sensibilidade modernista, o tema da diversificação e ampliação do moder-

---

23  GIDDENS, 1991.

nismo a locais e autores ignorados pela interpretação clássica deste tema, que priorizavam como centro de irradiação do modernismo a Europa, nos leva a considerar a possibilidade de um deslocamento regional do modernismo. Radicalizando as possibilidades de interpretação do modernismo que se construíram às margens do mundo capitalista central, os diferentes modos pelos quais o modernismo e a sensibilidade modernista foram paulatinamente se consolidando leva o debate a outros termos, para além de uma irradiação modernista europeia assimilada pelas outras regiões do mundo. Em capítulos anteriores, o debate estabelecido girou em torno do modo pelo qual os intelectuais brasileiros se caracterizariam pela ideia de posição em relação ao mundo ocidental clássico, e como esta circunstância levaria a uma situação de coloca-los sob um dilema e uma diferenciação de sua experiência intelectual.

Seguindo essa linha de argumentação, pode se estabelecer uma reflexão que privilegia as diversas inserções, seja em determinada tradição nacional, regional, ou mesmo suas relações conflitivas em relação à constituição do modernismo em contextos fora do eixo do Atlântico Norte. Posto nestes termos, esse tema se relaciona a algumas questões. A primeira diz respeito a tenacidade de práticas cognitivas modernistas em territórios fora do eixo europeu e sua imbricação com a forma como as ideias são apresentadas. A segunda aponta para uma característica típica desses territórios, nos quais existiria uma confluência para a inventividade, em seu aspecto construtivo, e o inacabamento, se comparado, como fazem os modernistas, a outros andamentos modernos. O terceiro ponto se relaciona aos modos pelos quais o modernismo às margens definiria as relações do intelectual com a escrita, as formas literárias e a vida pública. O quarto tema se relaciona à formação de uma sensibilidade modernista e suas características nestas regiões. O quinto mote se refere a uma definição da linguagem modernista e suas dimensões técnica,

Sociologia, modernismo e interpretação do Brasil 139

ética e estética e suas relações com as características do processo de modernização ocorrido.

Ademais, a emergência do modernismo em regiões fora do Atlântico Norte mais do que contrapor os axiomas básicos do modernismo destas regiões, se relacionam com ele e reinventam o seu modernismo, e com ele, constituem a própria modernidade. A hipótese é a de que a configuração geral do modernismo brasileiro, que se nacionalizara nos anos 1930 e ampliara seu poder de atuação, estava em íntima conexão dialógica com o processo de modernização ocorrido no Brasil. Entretanto, se a própria noção de modernismo deve ser matizada em relação a outros casos de entrada na modernidade, o mesmo procedimento deve ser feito em relação ao tema da modernização.

Ao estudar o caso brasileiro, Werneck Vianna decifrara o enigma da história brasileira ao coloca-la sob a chave da revolução passiva, um território que chegara à modernização em compromisso com o seu passado.[24] No binômio conservação-mudança, o termo mudança passaria a comportar consequências que escapariam inteiramente à previsão do ator, gerando expectativas de que a via do transformismo poderia ser concebida como a melhor passagem para a modernização do país, enquanto o termo conservação indicaria a possibilidade de constante reatualização do mundo da tradição. Esse processo molecular e de longa duração definiria os modos de articulação entre Estado, mercado e sociedade no caminho da modernização brasileira.

Se os artistas e intelectuais ligados ao modernismo europeu possuíam como característica a negatividade e o carácter destrutivo frente às tradições, uma das principais tarefas a que se propôs o modernismo brasileiro foi a construção simultânea de um futuro e sua

---

24  WERNECK VIANNA, 1997.

tradição.[25] No caso brasileiro, o modernismo ao pensar um código moral civilizatório distinto e animado pela construção nacional ancorada em uma geografia original permitiria a afirmação do moderno através da modernização, mesmo que a cisão temporal efetuada levasse ao tema da tradição. O fundo comum da experiência intelectual modernista periférica seria a associação entre o modernismo e o nacionalismo.[26] Nacionalismo intimamente impregnado na vida cultural brasileira e habilmente utilizada pelo Estado.[27] Esta premissa modernista não permaneceria circunscrita ao campo da arte e da arquitetura, invadindo a formulação ensaística e programática que cercou a modernização dos anos 30, seja através da floração da sociologia modernista seja através do realismo regionalista. A estratégia de construção por cima do país adquire uma nova complexidade nesta renovação de sua metafísica, em um momento no qual cultura e política, estariam intimamente conexas. Os modernistas, cientes de uma possível aproximação de desenvolvimentos nacionais traduziram uma interpretação do Brasil que articulou a questão nacional e o cosmopolitismo num registro marcado pela inventividade e pelo pragmatismo da experiência brasileira. Sendo assim, a experiência intelectual dos modernistas esteve atrelada ao modo como a modernização brasileira dos anos 1930 se desdobrou.

## Reforma e Revolução: a sensibilidade temporal do modernismo

No campo das artes e da literatura, as diferentes vanguardas modernistas procurariam expressar o sentido revolucionário do tempo através dos principais manifestos e de suas revistas publicadas nos anos 1920. As principais revistas da vanguarda paulista foram

---

25  GORELIK, 1999.

26  OLIVEIRA,1982.

27  BARBOSA FILHO, 2008.

*Klaxon* (1922), que contava com a colaboração de Mário de Andrade, Oswald de Andrade, Sérgio Milliet e Manuel Bandeira, e *Revista de Antropofagia* (1928), dirigida na primeira fase por Antônio de Alcântara Machado e na segunda por Geraldo Ferraz. No Rio de Janeiro, havia *Estética* (1924), dirigida por Prudente de Morais Neto e Sérgio Buarque de Holanda, e *Festa* (1927), organizada por Tasso da Silveira e Andrade Murici, com a colaboração de Cecília Meireles. Mas havia também outras publicações regionais, como *A Revista* de Belo Horizonte (1925), *Verde* de Cataguases (1927), *Arco & Flexa* em Salvador (1928), *Maracajá* de Fortaleza (1929) e *Madrugada* de Porto Alegre (1929).[28]

Por outro lado, essa renovação estética se prenderia a um campo estrito da realidade social. Não chegaria a se constituir um elemento gerador de sensibilidade social. Fora do Estado, os movimentos modernistas dos anos 1920 não conseguiram a amplitude das renovações anunciadas. Ademais, se pensarmos no modernismo como um movimento social e político, liderado pelos intelectuais, sua atuação diferiu bastante das postulações no campo estético. Se arrazoarmos como Bourdieu, na constituição de campos culturais relativamente independentes do campo político, como ocorrera no desabrochar do movimento modernista europeu, o modernismo brasileiro adquiriu outras feições, especialmente pela conjunção entre cultura e política, uma das matrizes da modernização brasileira da década de 1930.

Na especificidade da modernidade europeia, Habermas pontuaria que a experiência do tempo implicou a consciência de um presente "que se compreende, a partir do horizonte dos novos tempos, como a atualidade da época mais recente, [e] tem de reconstituir a ruptura com o passado como uma renovação contínua".[29] A moder-

---

28  MARQUES, 2013.

29  HABERMAS, 2002, p. 11.

nidade europeia, assim, resulta ser, entre outras coisas, uma época cuja nova temporalidade não buscaria nos modelos de épocas passadas os seus critérios de orientação no presente. Auto referencial em sua consciência histórica, ela teria de extrair de si mesma a sua própria normatividade.

Visto sob este ponto de vista, o modernismo europeu é extremamente revolucionário. Sua missão seria a aceleração do tempo, seria a ruptura com a tradição. A ânsia pela novidade a dominar os modernistas europeus, que Habermas localizou como gênese no Iluminismo e na Revolução Francesa. Sobre o modernismo europeu, Compagnon apontaria cinco paradoxos principais em sua constituição. Em resumo, a superstição do novo, iniciada em 1863, ano da exposição de *Almoço na Relva* e *Olympia*, de Manet, e contemporânea aos textos de Baudelaire; a religião do futuro, quando a modernidade se tornaria religião, surgindo por volta de 1913, com as colagens de Braque e Picasso e com as obras de Apollinaire, Duchamp, Kandinsky e Proust; a mania teórica, paradoxo que mostraria a dissonância entre teoria e prática, datada de 1924, ano do Manifesto Surrealista; o apelo à cultura de massas ou o mercado dos otários, da Guerra Fria até 1968; e, a paixão da negação, anos 1980, ou o pós-modernismo.[30]

O que interessa neste debate, é a peculiaridade do modernismo europeu, segundo Compagnon, de produzir um pensamento que representou o rompimento com o passado e com a tradição histórica, na medida em que a intenção modernista europeia postularia "a modernidade, como a época da redução do ser ao *novum*"[31] Insistindo nesta particularidade do modernismo europeu de uma profunda alteração epistemológica, Gumbrecht construiria um aparato interpretativo que levou em conta a análise da modernidade em três épocas, com subjeti-

---

30  COMPAGNON, 1996.

31  COMPAGNON, 1996, p. 16

Sociologia, modernismo e interpretação do Brasil          143

vidades diferentes, constituindo o que o autor apontou como cascatas de modernidade. O primeiro momento seria o desvelamento de um processo de ruptura entre o sujeito e o objeto. Metonimicamente, a partir da invenção da imprensa e da descoberta da América, o sujeito assumiria a função de um observador de primeira ordem, responsável pela produção de conhecimento sobre um mundo de objetos que inclui o seu próprio corpo. Essa produção de conhecimento assume a forma de leitura ou interpretação da realidade em busca de seus sentidos profundos. A segunda alteração teria se realizado entre 1790 e 1830, período no qual haveria a tomada de consciência da modernidade enquanto um conceito de época, caracterizado como modernidade epistemológica. A novidade é o surgimento do que denominou observador de segunda ordem, ou seja, a validade do conhecimento produzido precisa ser testada em suas condições de produção, o sujeito de conhecimento torna-se ele mesmo objeto. E por fim, o período que Gumbrecht nomeia de alta modernidade, no qual as vanguardas de início do século XX, consolidaram na compreensão geral a noção do moderno como constante auto-superação.[32] Os resultados da multiplicação das representações extrapolaria as soluções produzidas pelo processo de historicização e seriam visíveis os primeiros sintomas de erosão do campo hermenêutico aberto na primeira modernidade. Sobre as vanguardas europeias e o modernismo da alta modernidade, Gumbrecht marcaria que:

> nunca antes e nunca depois estiveram os poetas tão convencidos de estar desempenhando a missão histórica de ser 'subversivos' ou mesmo 'revolucionários' (o que pode, ao menos em parte, explicar o enorme prestígio das vanguardas entre os intelectuais de hoje). Em vez de tentarem (como fez Balzac) preservar a possibilidade de represen-

---

32   Para um exemplo da recepção da obra de Gumbrecht no Brasil, ver: ARAUJO, 2008.

tação, em vez de apontarem para os problemas crescentes com o princípio da representabilidade (a principal preocupação de Flaubert), os surrealistas e os dadaístas, os futuristas e os criacionistas – ao menos em seus manifestos – se tornaram cada vez mais decididos a romper com a função da representação.[33]

Sobre o tema da experimentação temporal, o modernismo brasileiro, por todas as suas características internas, que se diferia do modernismo europeu, mais do que procurar a revolução do tempo, procuraria controla-lo, estabeleceria certos limites da ruptura. Se cindiria em futuro, certamente, mas também construiria a tradição. No campo da política, mais do que a concepção de revolução, o modernismo central brasileiro foi capturado pela ideia de reforma.

Concomitante com a aceleração do tempo moderno extravasado nos anos 1920, a partir do movimento político que rompera com a Primeira República, se formulou a noção de um presente inacabado, impreterivelmente um instante transitório, concebido de modo que a experiência, um passado ainda imediato, atual, esteja preparado para irrupção de um futuro iminente. Essa marca da sensibilidade modernista, que se iniciara em fins do século XIX, com o tema da escravidão e da República, provocara uma ânsia de controle temporal entre os intelectuais que interpretaram o país. Experienciaram uma aceleração temporal, um movimento de compressão tempo-espaço, uma abertura advinda da experimentação política, a intensidade da vida citadina em oposição ao bucolismo rural praticamente intocado pelo tipo de modernização efetuada.

A modernização conservadora extrairia da confluência entre política e cultura o seu transformismo molecular, a conta gotas, dosando delicadamente os passos e as direções estabelecidas pelo

---

33 GUMBRECHT, 1998, p. 19.

Sociologia, modernismo e interpretação do Brasil 145

movimento artístico e estético das décadas anteriores. Seguindo as trilhas abertas por Lúcia Lippi de Oliveira, os intelectuais do modernismo estabeleceram relações dialógicas com o Estado, especialmente pela baliza do nacionalismo.

> figuras egressas do modernismo- tanto os que ingressaram nos movimentos radicais dos anos 30, quanto os que se mantiveram ligados aos partidos tradicionais - foram desembocar numa corrente comum que se insere no projeto de construção do Estado nacional.[34]

Refletindo sobre a ótica do Estado, o atrelamento da cultura modernista à sua organização política em movimento centrípeto, ampliaria o número de colaboradores, e racionalizaria através da cultura, seu projeto político. Entretanto, o modernismo não se faria expressão ideológica direta do Estado.

> Dentro desta visão que atrela a cultura à ordem política, e ao mesmo tempo a vê como canal capaz de relacionar a política às fontes de inspiração popular, é que ganha inteligibilidade o esforço do Estado em congregar a seu redor o maior número de intelectuais. Este esforço de atrair escritores e artistas, não somente os que estavam mais próximos ao centro de poder, mas ampliando o círculo de colaboradores.[35]

Certamente, o movimento modernista dos anos 1920 imprimiu em seus participantes um sentido de vanguarda, uma espécie de alma antenada e grupo direcionador, o que parece incidir sobre uma aguda percepção do tempo e a perspectiva da obra de arte como projeto coletivo e público. A proliferação de revistas, círculos modernistas e os modos de sociabilidade entre os intelectuais, exemplificam o projeto

---

34  OLIVEIRA, 1982, p. 508.

35  OLIVEIRA, 1982, p. 523.

de transformar a obra de arte em um projeto no qual o autor-indivíduo se transformaria em autor-grupo.[36] Conexo a isso, esse fenômeno de formação de grupos diversos dentro do movimento traria como consequência várias vertentes estéticas que, se originalmente poderiam ter um projeto em comum, encerravam visões diversas do que esse projeto significava na prática e de como implementá-lo.

A oposição entre os estilos de Mário de Andrade e Oswald de Andrade, também seria tema recorrente nas análises sobre o movimento modernista.

> Os grupos que se desdobraram do modernismo diferenciavam-se quanto às vias de construção da cultura brasileira. Uma via, comprometida com o erudito, teria como seu representante Mário de Andrade, pelo seu lado pesquisador, herdeiro do projeto de Sílvio Romero, onde predomina o nacionalismo culto e estudioso. A outra via rompe a história importada e erudita e vai buscar as "fontes emocionais" da arte e da cultura. Esta corrente, que tem em Oswald de Andrade e no Movimento Pau-Brasil sua expressão. Opõe-se ao conhecimento cientificodedutivo identificado com o lado erudito, importado, bacharelesco: são sobretudo os sentimentos que contam na definição da brasilidade.[37]

Além dos diversos movimentos modernistas ocorridos em capitais e cidades que estavam fora do eixo Rio-São Paulo, e que em alguns casos, com eles dialogavam. E que na maior parte das vezes, não se conectariam com o modernismo central e atuariam em âmbito regional e permaneceriam com influência restrita a poucos círculos de intelectuais.

Analistas têm contribuído para o esforço de reconstituição de outras trajetórias sobre o modernismo brasileiro, trazendo à tona

---

36 MARQUES, 2013.

37 OLIVEIRA, 1982, p. 515

Sociologia, modernismo e interpretação do Brasil 147

os movimentos modernistas nos diferentes estados e apresentando autores e obras que foram fundamentais para formação da cultura brasileira. Sobre o movimento modernista em Minas Gerais, conforme demonstrou Helena Bomeny, a Semana de Arte Moderna não representou influência imediata. Carlos Drummond de Andrade alegaria que os mineiros só tiveram notícia da semana paulista tempos depois. Em termos estéticos, os escritores mineiros já desenvolviam outra vertente do moderno, ligado ao humanismo e ao universalismo. Entretanto, no campo do mundo político, os mineiros criariam outra estratégia, a valorização da tradição.[38]

Bomeny apontou que o modernismo mineiro se caracterizou pela tradução e racionalização do conjunto de atributos advindos da mineiridade. Os jovens intelectuais mineiros transporiam para o mundo da política, a subjetividade da mineiridade como estratégia conciliatória construída em um contexto de permanentes conflitos. Valores que estariam marcados pela contradição entre a leitura tradicional da mineiridade e a construção de sua moderna capital, onde o "Grupo do Estrela" criou o hábito da conversa nos bares, nas livrarias e nas confeitarias que atravessaria décadas e se enraizaria como ritual e cultivo da atividade dos intelectuais mineiros da década de 1920.

Sobre o modernismo carioca, Monica Pimenta Velloso argumentou que no Rio de Janeiro não teria havido um movimento de vanguarda organizado em torno da oposição entre o moderno e a tradição. O modernismo teria sido construído na rede informal do cotidiano, através da experiência intelectual da boemia carioca na elaboração de uma reflexão sobre a figura do intelectual moderno. Mesmo apontando a estética simbolista como fonte inspiradora do modernismo no Rio de Janeiro, houve uma profunda heterogeneidade do campo intelectual na cidade e o entrecruzamento de várias

---

38 BOMENY, 1994.

experiências e influências culturais, típicas de uma cidade que aglutinara durante anos os principais intelectuais brasileiros.[39]

Outro elemento importante para se analisar o modernismo na cidade do Rio de Janeiro seria sua relação com o humor, vertente de linguagem que possuía sólidas raízes no solo cultural brasileiro, além das características típicas de certa interpretação do mundo que levaria em conta a imaginação e o pensamento imagético, a intuição e o improviso. O grupo modernista do Rio de Janeiro, membros do grupo boêmio, avessos a horários e compromissos rígidos, reagiram aos padrões comportamentais impostos pela sociedade que se modernizava no início do século XX. Mas a apreensão no que diz respeito à modernidade iria muito além de certas resistências por parte dos intelectuais do Rio de Janeiro. Avessos à ideia de movimento, organização e projeto, os intelectuais frequentemente imaginaram outros espaços de instauração do moderno. Sua ligação com as camadas populares e com a marginalidade acabaria se transformando numa espécie de álibi que daria sentido e justificativa a própria existência do artista moderno.[40] Eles se debruçariam sobre o submundo, na tentativa de captar nas ruas um padrão de sociabilidade alternativo e uma ambiência organizadora. Desse modo, se identificariam com as camadas populares e com a cidade como parte constitutiva de si mesmos.

Tal atitude, de acordo com Monica Pimenta Velloso, seria típica da mentalidade predominante no Rio de Janeiro, cujos intelectuais se mostrariam rebeldes à ideia do moderno enquanto movimento literário e, sobretudo, refutariam a ideia de uma literatura moderna em oposição marcada às correntes literárias anteriores. Deste modo, o modernismo enquanto movimento "veio a assumir modalidades distintas em função do contexto cultural que lhe deu origem".[41] Intrin-

---

39 VELLOSO, 1996

40 VELLOSO, 1996, p. 30.

41 VELLOSO, 1996, p. 33.

Sociologia, modernismo e interpretação do Brasil          149

secamente, o modernismo carioca se relacionava com o processo que acarretou paulatinamente mudanças significativas de percepção do tempo e do espaço, fazendo coexistirem múltiplos valores culturais.

O modernismo na cidade de Salvador também possuiu suas especificidades. A partir de dois grupos aglutinados em torno de suas respectivas revistas, o movimento modernista baiano se contrapôs ao movimento paulista e suas propostas. O grupo de Arco & Flecha, sob a liderança de Hélio Simões e o grupo da Academia dos Rebeldes capitaneado por Jorge Amado trataram de estruturar as pautas modernistas baianas como resultante dos conflitos e contradições locais. Segundo Ivia Alves, o modernismo baiano buscava a libertação dos modelos europeus, em favor de uma identidade telúrica.[42] Como o conceito de regional se confundia com o pensamento político conservador, alguns intelectuais tentavam contornar esta inconveniência, sustentando sua proposta de modernidade com a de pertencimento ou de identidade. A vertente moderna a partir do regional ganharia dimensões nacionais a partir do movimento regionalista, desdobramento do movimento inicial do modernismo no nordeste.

A cidade do Recife veria nascer seu modernismo atrelado ao debate entre regionalismo e cosmopolitismo, entre nacionalismo e universalismo. Especialmente no tripé, região, tradição e modernidade. Conectados ao movimento baiano, seriam responsáveis pela radicalização do regionalismo especialmente sobre as reformas urbanísticas empreendidas em Pernambuco na década de 1920.[43] Dessa forma, as discussões intelectuais sobre a crescente modernização da cidade, por um lado, e as tradições, por outro, ganharam espaço nos meios de comunicação, jornais, revistas e livros no Recife da época. Diante das profundas transformações sociais que se processa-

---

42  ALVES, 1978.
43  ARRAIS, 2006.

vam na cidade, muitos intelectuais, preocupados com a sobrevivência, manutenção e comunicação das tradições que acreditavam ser características da cidade, manifestaram seu desgosto ou descrença diante dos ideais do progresso propalados neste momento e entendidos como ameaça à cultura regional.

O modernismo em Porto Alegre e os debates culturais na cidade também se associavam ao dilema da modernização e a manutenção de práticas e de valores estabelecidos pela tradição. Com uma pequena diferença em relação à Salvador e Recife, o interesse pelo regionalismo esteve aliado ao intercâmbio com os países do Prata, Uruguai e Argentina.[44] Em sua maioria, os intelectuais gaúchos estavam inseridos no circuito jornalístico e editorial que tinha a Livraria do Globo como referência. De acordo com Lígia Chiappini Leite, que pesquisou as condições de produção desse discurso literário, os escritores do período teriam explorado a visão romântica do gaúcho, sintonizados com o discurso ideológico da Revolução de 30.[45]

A raiz dos mais recentes estudos sobre o modernismo acentuaria a diversidade, a abertura e a instabilidade de sua textura literária e de suas conexões com as instituições políticas do mundo moderno. No fundo, trata-se de uma reorientação a partir de uma perspectiva que enfoca diversos modernismos. No Brasil, durante muito tempo se indicou como modernismo a Semana de Arte Moderna de 22, como centro irradiador dessa corrente estética ao resto do país, estabelecendo um mito de origem cuja característica central seria a ruptura total com o pensamento anterior. Transformando essa explicação em lugar comum e, praticamente, em algo evidente por si mesmo.

No Brasil, o modernismo enquanto movimento cultural, social e político se restringiu a ser um movimento de elite, sem base social.[46]

---

44  LEITE, 1978.

45  LEITE, 1978.

46  Ao analisar as revistas da década de 20, Ivan Marques apontou que os principais

Somente na década de 1930, o modernismo se nacionalizou e através do Estado galgou uma posição capaz de irradiar suas perspectivas a um público mais amplo. A oposição entre o caso da *Revista de Antropofagia* e a obra de Tarsila do Amaral, *Abapor*, é exemplar nestes termos. Criada em fins da década de 1920, esta revista teria duas fases. A primeira era a tentativa de buscar uma diferenciação com o movimento modernista do início da década, ao promover uma crítica radical aos caminhos que o modernismo inicial vinha seguindo. Sob a direção de Antônio de Alcântara Machado e gerência de Raul Bopp, a revista passaria a limpo a ruptura estética feita pelo modernismo e concluiria a ausência do nacional nas formulações anteriores. Na segunda fase, a revista trocaria sua direção, ampliaria seu público leitor[47] e apostaria de vez na antropofagia como elemento central de análise da cultura brasileira, "assim, o que determinou a existência da segunda fase da *Revista de Antropofagia* foi justamente a necessidade de radicalização."[48]

A obra de Tarsila, que inspirou Oswald à construção da ideia da antropofagia, e que foi publicada na capa da primeira edição da *Revista de Antropofagia* causou reações ambíguas a princípio. Entretanto, a partir dos anos 1930, a obra de Tarsila passaria a ser reconhecida como um dos pilares da formação cultural associada ao nacionalismo. Assim, mais do que a ruptura com a forma, a expres-

---

destinatários das diversas revistas modernistas surgidas à época eram intelectuais do próprio modernismo, grupos modernistas de outros estados, autores que já haviam sido publicados pelas revistas e membros da elite. Sendo a tiragem e a circulação, na maior parte das vezes, bem pequena. MARQUES, 2013.

47  Sobre a ampliação do público leitor: "o periódico passou a circular nas páginas do *Diário de São Paulo*, ampliando-se forçosamente o número de leitores, a quem se buscava explicar e esclarecer a respeito do programa antropofágico apresentando sempre de modo incisivo. (...) À vista de tamanha irreverência os assinantes ficaram irritados e crescia o número de devoluções de jornais, numa prova de que a antropofagia, como disse Geraldo Ferraz, era completamente imprópria para entrar nos lares." MARQUES, 2013, p. 59.

48  MARQUES, 2013, p. 57.

são e com as técnicas de pintura anteriores, o *Abaporu* se constituiria como uma obra de arte nacionalista, a refrear o sentido revolucionário associado à ruptura aludida. O movimento antropofágico e certo tipo de modernismo se radicalizariam, ou seriam vistos a partir desta ótica, enquanto a obra de Tarsila, permaneceria como símbolo de renovação, mas não de radicalidade.

Outro caso interessante na década de 1930, diz respeito à consolidação do realismo literário e sua atualização do regionalismo. Tendo como figuras de destaque Graciliano Ramos e Jorge Amado. O primeiro, perseguido e preso, publicaria diversas obras, entre elas *Memórias do Cárcere*,[49] inspirado em sua experiência pessoal de aprisionamento. Entretanto, seus artigos na Revista *Cultura Política*, dirigida por Almir de Andrade e subvencionado pelo Estado, foram colocados a partir de uma perspectiva em que o próprio Estado, não só corrobora suas teses, mas se apropria delas.[50]

Neste sentido, pode se esboçar uma tipologia do modernismo brasileiro ancorado neste viés das íntimas conexões entre cultura e política.[51] Cabe ressaltar que se o tema de uma geografia dos mo-

---

49  Este livro foi publicado postumamente, em 1953.

50  Para uma detida análise sobre a revista *Cultura Política*, ver: PAIVA, 2011.

51  Guerreiro Ramos, em célebre conferência sobre a geração de 1930, estabeleceria uma tipologia dos intelectuais modernistas tomando como referência dois pontos principais: a perspectiva política e o posicionamento na configuração do poder. "Sugerirei os qualificativos decarlylianos, aí incluídos elitistas, à moda de Thomas Carlyle; bonaulianos, aí incluídos conservadores de índole semelhante à do visconde Louis Gabriel Ambroise de Bonald, mais conhecido por Bonald; gurkianos, aí incluídos denunciadores das misérias do povo, que teriam afinidade com o escritor russo Máximo Gorki. Pareceu-me ainda necessário tomar a configuração de poder como referente dos diversos posicionamentos dos intelectuais do período. Eventualmente, os qualificarei como cêntricos, periféricos e fronteiriços (estes últimos na margem, porém no interior da periferia, ou a ela externos, mas próximos de sua fronteira), confrontivos, ou adversários do ordenamento político estabelecido, e independentes, ou indivíduos que parecem conduzir-se consistentemente como analistas imparciais dos eventos." RAMOS, 1982, p. 530 As sugestões de Ramos são interessantes, porém necessitam de uma

# Sociologia, modernismo e interpretação do Brasil

dernismos poderia ser estabelecida em termos do sistema-mundo, amplificando as perspectivas sobre o modernismo e suas diferentes manifestações artísticas ao redor do globo, o caso brasileiro, se olharmos internamente ao território de seu Estado-nação, se associaria a uma espécie de geopolítica do conhecimento,[52] na medida em que existiriam hierarquias que se imporiam nos contornos de um só país, demarcando regiões, lugares sociais e institucionais, que atuariam como fontes privilegiadas de análise e enunciação, atraindo mais recursos e poder de atuação. Haveria um certo desequilíbrio intra-movimento modernista, especialmente quando se nota a dualidade entre cultura e política. Ademais, o ocaso da Primeira República, e a abertura e indefinição dos anos iniciais da década, produzira efeitos com relação à montagem de um sistema cultural brasileiro, e especialmente sobre a literatura.[53]

Assim, como tipologia do modernismo nos anos 1930 encontra-se a divisão em duas dimensões posicionais. Em primeiro lugar, há que ressaltar que estas divisões servem apenas para clarificar a análise empreendida, se constituindo como fértil material de análise sociológica do modernismo a partir de tipos ideais. Em segundo lugar, não se pretende esgotar as possíveis classificações que o modernismo eventualmente possa conceber enquanto objeto de estudo. Em terceiro lugar, diz respeito somente à década de 1930 e se baseia somente nas relações entre cultura e política. Em quarto lugar, esta tipologia fornece parâmetros contextualizadores amplos e em certa medida genéricos, pela sua maleabilidade. E por fim, cabe acrescentar que esta perspectiva pode ser refinada e depurada com outros

---

pequena afinação, especialmente na dualidade que estabelece entre o pragmatismo crítico e os intelectuais hipercorretos.

52  WALSH; SCHIWY & CASTRO-GOMEZ, 2002; SANTOS & MENESES, 2010.

53  PAIVA, 2011. Abertura e indefinição que a autora observou também na montagem do Estado Novo em 1937.

elementos, como por exemplo, o ideário político pelo qual o modernismo ou os diversos grupos de intelectuais se movimentaram.

Sob as perspectivas posicionais em relação ao Estado pode se dividir o modernismo em dois tipos: o modernismo central e o modernismo periférico. Sob o campo de suas relações dialógicas com o ideário político do Estado pode se decompor o modernismo em dois tipos: o modernismo radical e o modernismo heterônomo.

O modernismo central pode ser encarado como o núcleo do modernismo que adentrou às esferas do Estado ou que com ele estabeleceu ligações diretas. É a partir destas relações conjunturais e dialógicas, que o modernismo central conseguira se nacionalizar nos anos 1930. Em um plano micrológico, é o modernismo que atuou mais efetivamente através do Estado seja no Ministério da Educação, no Ministério do Trabalho, nas publicações oficiais ou no mercado de trabalho aberto pelo Estado. Representou, portanto, um conjunto de ideias e ações levadas ao transformismo inerente de seu movimento de atuação e pela plasticidade de se ajustar a outras perspectivas, como o corporativismo e o nacionalismo por exemplo. Em um plano macrológico, com este processo de atrelamento mais efetivo, seu posicionamento pode ser somente heterônomo. É neste tipo de modernismo que a sociologia modernista se enquadra.

O modernismo heterônomo se particularizou por esta plasticidade inerente podendo ser periférico ou central. O modernismo periférico diz respeito a intelectuais, ou a um conjunto de ideias e ações, ou a produtos culturais que não conseguiram se nacionalizar nos anos 1930, permanecendo circunscritos às esferas locais de atuação ou que foram contestados ou filtrados pelo Estado ou pelo modernismo central. Nestes termos, o modernismo periférico em sua relação com o Estado, pode ser heterônomo, quando compartilhou ou reverberou o posicionamento do modernismo central, ou radical, quando se opôs a ele e acedeu ao estilo do modernismo radical.

Por sua vez, o modernismo radical se caracterizou pela veemência irruptiva, pela intransigência de seu núcleo básico de ideias ou ações. Na sua relação com o Estado, não conseguiu imprimir suas posições, chegando em alguns casos a se constituir enquanto oposição crítica às ideias estatistas e à própria engenharia institucional. Em relação a sua posição frente aos núcleos de poder, sua posição é periférica. No decorrer dos anos 1930, o radicalismo do movimento modernista brasileiro fora se aplainando e o modernismo radical fora paulatinamente afastado do núcleo inicial.

Para o modernismo central, a década 1930 trouxe como marca característica da sensibilidade temporal, a aceleração. Desde o início do século XX, principalmente nas grandes cidades, se percebia no mundo social a aceleração do tempo. As reformas urbanísticas, as grandes avenidas, os carros, os passeios, os locais de sociabilidade, a interação mais próxima com as notícias e o modismo do exterior.[54] Houve ainda a década de 1920, com suas efervescências e veleidades de um mundo em instabilidade, que aprofundaram esse processo de aceleração do tempo, principalmente através da agitação e volubilidade de um mundo pós-guerra.[55] Entretanto, feito o movimento fruto da tumultuada década anterior, a nova década se apossara de sua própria subjetividade com relação ao tempo. Ninguém expressou melhor essa sensibilidade do que Azevedo Amaral. Como um protagonista da época, Azevedo Amaral concebeu uma radical oposição entre a temporalidade que denominou *evolucionista*, e a temporalidade *revolucionista*.[56]

---

54 Para uma análise clássica desse processo no início do século XX, FREYRE, 2001. Uma retumbância dessa análise na historiografia recente ver: SEVCENKO, 1999.

55 LAHUERTA, 1997.

56 AMARAL, 1938.

O progresso, a elaboração de elementos expressivos de etapas cada vez mais adiantadas de civilização não se opera pelo encadeamento pacífico e sorrateiro de formas completamente entrosadas de organização econômica, social e política. Examinado por um prisma analítico, o processo histórico torna-se fragmentário. As sucessivas etapas que, observadas panoramicamente, se solidarizavam em uma continuidade homogênea, adquirem aspecto inequivocamente individualizado, separando-se umas das outras pelos vestígios característicos de episódios mais ou menos violentos, que em determinadas épocas interromperam o fluxo do desenvolvimento sociogênico, de modo a assegurar a autonomia da fase subsequente em relação à que a precedera. O que parecia homogêneo é na realidade heterogêneo; onde se tinha a ilusão da continuidade, há de fato uma série descontínua de etapas autonômicas.[57]

Este tempo contemporâneo seria marcado pela ruptura e pela inconstância, um tempo fraturado e descontínuo, cuja velocidade das modificações alteraria a psicologia coletiva dos contemporâneos. Seria o mundo novo aberto pela técnica e pelos meios de comunicação a promover a compressão tempo-espaço. Essa aceleração deveria ser domada, conduzida. Francisco Campos também se apercebera dessa característica desordenadora e destrutiva que o próprio tempo engendraria se os homens o deixassem correr livre.

O demônio do tempo, como sob a tensão escatológica da próxima e derradeira catástrofe, parece acelerar o passo da mudança, fazendo desfilar diante dos olhos humanos, sem as pausas a que estavam habituados, todo o seu jogo de forma que, nas condições normais, teriam que ser distribuídas segundo uma linha de sucessão mais ou menos definida e coerente. Daí o caráter problemático de tudo: acelerado o ritmo da mudança, toda situação passa a provisória, e a ati-

---

57 AMARAL, 1934, p. 14.

Sociologia, modernismo e interpretação do Brasil                    157

> tude do espírito há de ser uma atitude de permanente adaptação, não a situações definidas, mas simplesmente de adaptação à mudança. (...) A época de transição é precisamente aquela em que o passado continua a interpretar o presente; em que o presente ainda não encontrou as suas formas espirituais, e as formas espirituais do passado, com que continuamos a vestir a imagem do mundo, se revelam inadequadas, obsoletas ou desconformes, pela rigidez, com um corpo de linhas ainda indefinidas ou cuja substância ainda não fixou os seus polos de condensação.[58]

Se poucos anos mais tarde, esse tipo de pensamento ficaria marcado sobretudo pelo tema da organização nacional e pela procura das origens da formação do Brasil, o que é verdade, em todos houve uma preocupação em expressar esse tempo da "revolução" brasileira. É sintomático que Paulo Prado e Sérgio Buarque de Holanda dediquem o último capítulo de *Retrato do Brasil* e *Raízes do Brasil* a tratar do tema da revolução brasileira. Enquanto Nestor Duarte e Afonso Arinos não se eximiram de passear pelo tema em *A Ordem Privada e a Organização Nacional* e *Conceito de Civilização Brasileira*, respectivamente.

Uma característica deste envolvente modernismo advindo do tipo de modernização, uns como modelo, fonte de inspiração e motivo, outros como intérpretes e criadores, levariam as últimas consequências essa vontade de descoberta do Brasil, esse apego constante ao senso de realismo.[59] Impregnação que estaria no Brasil desde o final do século XIX, nas vozes de Joaquim Nabuco, em *O Abolicionismo*, Euclides da Cunha, em *Os Sertões*, Sílvio Romero, em *O Brasil Social*, especialmente se pensarmos na constituição de uma espécie de imaginação sociológica vinculada à lógica dos distintos territórios e seus tipos sociais.

---

58  CAMPOS, 1940, p. 8-10

59  É de se notar a recorrência em quase todos os autores deste período esse complexo de realismo.

Em todo o subcontinente latino-americano, o modernismo teve papel fundamental no processo de interpretação de sua sociedade, de organização de seu Estado e são fundantes de certa metafísica americana,[60] que associa a lógica do continente: invenção e pragmatismo, tradição e artifício[61] fundados no senso de realismo advindos de sua imaginação sociológica. Entretanto, não são mais como no século XIX, os intelectuais aconselhando o Estado em sua missão civilizatória, em uma tranquila teoria de administração metafísica do tempo.[62]

Nestes termos, a aceleração do tempo é relativa e seu sentido de ruptura não chega a se completar. Ela se esboça, certamente sob o alvo das percepções estéticas e técnicas da arte, como os movimentos vanguardistas nos fazem crer. Todavia, ao ser empurrado para o Estado, a hipótese que se levanta é que no caso do modernismo brasileiro e sua sociologia modernista, mais do que a ruptura completa, houvera o almejo do controle temporal. Visto sob um sentido mais amplo, entre a volúpia da revolução pregada pelo modernismo europeu e sua obsessão pelo novo, os modernistas brasileiros optaram pela reforma. Reforma temporal, reforma moral, reforma ética. De todo modo, uma das características do modernismo, expressas com maior densidade na sociologia modernista no quesito das dualidades sem síntese, encontrariam ressonância nesta perspectiva de se conceber o tempo histórico e de arquitetar uma cartografia semântica.

Ademais, o posicionamento em relação ao tempo faria com que a própria ideia de revolução fosse associada particularmente ao tema da reforma, e não da fratura definitiva com o correr do tempo. Não seria de tratar o tempo à machadadas, rompendo seu devir. Muito ao contrário, o sentido do tempo seria definido pela capacidade de controle do seu devir. Ademais, existiriam duas fraturas em relação ao

---

60  DEVÉZ VALDÉS, 1992 e 1997.

61  BARBOSA FILHO, 2000 e MAIA, 2008.

62  WERNECK VIANNA, 1997.

Sociologia, modernismo e interpretação do Brasil 159

tempo que a sociologia modernista observaria. A primeira é a relação entre futuro e tradição, posto invariavelmente pelo modernismo central, e que abriria essa ânsia de controle temporal. A segunda fratura, diz respeito especialmente à sociologia modernista, e em menor medida ao realismo literário, a fundação de uma interpretação dualista da realidade, produzindo cada polo um tempo diferenciado.

## Cultura e Política: a experiência intelectual nos anos 1930

Os anos 1930 se iniciam com um movimento político que marcaria fundo os acontecimentos posteriores, pois é sob este fundo histórico que se abriga a experimentação social e política desta década. Um fundo histórico que marcaria a sensibilidade de uma geração e a prática de certas instituições ao longo do caminho. É sob a lapide deste movimento inicial que se construiu o processo de modernização e a acentuação do modernismo, ao se perceber as idiossincrasias que o moderno realizaria nesta parte do subcontinente americano. Neste sentido, cabe apontar como característica fundamental deste período e dos processos arrebatados em si, o seu duplo caráter: invenção e pragmatismo.[63]

Perdidas as vozes dissonantes, como a guerra civil paulista, a ruína da Intentona, e o afastamento do modernismo radical do centro do movimento, ao final da década, o Estado já entrara em processo de rotinização, através da especialização técnica dentro do Estado, levada a cabo pela criação de uma rede de intelectuais que participariam da ossatura material do Estado, de sua burocracia ou do investimento que suas obras faziam em direção a ele. De um modo geral,

---

63 Inspiro-me sobretudo em análises mais recentes que procuraram detectar a partir dos estudos de Werneck Vianna e Florestan Fernandes, as características de longa duração do processo revolucionário brasileiro. Refiro-me especialmente à MAIA, 2008 e BARBOSA FILHO, 2000 e 2006.

o grande debate se estabeleceu em torno do Ministério do Trabalho, com seus juristas e intérpretes do Brasil, como Oliveira Vianna, Azevedo Amaral e Francisco Campos, do Ministério da Educação e Cultura, com Capanema e sua "constelação", e nos conselhos técnicos e câmaras setoriais, com Roberto Simonsen e o setor industrial.

O Ministério do Trabalho, centro da constituição de uma ordem corporativa, cuja variedade de intensidade e conteúdo ao longo do tempo variou, congregaria como laboratório o experimento sociológico do tema dos interesses solucionado pelo Direito e por sua legislação trabalhista. Se vincularia a ele e a seus juristas a formulação de uma nova concepção de trabalho fundado sobre o mundo da fábrica.[64] Seria ele, o Ministério da Revolução, cujo tempo de intervenção se daria no presente, enquanto a atuação do Ministério da Educação se voltaria para o futuro.

Nesse Ministério da Educação se encontraria a floração do movimento modernista que conjugaria de forma particular a relação entre futuro e tradição. Enquanto o Ministério do Trabalho se centrava sob a chave do interesse, o Ministério da Educação absorvia a chave da virtude. Orquestrados por Capanema, Rodrigo de Mello Franco de Andrade, Mário de Andrade, Carlos Drummond de Andrade, Manuel Bandeira, Sérgio Buarque de Holanda, Lúcio Costa, Alcides da Rocha Miranda, Luis Saia, Pedro Nava, Gilberto Freyre, dentre outros, recheariam a estatização do moderno e de seu modernismo a partir de 1930.[65]

Associado ao crescimento do mercado editorial se ampliou significativamente as redes de sociabilidade entre os intelectuais. A troca de cartas e correspondências era prática comum. As revistas, apesar da curta duração da maioria, continuavam a ser espaços nos

---

64  WERNECK VIANNA, 1999.

65  BOMENY, 2001.

quais os intelectuais se expressavam. Além dos jornais, fonte de longa tradição da intervenção intelectual. Seja nas editoras, nas livrarias e nos cafés das grandes cidades, em especial no Rio de Janeiro, os intelectuais de outros estados se encontravam com frequência. E nos Ministérios também. Em especial o da Educação e Cultura. De certo modo, o modernismo se nacionalizara através do encontro dos diferentes modernistas regionais que chegaram ao Rio de Janeiro, sob os auspícios em grande parte, do Estado.[66]

A experiência intelectual da época estava intimamente conectada à esfera estatal. Em diversos sentidos. Além da ocupação de postos e do funcionalismo público, o Rio de Janeiro continuava a atrair a maioria dos intelectuais provincianos à época, pelo mercado editorial, pela ampliação das redes de sociabilidade e da rotina intelectual que se estabelecia na capital do país. De certo, para alguns uma experiência conflituosa, mas um meio de vida. Entre os grandes intérpretes do Brasil, praticamente todos gravitaram em algum momento da década de 1930, o Rio de Janeiro e o Estado. E nesta cidade estabeleceram contatos entre si de uma forma constante.

Os diferentes aspectos deste período demonstram que os intelectuais, enquanto membros de profissões específicas e enquanto grupo social, estavam sujeitos às disposições corporativas. Assim, o intelectual foi se inserindo cada vez mais na construção desse processo, que demonstra a correlação que se pode estabelecer entre a organização das profissões e o processo de formação do Estado.[67] O

---

66 Como apontou Pocock, pode-se aprender muito sobre a cultura política de uma determinada sociedade nos diversos momentos de sua história, observando-se que linguagens assim originadas foram sancionadas como legítimas integrantes do universo do discurso público, e que tipos de intelligentsia ou profissões adquiriram autoridade no controle deste discurso. POCOCK, 2003.

67 Ver a interessante polêmica entre PÉCAUT, 1990 e MICELI, 2001. Sem contudo, levar adiante os argumentos relacionados à cooptação dos intelectuais por parte do Estado.

tipo de modernização que ocorreu na sociedade brasileira, pelo alto, reguladora e disciplinadora da sociedade, embora acabe inibindo sua livre manifestação,[68] foi conduzida pelo Estado com a audácia de quem porta consigo a novidade, a estética nova, a ética de um homem novo, a técnica de uma sociedade moderna, sob a chave da virtude que o modernismo do MEC imprimiria; a novidade do tema do trabalho, a indústria e a ideologia do industrialismo, que o tema do interesse suscitava, mesmo que domada sob princípio articulador do corporativismo.

No caso brasileiro, o conceito de indústria no sentido moderno apareceu no Estatuto da Sociedade Auxiliadora da Indústria Nacional de 1867, e depois de 1880, o termo começou a ser incorporado pela primeira geração de industrialistas brasileiros que giravam em torno do Centro Industrial do Brasil, em 1904. A ideia da defesa em torno de um desenvolvimento do capitalismo industrial no Brasil movimentou indivíduos como Serzedelo Correa, Amaro Cavalcanti, Jorge Street, Vasco Cunha, Leite e Oiticica, Américo Werneck, Vieira Souto entre outros. "O singular é ter nascido no Brasil uma associação profissional favorável à industrialização antes de existir indústria propriamente dita."[69]

A segunda geração de industrialistas surgiu a partir da década de 20 em torno de nomes como Roberto Simonsen, Euvaldo Lodi, João Daudt d'Oliveira, Carmelo D'Agostini, O. Pupo Nogueira. Ao contrário da primeira, que é mais pragmática e voltada a problemas específicos que surgem momentaneamente, a segunda geração volta-se também para aspectos teóricos e para a construção de um vocabulário político e social que mobilizasse as ações coletivas dos industrialistas e em última instância acendesse o movimento indus-

---

68  WERNECK VIANNA, 1999.

69  CARONE, 1977.

Sociologia, modernismo e interpretação do Brasil          163

trialista no Brasil através das associações profissionais e de interesses. Portanto, vocabulário este, que revelaria a constituição de conceitos geradores de experiência e expectativa dentro da classe social
dos industriais e que conformariam os interesses e a solidariedade
estabelecida horizontalmente e verticalmente em relação à outra
classe social, os trabalhadores.

Com relação à classe trabalhadora no Brasil, seu processo formativo se iniciou ao final do século XIX e início do XX. A primeira
geração de trabalhadores, que formulou diagnósticos sobre a sua experiência, fomentando expectativas, pode ser encontrada na década
de 1910, com o aparecimento de diversas organizações, associações
profissionais e partidos políticos.[70] Ademais, durante as duas décadas
finais da Primeira República, a questão social ocupara lugar central
nas demandas classistas, entretanto, somente na década de 1930 o
Estado demonstrou grande eficácia e elasticidade ao incorporar em
sua agenda de ações políticas demandas da classe trabalhadora que
já existiam desde os anos 1910. O Estado revisitara a experiência dos
trabalhadores dos anos 10 e 20, dela se apropriando e produzindo
um novo discurso político, como a criação de um sistema de regras
legais ancorados no corporativismo, e sob os termos de reconhecimento de valores e identificação de interesses.[71]

Em suma, a partir dos anos 1930 no Brasil, na esfera social se
observa as transformações das classes sociais e do movimento classista, tanto dos industriais como dos trabalhadores. No campo político, a reinvenção do Estado e as críticas ao liberalismo em 1930,
o projeto autoritário-corporativo paulatinamente gestado, e na economia, o aprofundamento do industrialismo. É desta inter-relação
entre o andamento social, político e econômico, que se deve inserir

---

70  BATALHA, 2000a; WERNECK VIANNA, 1999.
71  FERREIRA, 1997.

a produção de significados presentes nos conceitos produzidos pelos intelectuais da época preocupados em refletir sobre a constituição das classes, sobre a organização do Estado, sobre a industrialização, revelando os aspectos para o entendimento do caminho moderno brasileiro, e colocando o tema do capital e do trabalho como elementos fundantes e estruturadores de perspectiva do (e sobre o) social.

Em certa medida, o modernismo dialogicamente conjecturara com o Estado para a formação das classes sociais, propondo modelos de ação coletiva ancoradas pelo nível mediador da cultura, ao ultrapassar o limite do entendimento da classe social a partir das representações coletivas difusas ou inconscientes, no nível das mentalidades, para uma interpretação que consistia em analisar como a ação coletiva o ordenamento classista que foram tematizadas nas comunicações e nos discursos públicos e como esta tematização contribuiu para a construção das ações coletivas e das próprias classes. Em outras palavras, o modernismo através do Estado, e o Estado através do modernismo, possibilitou os atributos estruturadores da cultura de classe, gerando a associação de interesses e a solidariedade horizontal e vertical na constituição da experiência e da expectativa das classes sociais na década de 30. Em outras palavras, o Estado não abriria mão do corporativismo como elemento central e norteador de suas ações em alguns campos sensíveis, como a economia e o direito, mas combinaria com o modernismo em sua chave da virtude como artefato estruturador de suas projeções sobre o social. A chave do transformismo seria encontrada nesta singular combinação entre o corporativismo e o modernismo.

Os significados ao presente dados pelo modernismo, seu léxico conceitual e sua *episteme* são os elementos da textura cultural que atuou sobre a construção da experiência da classe trabalhadora e dos industriais brasileiros, na medida em que "o discurso sobre a modernidade é o terreno no qual os atores sociais definem agregados de atores sociais como atores coletivos e dão a eles uma existência como classes sociais.[72] Naquela singular combinação corporativismo-modernismo, se ancoraria via Estado, a formação das classes sociais e o processo de atribuição e reconhecimento de direitos.

O que estava em jogo era a tentativa de uma articulação entre a ação dos intelectuais e a produção de temporalidades distintas efetuadas pelo Estado, observadas e consumidas pelas classes sociais em constante reformulação.[73] A partir da tensão entre expectativa e experiência, diagnóstico e prognóstico, interesse e virtude, se encontraria a vivência e as interações sociais, neste período observadas a partir da mobilização da matriz conceitual classe, cujo substrato se encontraria na divisão entre capital e trabalho na vertente corporativa e na identidade coletiva via modernismo. Dessa forma, "os eventos de ação coletiva estão inseridos em espaços de ação culturalmente definidos. Isto implica que o efeito de classe sobre a ação coletiva é mediado pela textura cultural."[74] Racionalizando o mundo através de suas diferentes linguagens, como a literatura, as artes plásticas, a fotografia, o cinema, sustentado pelas suas dimensões técnica, ética e estética, o modernismo conferiu a densidade cultural para a mobilização de identidades coletivas motivadoras de aglutinamentos para a ação social.

---

72  EDER, 2002, p. 37.

73  Dessa forma, os fenômenos históricos classe social e consciência de classe não são nem estanques entre si, nem separados hermeticamente de outros fenômenos históricos: "A história de qualquer classe não pode ser escrita se a isolarmos de outras classes, dos Estados, instituições e ideias que fornecem sua estrutura, de sua herança histórica e obviamente, das transformações das economias que requerem o trabalho assalariado industrial e que, portanto, criaram e transformaram as classes que o executam." HOBSBAWN, 1988. p. 13. Dentro dessa perspectiva, a classe social não é apenas vista como um elemento que existiria em si mesmo sem manter uma correlação com elementos qualificados já coexistente definido apenas de um ponto de vista estático, delineando um trajeto social. THOMPSON, 1987; HOBSBAWN, 1988.

74  EDER, 2002, p. 37.

> A teoria e a análise modernas do discurso asseguram que
> conhecimento, valores e identidades culturalmente parti-
> lhados relacionam-se duplamente ao contexto: como con-
> texto internalizado por atores a partir de suas referências
> subjetivas à cultura; e como contexto objetivado em estru-
> turas sociais.[75]

Outro ponto de contato íntimo e dialógico entre o modernismo e o Estado se deu no plano da construção imagética do período. O Estado soubera aproveitar a técnica modernista de lidar com as imagens e esboçara um movimento de ampliação, e de certo modo divulgação, das relações entre o artista e o modo pelo qual a imagem do país fora representada. Controle de aparatos técnicos da comunicação, como o rádio, o cinema, a música, laboração da ética modernista com a criação de ritos cívicos, mitificação da personalidade e a estetização da política, encampada pelo modernismo central, se associaram ao esforço do Estado de alegorização da vida cotidiana.

Os intelectuais ligados ao modernismo central geraram técnicas para impor sua perspectiva sensitiva moderna, racionalizar a sensação estética e administrar a percepção da vida social. Técnicas disciplinares que solicitaram uma concepção de experiência moderna como algo instrumental e modificável, intercambiável a uma heteronomia advinda das relações dialógicas entre a cultura e a política, ao mesmo tempo, abriu caminho para normatização destas relações em termos de produção e consumo.[76]

A partir da ética presente no léxico modernista, e sua estética aplicada em imagens e na literatura, se amplificou o vocabulário político e social que movimentou as ações coletivas, tanto no sentido

---

75  EDER, 2002, p. 28.

76  Para uma perspectiva desta alteração do olhar que a arte moderna europeia propícia, COMPAIGNON, 1996. Associado a este tema, Crary apontaria as transformações na representação visual para compreender as mutações do observador. CRARY, 2013.

Sociologia, modernismo e interpretação do Brasil            167

da linguagem criadora da própria cultura política na qual as ações sociais são balizadas, quanto na mobilização de diversos grupos, especialmente, sobre a mobilização em torno do conceito de classe como refundadora e fundante de uma sociabilidade específica e que produz uma experiência e uma expectativa peculiar a cada uma, e ao conceito de povo e nação, organicamente conduzida pelo Estado, retirando o caráter conflituoso que a identidade de classe no âmbito social poderia alimentar. O código modernista e suas dimensões estruturantes, estruturadoras e estruturadas dialogicamente se relacionando com seu Estado e sua sociedade.

As transformações ocorridas dentro do Estado e em suas relações com os grupos sociais possibilitaram a institucionalização de uma estrutura corporativa, vertical e hierarquizada, abrindo espaço à representação de interesses dos novos atores vinculados à ordem industrial emergente.[77] O novo sistema consagrou a assimetria e consolidou um corporativismo setorial bipartite, criando arenas de negociação entre elites econômicas e estatais.

O Estado nesse processo de modernização foi visto pelos intelectuais como um lugar de atuação privilegiado. Não é de se estranhar a direção dos argumentos produzidos em uma situação na qual a palavra pública,[78] típica dos intelectuais, orbitava a arena estatal. Mas há que se ressaltar a diferença entre projeto e processo.[79] De todo modo, a criação do Instituto Nacional de Estatística (INE), cujo

---

77  Sobre este tema ver WERNECK VIANNA, 1999; DINIZ, 1999 e LEOPOLDI, 1999.

78  A palavra pública como intrínseca ao intelectual encontra-se em LECLERC, 2004.

79  Sobre a relação entre intelectuais e modernização, as palavras de Maria Alice Rezende Carvalho (2006) são exemplares sobre sua dupla dimensão: a política que dependia de uma adesão dos intelectuais ao projeto de reconstrução do país sendo liderada por Capanema e a estrutural, ou sociológica, resultante da engenharia social concebida por Alberto Torres, Oliveira Vianna e Azevedo Amaral, da qual os intelectuais eram partes independentemente de sua vontade ou adesão.

formato inspiraria o Instituto Brasileiro de Geografia e Estatística (IBGE), e a consolidação do Serviço do Patrimônio Artístico Nacional (SPHAN), ainda nos anos 30, exemplificam a forma como o Estado brasileiro assimilara uma das demandas do modernismo: conhecer o Brasil. De outro lado, se tomarmos como medida as reações dos primeiros modernistas às diversas reformas urbanísticas nas duas primeiras décadas do século XX, e compararmos a forma como o prédio do Ministério da Educação, Saúde e Cultura fora recebido pelo modernismo central, se observa uma nítida reorientação.

Ademais, o modernismo em geral, e a sociologia modernista brasileira em particular, construiria uma consciência histórica,[80] e empreenderia sua historiografia com uma perspectiva de história pública, como possibilidade de difundir o conhecimento histórico por meio dos arquivos, dos centros de memória, da literatura, do cinema, dos museus, da televisão, do rádio, das editoras, dos jornais, das revistas. Em certa medida, o Estado se apropriara destas perspectivas e capturaria o sentido do tempo descrito pela sociologia modernista, como se fosse projeto seu.

Se o Estado se burocratizara e abrigara grande parte dos intelectuais, o mercado editorial se ampliara e crescera também o número de leitores e de venda de livros.[81] No campo gráfico, o advento da linotipo, o desenvolvimento de maquinários para impressão e a progressiva melhora do papel produzido no país asseguraram o crescimento que a indústria editorial experimentaria entre as décadas de 10 e 30.

As editoras mais importantes faziam grandes investimentos na produção de coleções de livros, seja de literatura ou livros de interpretação do Brasil,[82] como a Companhia Editora Nacional (São

---

80 Sobre o conceito de consciência histórica, me approprio livremente de RUSEN, 2001.

81 HALLEWELL, 2005.

82 PONTES, 1989, p. 368.

Paulo e Rio de Janeiro), a Editora Globo (Porto Alegre), a Editora José Olympio (Rio de Janeiro), a Editora Francisco Alves (Rio de Janeiro), a Editora Melhoramentos (São Paulo) e a Livraria Martins Editora (São Paulo), assim como a pioneira, a Companhia Gráfica Editora Monteiro Lobato, que faliu em 1925.[83]

As coleções da época eram fruto de estratégias editoriais que buscavam publicar livros "em maior escala e com menores preços, tendo como alvo públicos especiais, o que implicou numa segmentação do mercado da leitura".[84] A edição de coleções teria como vantagem a padronização dos livros, com consequente economia de tempo, redução de custos e fácil identificação das obras pelo leitor, na hora da compra.[85] Uma das mais importantes coleções do cenário nacional na primeira metade do século XX foi a Biblioteca Pedagógica Brasileira, projetada pelo intelectual e educador Fernando de Azevedo e empreendimento da Companhia Editora Nacional, dirigida por Octalles Marcondes Ferreira. A coleção foi idealizada tanto com intuito de impulsionar o conhecimento quanto de ampliar o público de leitores. Cinco subséries faziam parte dessa Biblioteca: Literatura Infantil; Livros Didáticos; Atualidades Pedagógicas; Iniciação Científica; e a Brasiliana.

De um modo geral, as mais importantes coleções de assuntos brasileiros editadas na era Vargas foram: a Brasiliana, criada em 1931 pela Companhia Editora Nacional; a Documentos Brasileiros, lançada em 1936 pela Editora José Olympio; e a Biblioteca Histórica Brasileira, produzida a partir de 1940 pela Livraria Martins Editora. Todas tinham como objetivo "desvendar, mapear, estudar e diagnosticar a realidade brasileira."[86]

---

83  HALLEWELL, 2005.
84  DUTRA, 2006, p. 300.
85  AMORIM, 1999, p. 71-72.
86  PONTES, 1989, p. 359.

Em termos gerais, se pode pensar que as coleções de livros são uma maneira na qual se organizaria o mundo. Deste modo, a escolha das obras e dos autores, a organização e a publicação fazem parte do processo de produção do sentido social. Através do colecionismo se retiraria o objeto de determinado contexto e passaria a atribuir-lhe um novo significado dentro da coleção. De outro lado, possibilitaria a transformação de projetos individuais em projetos coletivos. E efetuaria uma nova classificação dos livros a partir da seleção dos livros que deveriam ser publicados e a conjugação entre a abertura para novos autores e a republicação de antigos.

No Brasil dos anos 1930, o público leitor se ampliara gradualmente. Crescera também o interesse por obras de interpretação do Brasil e a publicação de obras de sociologia e história do Brasil crescem vertiginosamente se comparadas a período anterior.[87] De outro lado, o ensino de sociologia que se iniciou em meados dos anos 1920, como matéria do currículo ginasial, com a Reforma Campos, se tornou disciplina obrigatória das escolas secundárias.[88] Ainda neste período, são criados os primeiros cursos de sociologia nas universidades brasileiras, com a abertura da Escola Livre de Sociologia e Política em São Paulo em 1933, o curso de Ciências Sociais da Universidade de São Paulo em 1934, o curso na Universidade do Distrito Federal em 1935 e o da Universidade do Brasil, no Rio de Janeiro em 1939.

> Depois de 1930 ela penetra no ensino secundário e superior, começa a ser invocada como instrumento de análise social, dando lugar ao aparecimento de um número apreciável de cultores especializados, devendo-se notar que os primeiros

---

87  Ver tabelas e gráficos no capítulo 1 e no capítulo 4.

88  SILVA, 1997; MEUCI

brasileiros de formação universitária sociológica adquirida no próprio país formaram-se em 1936.[89]

Entretanto, se o ritmo de alfabetização crescera entre o início do século e os anos 1920, em termos absolutos, a porcentagem dos alfabetizados entre os anos 1920 e 1930 se manteve praticamente a mesma. De certo, a imigração, o aumento populacional e o início do êxodo rural ajudam a explicar estes dados. Por outro lado, os índices de urbanização e concentração populacional nas cidades se acelerou de forma constante entre os anos 1920 e 1940.[90] Sem dúvida, essas características da modernização brasileira, levada a cabo pelo Estado, adentrando o mercado do trabalho intelectual e os produtos culturais impactaram profundamente a experiência intelectual do período. Dessa forma, no final dos anos 30, o processo de cisão política ao longo dos anos, desenhada paulatinamente pela condução teórica dos intelectuais que gravitavam em torno do Estado e sua prática, através do Estado, da modernização da sociedade e da economia conduziram à conclusão do movimento político e social com o qual a década se iniciara.

> Nessa Ibéria renovada, o ator procura afirmar o seu protagonismo sobre os fatos, deixando de confiar na cumplicidade do tempo, a essa altura já tendo por que temer a possibilidade de se ver ultrapassar pelo movimento da sua sociedade. Não há mais lugar para o quietismo que apostava no futuro o "destino" se tornou uma tarefa a ser cumprida no tempo presente. Por meio da industrialização, projeto da política, a sua vocação territorialista vai propiciar a formação de uma economia homóloga a ela, posta a serviço da grandeza nacional, como na ideologia do Estado Novo uma

---

89  CANDIDO, 2006, p. 271.

90  Para um interessante debate sobre estes temas sob a ótica da história econômica, ver CANO,1990 e ABREU, 1990.

> economia politicamente orientada, economia programática de um capitalismo de Estado, as elites políticas à testa de uma nação concebida como uma comunidade orgânica. Subsumir a antítese, nesse novo contexto dinamizado pelas expectativas de mudança social, importa admitir a subsunção, ainda que parcial, da sua energia.[91]

O desfecho da década de 30, ao contrário de seu início ainda indefinido, já apontara para uma modernização conservadora.[92] Comparada a outros casos de modernização, os anos 30 no Brasil, primeira manifestação deste tipo de modernização, tem suas particularidades. Não há dúvida, de que o país conheceu diferentes tipos de modernização na história nacional desde a Independência, mas a via autoritária aberta em 1930 foi singular.[93]

Primeiramente, a recusa a mudanças fundamentais na propriedade da terra. Os grandes proprietários manteriam o controle sobre a força de trabalho rural, que não seria capaz de se libertar das relações de subordinação pessoal e da extração do excedente econômico por meios diretos.[94] Na modernização conservadora, as tradicionais elites agrárias forçaram uma burguesia relutante e avessa aos processos de democratização a um compromisso: a modernização se faria se conformando um bloco transformista, cauteloso e autoritário em suas perspectivas e estratégias.

No Brasil, o controle da fronteira agrária fora crucial para a subordinação das massas rurais.[95] Por outro lado, abria-se espaço para a industrialização e certa migração, cada vez mais acentuada,

---

91 WERNECK VIANNA, 1997.

92 WERNECK VIANNA, 1999.

93 Como apontou Werneck Vianna (1999) aproximando o conceito de Moore Jr. daquele que em Lênin definia uma "via prussiana" para o capitalismo.

94 WERNECK VIANNA, 1997. Especialmente o artigo "Caminhos e Descaminhos da Revolução Passiva Brasileira".

95 VELHO, 1979.

Sociologia, modernismo e interpretação do Brasil 173

do campo para a cidade. O baixo custo da força de trabalho podia ser garantido, contudo, pelas limitações da fronteira agrícola e pelo controle político que se exercia sobre a classe trabalhadora, sobretudo sobre o sindicalismo, o que se deu no Brasil com recurso ao corporativismo estatal.

Somente por essa via, se exigiria o compartilhamento entre setores diferenciados dentro do Estado, em uma sensibilidade anti-oligárquica e antiliberal, matriz do movimento inicial da década. Estabeleceria, em seguida, o Estado como protagonista principal de uma modernização pelo alto, projeto civilizatório associado a um plano econômico, a industrialização e a urbanização. Portanto, exigiria a presença de interesses industriais capazes de impulsionar a transformação mais rápida e plena na direção da economia de mercado e da ordem social competitiva.[96] Alavancando a industrialização, como um fenômeno de certa intensidade progressiva e constância ao longo tempo, que se deu nos grandes centros urbanos, em contraponto ao campo que não se modernizara.

Nesse momento, viveu-se de forma mais nítida o processo de organização daquilo se tornará a estrutura de classes no campo social, a formação do Estado-nação, no campo político, e na esfera econômica, o Brasil industrial e capitalista. Para o modernismo, isso implicava um esforço a fim de construir, pela descoberta e pela invenção, o ser brasileiro moderno. Desta forma, a construção da modernidade no Brasil se transformaria em projeto nacional, ao estilizar as identidades. O moderno, agora associado à ideia de universalização e de nacionalismo, e não mais como réplica de um padrão que apenas certos círculos das elites entendiam ser conveniente para

---

96 WERNECK VIANNA, 1997; 1999. Por isso este processo de modernização se diferencia dos demais estabelecidos desde o início do século XIX. Para uma reflexão sobre as relações entre intelectuais e Estado na modernização de final da Monarquia, ver CARVALHO, 1998.

o país, deveria ser construído. O nacionalismo, em certa medida, conectaria sobre o tema da identidade nacional, o modernismo e o corporativismo do Estado.

Não obstante, é importante ressaltar que os discursos em defesa da construção de uma sociedade moderna, no Brasil, não se deram apenas num único plano. Podemos dizer que a modernidade brasileira, sobretudo na década de 1930, foi pensada pelos intelectuais em vários planos, entretanto, dentro do padrão instaurado pelo novo contexto, no qual a via do transformismo associava o modernismo e o corporativismo sob o tecido do nacionalismo. Tal fato pode ser mais bem exemplificado se tomarmos como paradigma a ideia do modernismo como projeto para se pensar a relação entre cultura e modernização na sociedade brasileira. O modernismo central se ergueria através da vontade e de um permanente exercício de plasticidade, politicamente conduzido e expressivamente concebido.[97] Daí a crucial importância da sociologia modernista, fruto desse movimento. O corporativismo se instalaria como núcleo central das ações do Estado na concessão das normas universais, como o direito e a economia, procurando separa-las em esferas subordinadas a seu empreendimento, o modernismo central involucraria o tema das identidades coletivas através do seu expressivismo advindos das suas dimensões técnica, ética e estética, construiria a cisão temporal entre futuro e tradição, e o nacionalismo conectaria ambas as perspectivas constituidoras do transformismo da modernização à brasileira.

---

97  BARBOSA FILHO, 2005; MORAES, 1978.

# A SOCIOLOGIA MODERNISTA BRASILEIRA

> Ora, tal síntese era, especialmente em relação aos fenômenos culturais, impossível: porque como sucede com todos os outros povos americanos, a nossa formação nacional não é natural, não é espontânea, não é, por assim dizer, lógica. Daí a imundície de contrastes que somos. Não é tempo ainda de compreender a alma-brasil por síntese.
>
> Mário de Andrade, *Formação da Literatura Brasileira*, 1943.

Este capítulo trata das características gerais da sociologia modernista brasileira dos anos 1930. Na primeira parte do capítulo, exponho as relações entre a história, a historiografia e a sociologia, no sentido de deliberar os usos e os modos pelos quais a sociologia modernista engendrou sua perspectiva da história como importante método de análise e interpretação do país. O movimento dessa sociologia com relação ao tempo histórico a partir de sua conceituação e de sua experimentação, a forma como se passaria a conhecer as relações entre a dinâmica do tempo histórico, expressas nos sentidos de inovação e permanência, rupturas e continuidades, evolução e involução, levando a efeito se pensar um tipo de modernidade como a brasileira em um esforço comparativo com outros modelos.

Na segunda parte do capítulo, esboço uma interpretação sobre o território e a figuração. Dois elementos centrais utilizados pela sociologia modernista para se interpretar o país e base da teoria social que empreenderam. Na terceira parte do capítulo, os temas comuns e dominantes do debate estabelecido no interior da sociologia modernista são expostos e desenvolvidos de modo a aclarar os principais modos pelos quais as explicações giravam.

## Acaso e destino: cultura historiográfica e sociologia modernista

Ao início do século XX, já havia no Brasil uma cultura historiográfica persistente no desvendamento das idiossincrasias da história brasileira. Herdeira do século XIX, essa cultura historiográfica admitiria a história como ciência e como método de análise para se conhecer a realidade. Os debates provenientes desde a fundação do IHGB, em meados do século XIX, e a constituição de uma historiografia moderna no país, adquiririam constância e a produção de obras caracterizadas no campo de estudos da história e da historiografia aumentavam de modo significativo.[1]

Retomando o debate da publicação de livros, em especial nas análises sobre o *Manual Bibliográfico de Estudos Brasileiros* (MBEB), organizado por Rubens Borba de Morais e Willian Berrien, se observa com maior nitidez tanto o aumento quantitativo de publicações, em especial no início do século XX até os anos 1930 e sua curva crescente, quanto às temáticas pelas quais os anos 1930 se movimentaram. A parte de história conteria 22% (vinte e dois por cento) do

---

1   GUIMARÃES, 1988; DIEHL, 1998.

Sociologia, modernismo e interpretação do Brasil

total de livros elencados pela bibliografia, distribuídas em quatrocentas páginas do MBEB. Em número de páginas, quase um terço do MBEB se dedicou ao tema da história e sua bibliografia, ademais, os textos introdutórios da parte da história são também aqueles que ganharam mais espaço.

**Tabela 4. Assuntos e Autores da Área de História do MBEB**

| Assunto | Autor(es) | Assunto | Autor(es) |
|---------|-----------|---------|-----------|
| Obras Gerais | Rubens Borba de Morais e Alice Canabrava | Bandeiras | Alice Canabrava |
| Período Colonial | Sérgio Buarque de Holanda | Os Holandeses no Brasil | José Honório Rodrigues |
| Independência, Primeiro Reinado, Regência | Otavio Tarquínio de Sousa | Viagens | Rubens Borba de Morais |
| Segundo Reinado | Caio Prado Junior | Assuntos Especiais | Caio Prado Junior |
| República | Gilberto Freyre | | |

Fonte: MORAIS & BERRIEN, 1998

No MBEB, a parte destinada à história se dividiu em nove itens, com sete autores e foram elencadas mil trezentas e duas obras ao total. Se observa duas tendências no modo como a bibliografia foi dividida. A primeira, acompanha a sequência da história política brasileira, na divisão estabelecida entre colônia, primeiro reinado, segundo reinado e república. A segunda tendência, é a exposição dos principais debates à época, derivadas em temas gerais, como a escravidão, as bandeiras, as diferenças entre a colonização portuguesa e a holandesa, os relatos de viagens, a administração pública, a cultura popular, o clero e a igreja, os indígenas e a história etnográfica.

Tabela 5. Divisão da área de história do MBEB

| Obras Gerais | 101 |
|---|---|
| Período Colonial | 67 |
| Independência, Primeiro Reinado, Regência | 98 |
| Segundo Reinado | 77 |
| República | 223 |
| Bandeiras | 163 |
| Os Holandeses no Brasil | 228 |
| Viagens | 267 |
| Assuntos Especiais | 78 |
| TOTAL | 1302 |

Fonte: MORAIS & BERRIEN, 1998.

Na primeira divisão de obras, relacionada à história política, o período colonial (PC), ficou a cargo de Sérgio Buarque de Holanda, a Independência, Primeiro Reinado e Regência (IPRR), ficou sob o comando de Otavio Tarquínio de Sousa, o Segundo Reinado (SR) ficou por conta de Caio Prado Junior, enquanto a República (RP) ficou com Gilberto Freyre. Sob a segunda tendência, no item Obras Gerais (OG), a organização ficou por conta de Rubens Borba de Morais e Alice Canabrava, que ainda organizariam a parte das viagens (VG) e das bandeiras (BD), respectivamente. E por fim, Os Holandeses no Brasil (HB) ficaria a cargo de José Honório Rodrigues, enquanto o item Assuntos Especiais (AE) ficaria com Caio Prado Junior. Estas duas últimas divisões, foram aquelas que possuíram o maior número de subdivisões. Na parte de responsabilidade de José Honório Rodrigues, foram oito as subdivisões: história da expansão colonial holandesa; fontes gerais de interesse para a história dos holandeses no Brasil; fontes regionais de interesse para a história dos holandeses no Brasil; história geral dos holandeses no Brasil; história de lutas; história diplomática; história econômica e social; história natural e médica, etnografia e artes. Enquanto os Assuntos Especiais de Caio

Prado Junior foi dividido em cinco subitens: escravidão africana, tráfico, abolição; indígenas, legislação, estatuto jurídico e social; igreja, clero, ordens religiosas; história econômica, estatística; história constitucional, administrativa e jurídica, limites interprovinciais.

**Gráfico 2. Divisão das obras de história e número de obras**

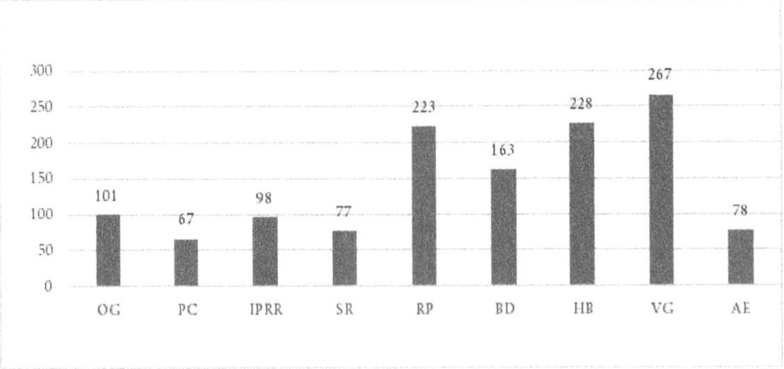

Fonte: MORAIS & BERRIEN, 1998

Quase todos os subitens da parte de história, contavam com uma introdução escrita pelos responsáveis de cada subitem e ao fim era selecionada a bibliografia. Entretanto, nem todos os autores, por motivos não expostos no MBEB, selecionaram a bibliografia de suas respectivas partes. Alice Canabrava e Rubens Borba de Morais selecionariam a bibliografia constante nas partes de Independência, Primeiro Reinado e Regência, Segundo Reinado e República, além é claro, das partes que ficaram sob suas responsabilidades. Na tendência da história política, foram selecionadas 465 (quatrocentos e sessenta e cinco) livros, o que corresponde a um pouco mais de 35% (trinta e cinco por cento) do total de obras publicadas, enquanto a tendência temática apresentaria ao leitor, o total de 837 (oitocentos e trinta e sete) obras, correspondendo a quase 75% (setenta e cinco por cento) do total.

Sobre a tendência de divisão da história brasileira, pautada sobretudo por sua história política, Gilberto Freyre, apontaria que "o

180            Maro Lara Martins

critério de dividir-se rigidamente a história de um país em épocas - épocas políticas - consideramo-lo uma arbitrariedade. Se transigimos com ele é com restrições profundas e só no interesse da necessária sistematização de material bibliográfico: sistematização que se baseie sobre a convenção mais geralmente aceita."[2]

Esses pontos nos levam ao debate sobre a existência de uma cultura historiográfica que afirmaria dois pontos centrais de sua constituição: uma corrente de estudos, ou de perspectiva, que privilegiaria a história política, herdeira da tradição historiográfica do século XIX, especialmente do IHGB, e outra que privilegiaria a contemporaneidade e os debates públicos sobre assuntos diversos, e que se utilizariam da história como método de análise e investigação.

Especialmente sobre o segundo eixo, a sociologia modernista se constituiu e se apropriou da cultura historiográfica existente para elaborar suas análises. Sociologia e historiografia estavam intimamente conectadas, ao modo de interpretação do Brasil, indissociadas enquanto disciplinas autônomas, manuseadas pelas mãos de polígrafos. Entretanto, uma pequena diferença entre as duas áreas se fazia notar, e em certa medida, já era percebida desde a primeira floração da sociologia modernista. A historiografia seria utilizada como método, mas os conceitos explicativos adviriam da sociologia, assim, a especialização e divisão em áreas do conhecimento distintas, e a consolidação das disciplinas enquanto áreas autônomas, não seriam a melhor opção para a interpretação do país.

Quanto a este ponto, Gilberto Freyre foi elucidativo:

> Devemos, entretanto, esclarecer que não nos consideramos especialista em nenhuma das épocas políticas em que se divida a História do Brasil, desde que os estudos de nossa predileção se conformam antes com o critério histórico-sociológico

---

2    FREYRE, 1998, p. 669.

> de estudo de tendências, tipos e instituições sociais e de cultura (nem sempre coincidentes, em seu desenvolvimento, com as épocas ou os períodos políticos do desenvolvimento de um povo), do que com o critério principalmente político e rigorosamente cronológico, em geral adotado.[3]

Um dos pontos centrais que a sociologia modernista empenharia com relação à metodologia da história era a profunda separação entre a história descritiva e a história analítica. Desde a virada do século XX, a sociologia modernista se comprometeria em atestar as potencialidades da história como método analítico de interpretação, contestando a história cronológica e fatual. Em um de seus belos textos sobre o assunto, exemplos da primeira floração da sociologia modernista, Sílvio Romero asseguraria que:

> todo conhecimento deve ser *explicativo* e não meramente descritivo: de todas as explicações as mais compreensivas são as *históricas*; de todas as explicações históricas as mais elucidativas são as que se referem às *origens*; porque são estas as que deixam o espírito surpreender em seu início as forças latentes, em sua pureza nativa a índole dos fatores e a qualidade dos impulsos que os fizeram juntar-se e cooperar em comum.[4]

Dois pontos chamam a atenção nesta citação de Romero. O primeiro é reafirmação da historiografia como método de conhecimento analítico-compreensivo, atestando a utilidade pragmática da história. O segundo é a proposição de uma análise historiográfica que buscaria as origens, a evolução, a formação, ou mesmo as raízes, dos temas a serem tratados e elencados, para ficarmos com termos

---

3   FREYRE, 1998, p. 669.

4   ROMERO, S. *O elemento português no Brasil.* p. 209.

que serão utilizados nos títulos dos trabalhos da sociologia modernista dos anos 1930.

Sobre o primeiro aspecto, Manoel Bomfim, afirmaria que "o estudo da história não se poderia limitar a simples enunciados dos fatos, que ficariam, deste modo, sem valor",[5] por sua vez, Alberto Torres indicaria que a história do país ainda estaria por ser escrita, para além da "série cronológica dos fatos das colônias dispersas, e a sucessão, meramente política, de episódios militares e governamentais."[6]

Inventariando contra o que chamou de páginas mortas do documento, Oliveira Vianna viria a conceber a história, de utilidade pragmática, uma perspectiva que se apoiaria num método comparativo e interdisciplinar, a finalidade de desvendamento das idiossincrasias das diversas organizações sociais e políticas. Em seus primeiros livros, Oliveira Vianna clamava pelo início dos estudos sistemáticos acerca da história, pois "nós somos um dos povos que menos estudam a si mesmo: quase tudo ignoramos em relação à nossa terra, à nossa raça, às nossas regiões, às nossas tradições, à nossa vida, enfim, como agregado humano independente."[7] Esta intensa preocupação o levará, assim como a Alberto Salles, Manoel Bomfim, Sílvio Romero, Euclides da Cunha, Alberto Torres e Paulo Prado, a uma incursão ao tempo histórico para definir a caracterização do tipo de sociedade que se desenvolveu nesta parte do continente americano.

Além do senso de realismo e da utilidade pragmática da história, no campo da teoria e filosofia da história, uma questão se colocara diante da sociologia modernista: o problema da objetividade dos estudos históricos. Sílvio Romero apontaria que nas ciências humanas, o critério de objetividade que se conectaria ao tema da verdade histórica deveria ser reformulado pelo próprio caráter da história

---

5    BOMFIM *apud* GONTIJO, 2003.

6    TORRES, 1978, p. 64.

7    VIANNA,1987, p. 15.

# Sociologia, modernismo e interpretação do Brasil

enquanto método de conhecimento, na medida em que "se tratando de ciências e disciplinas que se ocupam das criações humanas, cresce de ponto a luta e a desordem aparece quase sempre."[8]

Disciplina das criações humanas, a história segundo Vianna, "pela natureza justamente do seu objetivo, justamente por ser uma ciência de evocação, versando matéria, a que falta o encanto das cousas vivas, não pode dispensar o auxílio das artes da ficção."[9] Enquanto Paulo Prado, em *Retrato do Brasil*, afirmaria o caráter imagético da história, e pintaria, nas suas palavras, um quadro impressionista da história brasileira, mais atento à sensação geral produzida pelas imagens do que à precisão de contornos do desenho das datas ou da cronologia. Mais afeito às perspectivas da psicologia social, disciplina, assim como a história, indissociada, no período, desta nascente sociologia.[10]

Associado ao tema da objetividade, no plano da filosofia da história, se conectaria a busca pelo sentido da história, pelos elementos constituintes que fariam a roda do tempo girar. Seria preciso desvendar os mecanismos pelos quais se constituiria a engenhosidade do tempo, aquele diabo ao qual Francisco Campos se referia, ou ao método revolucionista, proposto por Azevedo Amaral, no qual "examinado por um prisma analítico, o processo histórico torna-se fragmentário."[11] A sociologia modernista construiria, paulatinamente, uma variação das perspectivas evolucionistas no campo da historiografia e da filosofia da história.

No prefácio à quarta edição da obra *Evolução do povo brasileiro*, Oliveira Vianna exporia sua concepção evolucionista reagindo contra a forma unilinear de entender a evolução das sociedades a partir

---

8  ROMERO, 2002, p. 371

9  VIANNA *apud* MURARI, 2011.

10  Cabe lembrar que a área de psicologia social foi colocada no ramo da sociologia no MBEB, parte que coube a Pierson.

11  AMARAL, 1934, p. 14.

das supostas leis gerais que a comandariam. Acolhendo os conceitos de Gabriel Tarde, Vianna considerava que existiriam múltiplas tendências na evolução das sociedades, e que seria impossível reduzi-las a um único esquema.[12] No estudo das sociedades se poderia encontrar, segundo Oliveira Vianna, uma multiplicidade de linhas de evolução e de fatores que interviriam nessas linhas.

> Para essa multiplicidade de tipos para essa variedade de linhas de evolução, para este *heterogenismo* inicial contribui um formidável complexo de fatores de toda ordem, vindos da Terra, vindos do Homem, vindos da Sociedade, vindos da História: fatores étnicos, fatores econômicos, fatores geográficos, fatores históricos, fatores climáticos, que a ciência cada vez mais apura e discrimina, isola e classifica. Estes predominam mais na evolução de tal agregado; aqueles, mais na evolução de outro, mas, qualquer grupo humano é sempre da colaboração de todos eles; nenhum há que não seja a resultante da ação de infinitos fatores, vindos, a um tempo, da Terra, do Homem, da Sociedade e da História. Todas as teorias, que faziam depender a evolução das sociedades da ação de uma causa única, são hoje teorias abandonadas e peremptas: *não há atualmente monocausalistas em ciências sociais.*[13]

Associado ao tema da objetividade dos estudos históricos e da busca pela dinâmica da história, a questão da neutralidade deste tipo de conhecimento se sobrelevaria. Na década de 1920, seria Oliveira Vianna quem melhor exporia as relações entre conhecimento histórico e definição realista da política. Dentro da concepção de história de Oliveira Vianna estava embutido a ideia da história como mestra da política, tais estudos possuiriam uma função pragmática,

---

12 VIANNA, 1956.

13 VIANNA, 1956, p. 29-30.

entendida aqui também no sentido de utilidade, ou nas palavras do próprio autor, revestidas de um valor prático.

> Nunca será demais insistir na urgência da reação contra esse preconceito secular; na necessidade de estudarmos o nosso povo em todos os seus aspectos; no imenso valor prático destes estudos: somente eles nos poderão fornecer os dados concretos de um programa nacional de reformas políticas e sociais, sobre cujo êxito nos seja possível contar com segurança.[14]

Este labirinto pelo qual se moveria a sociologia modernista na definição entre diagnóstico e prognóstico, centrado sobretudo no tema da objetividade e utilidade dos estudos brasileiros, os levariam sutilmente a colocar as tendências ideológicas ou mesmo preferenciais de organização do mundo político de forma implícita às suas conclusões. Ainda que ponderassem sobre o tema da constituição da historiografia e clamassem por estudos mais sólidos da cultura brasileira, se veriam dispostos a aceitar como missão geracional o desvendamento do enigma brasileiro, sua origem e originalidade.

> O que me inspira é o mais absoluto sentimento de objetividade: somente os fatos me preocupam e somente trabalhando sobre eles é que infiro e deduzo. Nenhuma ideia preconcebida. Nenhuma preocupação de escola. Nenhuma limitação de doutrina. Nenhum outro desejo senão o de ver as coisas como as coisas são – e dizê-las como realmente as vi.[15]

Se a força da retórica no campo da opção política ficaria submissa à sua explicitação, o movimento teórico realizado levaria Oliveira Vianna, assim como a toda sociologia modernista, a encampar

---

14  VIANNA, 1956, p. 39.
15  VIANNA, 1956, p. 50.

suas soluções prognósticas a partir do passado. O diagnóstico serviria como base. Mas tal diagnostico excitaria dois momentos, o passado e o presente, na medida em que o sentido da contemporaneidade seria definido por sua historicidade. O prognóstico, associado às proposições efetivamente políticas, aguardariam pacientemente o desenrolar do diagnóstico e sua dupla feição. Ao assumir, pelo menos retoricamente, a postura livre frente a doutrinas ou ideias preconcebidas, se abriria de forma mais clara a intervenção a se realizar. A liberdade do analista, ou pelo menos seu sentido, traria a reboque as difíceis relações entre historiografia e política. Entre a cultura historiográfica e o modo de argumentação da sociologia modernista no mundo público.

> Diante de todo e qualquer sistema de doutrinas, social, jurídico ou político, a minha atitude é sempre pragmatista. *Estes sistemas, estas doutrinas só me valem pelos resultados: se bons, a doutrina é boa; se maus, a doutrina é má. Nunca me preocupo com saber se uma doutrina é teoricamente boa.* Em regra, toda doutrina, considerada teoricamente, é boa. Mas, um problema social não pode ser resolvido teoricamente; há de estar preso pelos seus elementos equacionais à realidade da vida social.[16]

Ao adotar esta atitude pragmatista, Oliveira Vianna desembocaria no cerne da questão do tema da neutralidade e objetividade da sociologia modernista dos anos 1930. Enquanto epistemologia da historiografia, e por certo da própria sociologia, não seria possível alcançar uma forma de conhecimento inteiramente independente do conhecedor, apagando sua presença; todo conhecimento só existiria enquanto processo interpretativo do analista. A objetividade para a sociologia modernista não seria despersonalização, mas controle da

---

16  VIANNA, 1942, p. 113.

Sociologia, modernismo e interpretação do Brasil 187

paixão. Ao invés de tentar suprimir o autor e a opinião pessoal, a sociologia modernista exploraria as possibilidades que se ofereceria ao juízo pessoal na interpretação do país. Esse movimento dentro da epistemologia, exigiria do analista um elevado nível de consciência e explicitação dos seus pressupostos, além da constituição de uma clara agenda de pesquisa centrada em sua contemporaneidade.

Sem essas tensões entre analista e objeto de estudo, entre interpretação e opinião, entre objetividade e pessoalidade, os estudos não teriam nada de reveladores, seriam apenas histórias descritivas, nada acrescentariam à compreensão do país, pois diriam o óbvio e se ancorariam na simples descrição e enumeração dos fatos históricos. A história, por sua natural imprecisão e característica enquanto filosofia da história, abriria um rico manancial de possibilidades a explorar, em tentativas de delimitar o seu alcance, de determinar aproximações do presente ao passado. Ao apontar para uma historiografia centrada em imagens, aproximações e metáforas, a sociologia modernista constituiria uma historiografia peculiar. Certamente, poderia se avaliar a qualidade de uma metáfora, de uma interpretação fundada em imagens e aproximações, por sua plausibilidade, pelo grau de isomorfismo que aponta, pelas novas possibilidades de entendimento que franqueia, por sua amplitude, por sua originalidade, entre outros critérios, mas jamais se poderia avaliá-la por uma adequação aos fatos, passível de verificação, pelo motivo, muito simples, de que não haveria fatos anteriores à interpretação: é ela quem os constitui. Ao revés, o julgamento e a interpretação seriam postos a serviço do efeito de neutralidade. Nisto, residiria a chave de compreensão da argumentação proposta pela sociologia modernista e seus usos da história. E além disso, dos fatores operacionais relativos à filosofia da história e à historiografia que empreenderam, na adoção de um suporte de escrita maleável por excelência, o ensaio. Ao final da década de 1930, Nestor Duarte resumiria suas intenções ao se utilizar do ensaio, apontando que:

> este ensaio, todavia, não se encerra com o propósito de perseguir e esgotar conclusões. Não quer, mesmo, ser um livro de conclusões. Visa antes trazer para o primeiro plano das cogitações do que se vem chamando com razão "estudos brasileiros", os elementos e consequente interpretação de certas formas e constantes da vida brasileira, na certeza de que eles podem fazer luz ou explicar muitas das irredutibilidades do meio brasileiro e do seu tipo social, aos vínculos e sentido do processo político a que uma nação que se forma há de propender e chegar.[17]

Mais uma vez a insistência sobre os argumentos relacionados ao suporte de escrita utilizado se faz necessária, pois se constitui enquanto "forma original de investigação e descoberta do Brasil."[18] O ensaio como estilo possibilitou a construção de uma imaginação sociológica através das interpretações realizadas ao possibilitar a captura da originalidade do tempo-espaço brasileiro. A abertura e a flexibilidade do ensaio se associariam a própria plasticidade do conteúdo tratado e apontaria para a superação do dilema da objetividade e da neutralidade do conhecimento produzido. É pelo ensaio que os intelectuais brasileiros refundariam a descoberta do Brasil, como lembrava Oliveira Vianna. Gilberto Freyre no prefácio de *Casa Grande & Senzala* era taxativo a essa funcionalidade da escrita que se associava à ânsia explicativa, ao apontar que "era como se tudo dependesse de mim e dos de minha geração; da nossa maneira de resolver questões seculares."[19]

A partir das características do ensaio como forma, e seu dinamismo na escrita, foi possível capturar o movimento de construir-se pela proposição de algo novo, de uma nova experiência histórica que

---

17  DUARTE, 1939, p. 129.

18  ARANTES, 1992, p. 21.

19  FREYRE, 2002, p. 45.

apesar dos seus contratempos, se realizava fora do contexto europeu. O conteúdo criativo e inerente deste movimento de construção não poderia ser mediatizado pelas formas convencionais operadas em outros locais, experiência que se relacionava à interpretação desta sociologia que se deparava com duas perspectivas que se misturavam, a de que o caso nacional seria específico se comparado a outros casos e que estaria na fluidez do tempo seu aspecto formativo.

> Os ensaios reunidos neste livro fixam algumas observações e comentários críticos, sugeridos ao autor pelos problemas que se apresentam de um modo geral a todas as nações e aos quais o Brasil não pode permanecer mais indiferente. O nosso desenvolvimento histórico distinguiu-se no passado pela falta de sincronismo entre a marcha do progresso brasileiro e o ritmo geral da evolução do mundo civilizado.[20]

Desta experiência do confronto com outros desenvolvimentos nacionais se insurgiria diferentes tempos históricos que coexistiriam e conferiam especial densidade à realidade que interpretaram, em um esforço de compor o mapa da cultura, revelando sua capacidade de mediador entre mundos e articulador de experiências. Não obstante, apresentariam como fundamento um caráter dialógico das análises, fazendo aflorar comparações com outras experiências, como a inglesa, a norte-americana e a francesa. Emergindo com maior clareza as diferenças no andamento moderno, as singularidades do próprio território e sua natureza e a pluralidade desta constituição societal.

A sociologia modernista apostaria na busca das origens das questões contemporâneas, em um duplo sentido: das origens no sentido de formação, desenvolvimento e evolução, e no sentido da originalidade do caso brasileiro. No campo da construção de sua epistemologia do conhecimento e de suas relações com uma pers-

---

20  AMARAL, 1934, p. 7.

pectiva mais ampla de abrangência da formação do mundo moderno, apostaria na perspectiva de uma história total, advindo de uma síntese entre cada caso estudado, uma espécie de mosaico que aos poucos se completaria. Assim, o caso brasileiro, originário e original, se tornaria dotado de sentido por sua composição no mapa geral do mundo. Conhecer o Brasil, nestes termos, era conhecer a própria modernidade. Ou em linguagem mais contemporânea, conhecer a modernidade-mundo.

> Só depois desse formidável trabalho de investigações e análises, consubstanciadas em monografias exaustivas sobre cada agrupamento humano, e do estudo meditado dessa massa colossal de dados e conclusões locais, vinda de todos os pontos do globo, será possível à ciência social elevar-se às grandes sínteses gerais sobre a evolução do homem e das sociedades.[21]

O tema de uma espécie de geopolítica do conhecimento, e sua consequente formação de variadas geografias do modernismo, se locupletaria de forma a que intelectuais inscritos às margens do sistema--mundo, estariam interessados em desvendar suas peculiaridades. Entretanto, o tema central pelo qual se movimentaria a sociologia modernista brasileira conduziria às relações entre centro e periferia de forma a rejeitar veementemente a perspectiva de cópia ou de reprodução acrítica dos padrões que formariam as sociedades centrais. Surgiria pelo movimento inicial da sociologia modernista, e sua separação analítica entre Estado e sociedade, entre política e sociologia, um profundo desconforto na aplicabilidade de modelos e respostas exógenas aos diagnósticos efetuados,[22] através do ensaio buscariam essa originalidade no tratamento das questões tipicamente nacionais.

---

21 VIANNA, 1956, p. 33-34.

22 Este ponto será melhor desenvolvido no próximo tópico, especificamente o

Sociologia, modernismo e interpretação do Brasil          191

A comparação funcionou como um poderoso recurso não só ao cotejarem semelhanças e diferenças que se produziram em espaços geográficos e sociais distintos, mas também entre as culturas presentes no mesmo espaço nacional. Em outras palavras, a constratividade interna presente na sociedade informaria também a constrastividade em relação ao resto do mundo, se esboçando uma peculiar cartografia semântica a partir dessas relações entre tempos-espaços distintos. Assim, a heterogeneidade deveria ser expressa através de um tipo de texto que fosse capaz de capturar as adversidades e infortúnios da hibridez do território e da sociedade, capaz de interpretá-los e de produzir um desvio cognitivo em relação aos meios tradicionais de escrita da ciência moderna, como os tratados científicos, por exemplo.

Sob este aspecto, a sociologia modernista apontava para uma característica típica desses espaços-tempo, nos quais existiria uma confluência para a inventividade em seu aspecto construtivo, e o inacabamento, se comparado, como fazem os ensaístas, a outros andamentos modernos. E nenhum estilo de escrita se tornaria mais propício do que o ensaio, na medida em que a inventividade e o inacabamento são seus pilares básicos. Como apontou Nestor Duarte, seu "ensaio, todavia, não se encerra com o propósito de perseguir e esgotar conclusões. Não quer, mesmo, ser um livro de conclusões"[23], mas não deixaria de ressaltar características advindas de um argumento que procuraria certa cientificidade, certa capacidade interpretativa com objetivos e métodos.

---

modo como a sociologia modernista interpretou as elites brasileiras e a inadequação da política a essa sociologia. Vale mencionar os estudos de Oliveira Vianna e a diferença que estabeleceu entre o chamado idealismo constitucional e o idealismo orgânico, além é claro, da diferenciação que se estabeleceu entre Brasil real e Brasil legal.

23  DUARTE, 1939, p. 129.

Apesar deste sentido de imprecisão e inacabamento, o ensaio seria uma abordagem capaz de desvendar os mistérios da história e da sociologia no país. Ao analisar o ensaio de Gilberto Freyre, Ricardo Benzaquen advertiu que

> a imprecisão e o inacabamento da sua construção terminam, até certo ponto, sendo compensados, pela acuidade, pela agudeza e profundidade envolvidas em sua abordagem, supostamente em condições de alcançar, ainda que de forma ligeira e indireta, as grandes questões da existência.[24]

Outro aspecto fundamental que o ensaio intrinsecamente possibilitou à sociologia modernista, é a própria temporalidade que o encerra. A sua imediatez constitutiva revelaria a ânsia intelectual pelo movimento de construir-se. Dois pontos se associam a esta característica. O primeiro se relaciona à possibilidade do ensaio flexibilizar-se continuamente, movimentando-se na liberdade que lhe é conveniente enquanto estilo processual, estabelecido pela sua infixidez. Outro aspecto da temporalidade presente neste suporte de escrita é sua contiguidade afeita à contemporaneidade e à inserção no debate público. Essa temporalidade imediata do ensaio e sua relação direta com o pragmatismo e a inventividade oriundos da imperiosa necessidade de uma interpretação de seu território e sua população a partir dos pressupostos e conceitos da sociologia dirigiria o movimento que oscilaria de uma proposição individual a uma concepção de palavra pública, e sua entrada no universo de publicização das ideias. Com uma diferença explícita das gerações anteriores: a tentativa de controle do tempo.[25]

---

24  BENZAQUEN, 1994, p. 202.

25  Essa subjetividade temporal comum aos ensaístas dos anos 30 advém especialmente da experiência intelectual, do processo de modernização brasileiro, do modernismo e da relação entre cultura e política.

Sociologia, modernismo e interpretação do Brasil     193

> O livro que vai ser entregue ao público representa mais um
> ensaio crítico, tendo por finalidade prosseguir no encade-
> amento de estudos sociológicos e políticos em torno dos
> problemas brasileiros. (...)Escrever portanto um livro expri-
> mindo opiniões políticas individuais é uma forma normal
> de intervir na vida pública do país, posta ao alcance de qual-
> quer cidadão.[26]

Nas florações da sociologia modernista dos anos 20 e 30, é que se formulou com mais vigor a tese da hipertrofia do privado, identificando a família de tipo patriarcal como a agência crucial de coordenação da vida social que se veio formando desde a colonização portuguesa, em relação a uma esfera pública atrofiada identificada ao Estado. Em todos esses autores, os elementos da sociedade brasileira em seu período colonial ainda se fariam presentes,[27] impedindo a consolidação plena de instituições e valores da modernidade ocidental clássica. Nessa vertente do pensamento social brasileiro, uma atávica herança patrimonial-patriarcal acabara sutilmente assumindo o caráter de variável independente, supostamente capaz de explicar, ao longo de toda a história brasileira, especialmente no mundo rural, as formas e as configurações políticas e sociais que aqui se consolidaram.[28]

Mais ou menos explícita nas interpretações propostas por cada um daqueles autores encontra-se a ideia de que no Brasil contemporâneo a eles, Estado, economia e sociedade civil jamais teriam sido capazes de se diferenciar plenamente e, dessa forma, de se dinamizar a partir de lógicas e códigos próprios. O domínio público teria sido raptado e subjugado à lógica e aos propósitos das esferas de convívio familiar, códigos pessoais e privados, sociabilidade restritiva, razão

---

26  AMARAL, 1938, p. 6-8.

27  Variando em intensidade de autor para autor.

28  TAVOLARO, 2005; LAVALLE, 2004.

pela qual as regras impessoais e racionalizadas seriam frequentemente relegadas a segundo plano. Nessa sociedade jamais se atingiu o grau e a extensão da diferenciação social, da secularização e da separação entre o público e o privado observados nas sociedades modernas centrais.[29]

Vale lembrar que no discurso sociológico da modernidade ocidental europeia, as chamadas sociedades modernas centrais são tidas como aquelas em que o Estado, o mercado e a sociedade civil ocuparam esferas plenamente diferenciadas entre si, reguladas exclusivamente por códigos próprios e dinamizadas por lógicas particulares. Os âmbitos público e privado, por sua vez, são também plenamente separados, cada um dos quais ordenado por códigos e lógicas particulares, se comunicando apenas através de canais apropriados que mantêm inalterados os termos e as regras de cada um dos domínios.

Trata-se, segundo esta trilha que se está percorrendo, da formação de uma sociologia na qual mais do que simplesmente relacionar política e sociedade, se ambicionaria especificar os fundamentos e a dinâmica social da dominação política brasileira. Seria através deste tipo de ensaio que se ganharia inteligibilidade a tendência a relacionar aquisição, distribuição, organização de poder à estrutura social. Posto nestes termos, a ação social e a ação política dispostas nessa historicidade inerente a cada uma, produziria ritmos temporais diferenciados. Movimento analítico que configuraria, num certo sentido, a precedência da sociologia sobre a política.

Neste momento, o passado seria importante para definir os rumos desta sociologia da contemporaneidade. Sociologia essa que exprimiria de fato um caminho alternativo do andamento moderno

---

29 Esse ponto é fundamental para entendermos as diferenças entre os "tipos de modernidade" a partir da conjugação do modernismo e da modernização que se estabelece no Brasil se comparados a outros casos nacionais.

Sociologia, modernismo e interpretação do Brasil 195

através de suas dicotomias: campo e cidade; rural e urbano; litoral e sertão; centro e periferia; público e privado; interesse e virtude; iniciativa e inatividade; empreendimento e cometimento; vontade e contingência, em uma difícil síntese. A tese possuiria seu lugar, ao reanimar as tradições, a coloca-las sob a chave da influência na contemporaneidade. A antítese, a conjugar a novidade e as possibilidades abertas pelo desenrolar histórico, inclusive seu futuro. E ao sair de dentro do modernismo, essa sociologia, e em certa medida o pensamento social e político latino-americano, carregaria essa contradição como fundamento da sua modernidade, em especial, na forma como abordou seus territórios e seus personagens postos na ação da história, exacerbando uma cartografia semântica e uma figuração de seus personagens.

Dito de outra forma, ao procurarem explicar essa difícil síntese, conheceriam a modernidade brasileira, e generalizando, a modernidade latino-americana, no sentido de contemporaneidade e historicidade, e isso sob a ótica de uma espécie de modernidade alternativa. O campo possuiria sua sociologia, seus personagens principais, com sua subjetividade, sua atuação no mundo. O latifúndio como fundo para as ações realizadoras de interesses e virtudes para o fazendeiro, o escravo, o capanga, o homem livre comum, o tempo lento no seu desenrolar a incrustar a vida social e a estabelecer certos tipos de solidariedade e interesses. A cidade, local das inter-relações sociais e *lócus* do tempo célere, da iniciativa, da volúpia do viver moderno, dos seus personagens liberais e de sua sociabilidade muitas vezes subsumida ao mundo rural e incapaz de encontrar terreno fértil para o seu avanço.

A compreensão da cidade e do mundo rural passaria pela análise de todos os elementos que comporiam o seu quadro: terra, água, clima, homens, civilização, cultura, arquitetura, trabalho, ideias, símbolos. O campo e a cidade não seriam apenas materialidade, possuiriam uma dimensão simbólica, subjetiva, que também atuaria na construção de suas formas espaciais. A significação do espaço, urbano ou rural, conferiria aos indivíduos e coletividades, unidade e identidade com o seu entorno, em uma espécie de estruturação sígnica do espaço.

Cada local estruturaria uma espécie de cartografia semântica, que atribuiria a um determinado tempo-espaço, certos modos de viver, pensar e experimentar o mundo, certos tipos sociais, certa solidariedade, certa constituição de interesses e virtudes em sua sociabilidade, marcada no Brasil, através do modernismo e de sua sociologia modernista, por certa inventividade e certo pragmatismo, pensados a dialogicamente desvendar essa alternativa à modernidade central.

Se a sensibilidade temporal indicava a aceleração do tempo pela dinâmica do contexto, a realização da difícil síntese brasileira, composta pelos dualismos e as diversas contrastividades internas e externas, norteavam uma percepção do tempo que estaria cindido. O tempo de cada dualidade possuiria um ritmo diferente. Antes de se adentrar no debate sobre a cartografia semântica e a figuração, cabe uma reconstrução dos principais argumentos contidos na floração da sociologia modernista dos anos 1930.

## Espaço e figuração: a cartografia semântica e os personagens da história

Em certa medida, as características gerais da historiografia e da teoria social no encadeamento da apresentação das interpretações sobre o mundo se amparam em construções de narrativas específicas sobre o objeto de estudo ao qual se propuseram estudar.[30] Certamente, nos últimos anos, o debate sobre a ficcionalidade, a inventividade e a

---

30  BURKE, 2002.

Sociologia, modernismo e interpretação do Brasil     197

criatividade do analista sobre tal empreendimento tornaram à tona as difíceis relações entre a perspectiva de objetividade e neutralidade do pensamento científico, chegando em alguns casos, a se estabelecer as possíveis similitudes entre este tipo de conhecimento e a literatura, por exemplo.[31] De todo modo, os impasses advindos deste tipo de reflexão ampliariam o escopo da teoria social e da própria epistemologia científica no campo das humanidades. Mais do que estabelecer a crítica frontal ao pensamento herdeiro de certo positivismo científico, a abertura que esta perspectiva trouxera, levara a uma reformulação das bases pelas quais a teoria social e a historiografia teriam que se mover, ampliando as opções analíticas disponíveis à própria constituição destes campos de conhecimento. O debate sobre a cientificidade das análises ou da correspondência íntima entre teoria, exposição das ideias e empirismo, nos últimos anos, acabara por forçar tais disciplinas a um contato mais íntimo com áreas mais móveis do conhecimento, como a filosofia, a crítica literária e a crítica cultural, aumentando a demanda pela interdisciplinaridade.

Para se traçar os elementos centrais da teoria social proposta pela sociologia modernista, o primeiro passo fora a atribuição e desvendamento dos principais temas aos quais tal sociologia dedicou. O segundo passo, é a possibilidade de admissão de uma interpretação que leve em conta o diálogo com estas obras para a formulação de uma teoria social, que dialogue em seu duplo sentido: contextualista e formal. Contextualista, ao propor uma análise que leve em consideração os aspectos que permearam o debate e as proposições da sociologia modernista em seu tempo de atuação, e formalista, ao intentar retirar de suas proposições iniciais, uma teoria social extemporânea à própria sociologia modernista, mas que com ela dialogue e se fundamente.

---

31  WHITE, 2001.

Esse exercício interpretativo e construtivo, deve partir de seus elementos sincrônicos, pela floração da sociologia modernista, quanto diacrônico, pela constituição de uma interpretação do país. Essa interpretação, conduziria ao estabelecimento de dois elementos centrais e constitutivos da teoria social: o espaço e o tempo. Elementos que estariam na base da constituição de uma espécie de cronótopo. Inicialmente, reporto-me à definição de Mikail Bakhtin, segundo a qual o cronótopo designaria a interligação fundamental das relações temporais e espaciais, artisticamente assimiladas pela literatura. Expressaria, dessa maneira, a indissolubilidade do espaço e do tempo enquanto índices da imagem-narrativa.

> Aqui o tempo condensa-se, comprime-se, torna-se artisticamente visível; o próprio espaço intensifica-se, penetra no movimento do tempo, do enredo e da história. Os índices do tempo transparecem no espaço, e o espaço reveste-se de sentido e é medido com o tempo. Esse cruzamento de séries e a fusão de sinais caracterizam o cronótopo artístico.[32]

O princípio condutor do cronótopo, segundo o teórico russo, seria a unificação tempo-espaço. Ademais, teria por função literária a organização dos acontecimentos narrativos e a demonstração dos mesmos mediante a condensação e a concretização dos índices do tempo – tempo da vida humana, tempo histórico, tempo social, etc. – em regiões definidas do espaço. Em última instância, configuraria a imagem-narrativa de tudo aquilo que seria estático-espacial, inserindo-o em uma série de mobilidade temporal a propósito dos acontecimentos entrelaçados no enredo. Transposto para uma análise sobre a historiografia e sobre a teoria social a perspectiva do cronótopo abriria dois elementos importantes de debate se decompostos, os índices de tempo e de espaço, que se sintetizariam pela ação dos

---

32 BAKHTIN, 1988, p. 211.

Sociologia, modernismo e interpretação do Brasil

personagens da trama, sua figuração, e pela constituição do espaço da figuração, a cartografia semântica.

Em outras palavras, o deslocamento a ser operado aqui, na medida em que se estabelece uma aproximação com a crítica literária na constituição de uma teoria social interpretativa, residiria em assimilar os índices temporais que, mediante o cronótopo, deslocamento conceitual possível nas categorias de cartografia semântica e figuração, permitiriam a sistematização da imagem-narrativa diacrônica, por um lado, e, por outro, da sincronia passível de ser assimilada das particularidades do encadeamento interpretativo em torno da sociologia modernista.

Desta forma, se realizaria um triplo movimento para a montagem da teoria social. Em primeiro lugar, a apreciação dentro das interpretações sobre o pensamento social brasileiro a partir do tema do espaço, associando-o em seguida, à busca de uma definição do sentido da cartografia semântica elaborada na conjunção entre a teoria social e o próprio pensamento social brasileiro. Em segundo lugar, a esquadrinha dentro da teoria social dos sentidos e possibilidades da perspectiva de figuração como eixo interpretativo do pensamento social brasileiro e do país. E por fim, a apreciação geral da conjunção entre cartografia semântica e figuração na recomposição da ideia de cronótopo elaborada por Bakhtin e sua aplicabilidade à interpretação do pensamento social brasileiro em geral, e da sociologia modernista em particular.

Diversos estudos chamaram a atenção para o tema do território e do espaço na imaginação sociológica dos intérpretes do Brasil. Lúcia Lippi de Oliveira mostraria a importância da conquista territorial na construção da identidade nacional ao debater os significados que o termo sertão assumiu no pensamento social brasileiro e seus desdobramentos na criação do mito do sertão e da noção de fronteira, decorrentes do movimento das bandeiras, desembocando assim, na análise da imagem do bandeirante e sua função mítica capaz de organizar o mundo simbólico e constituir uma interpretação do país.[33]

Candice Sousa chamaria a atenção para as versões e visões construídas sobre o interior do país.[34] A partir da seleção de diferentes interpretações do Brasil que ancoraram a reflexão sobre a singularidade nacional na categoria de espaço, a autora perseguiria o imaginário geográfico desenhado nos discursos sobre a construção da nação e da identidade brasileira. Destas representações nativas da nacionalidade, emergiria a pátria geográfica, invenção discursiva daqueles para os quais a problemática da nacionalidade deveria ser equacionada espacialmente. A unidade precária do país, composto por porções partidas; a nação incompleta, descontínua territorialmente; o desequilíbrio e a heterogeneidade do espaço; e a oposição sertão/litoral, constituiriam tópicos recorrentes nas célebres narrativas de Euclides da Cunha, Cassiano Ricardo, Oliveira Vianna e Nelson Werneck Sodré, por exemplo, e nas menos conhecidas reflexões de Victor Vianna, Mário Travassos e Nestor Duarte.

Nesta mesma toada, Nísia Trindade Lima captaria a renitência e a força de uma metáfora geográfica na conformação de representações sobre a identidade nacional de um país considerado invariavelmente em conflito espacial.[35] O desvelamento das representações de uma identidade permanentemente revelada como incompleta, ou ao aguardo de sua própria refundação, procederia à exegese das mentalidades modernizadoras amparadas a partir e com as distâncias irredutíveis entre os muitos países dentro do país. Nísia Lima localizaria uma longevidade entre a fração ou os contrastes entre sertão e litoral e seus personagens, metaforicamente elaborados a partir dos intérpretes do país.

---

33  OLIVEIRA, 1998.

34  SOUSA, 1997.

35  LIMA, 2003.

Por sua vez, Robert Wegner apontaria as relações entre tradição e modernidade na análise que empreendera sobre a obra de Sérgio Buarque de Holanda, em especial, sobre o tema da fronteira e da conquista do oeste brasileiro a partir do planalto paulista.[36] Desta forma, por meio do exame da noção de fronteira e da relação entre tradição ibérica e modernização, em suas obras dos anos 1940 e 1950, se traçaria a preocupação de Buarque de Holanda com os traços da modernidade à brasileira, e se reelaboraria as polaridades dualistas de sua interpretação da década de 1930, concebendo as possíveis combinações entre tradicionalismo e modernização, civilidade e cordialidade, ócio e negócio e americanismo e iberismo.

A recorrência deste tema, desembocaria em uma análise que procuraria estabelecer certos parâmetros sobre a própria reconstituição deste tema no pensamento social brasileiro, ou em outros termos, na teoria social periférica. Os trabalhos de João Marcelo Maia se enquadraram neste quesito.[37] Para o autor, existiria uma correlação entre espaço e sociabilidade na interpretação do país que comportaria uma dupla dimensão. Em primeiro lugar, a produção e análise do espaço como variável independente na explicação de hábitos e costumes, como espaço físico, palco do desenrolar civilizatório. Em segundo lugar, uma concepção que se referira ao espaço a partir de imagens e alegorias que se relacionariam intimamente à formas de sociabilidade e organização civilizatória.

E por fim, Werneck Vianna arquitetaria uma tese sobre o territorialismo das elites ibéricas no desenrolar da história brasileira, especialmente na composição dos interesses que conformariam o andamento da revolução passiva brasileira, que pelas características de seu transformismo, comporiam os elementos da tradição e da rup-

---

36 WEGNER, 2000.

37 MAIA, 2008; 2009; 2011.

tura, como eixos de movimentação das ações destes personagens, e suas aspirações, no decurso do tempo. Seria nestes termos, que para as elites políticas do novo Estado-nação a primazia da razão política sobre outras racionalidades se traduziria na preservação e expansão do território e no controle sobre a população.[38]

Partindo destas considerações e desta perspectiva aberta pelos estudiosos do pensamento social brasileiro, o tema do território enquanto espaço geográfico possui dois aspectos que se complementam. A classificação dos meios físicos que possam produzir tipos sociais específicos, neste caso, o meio como cenário onde se desenrola o processo civilizador, e, o meio físico como matriz para a produção de imagens e comparações sobre o mundo social capaz de dar sentido às experiências periféricas. Seria a partir desta dualidade básica, que se construiria a formulação de uma cartografia semântica na teoria social periférica, que levaria em conta essa dupla dimensão: física e simbólica na arquitetura do imaginário constituinte da interpretação.

Seguindo esta linha de análise, este tema teria que ser explorado a partir das difíceis conceituações e relações entre espaço e território. Como lembraria Milton Santos, "como ponto de partida, propomos que o espaço seja definido como um conjunto indissociável de sistemas de objetos e de sistemas de ações."[39] Em sua radicalidade abarcaria o processo pelo qual a apropriação do espaço natural se realizaria pela intervenção humana, resultado e condição da dinamicidade de relações entre esta ação sobre o meio, seja por suas necessidade materiais, imateriais, econômicas, sociais, culturais, afetivas. Teria papel simbólico, mas também funcional.

A concepção de território não diria respeito apenas ao fato de todo território ser constituído por objetos de tempos diversos,

---

38 WERNECK VIANNA, 1997.

39 SANTOS, 1997, p. 21.

# Sociologia, modernismo e interpretação do Brasil 203

como também porque todo território seria significado socialmente de modo diverso, ou seja, constituída por significações sociais imaginárias. A heterogeneidade e a desigualdade de tempos que caracterizaria o território seria sempre marcado por significações sociais que estariam ligadas às vivências coletivas dos diferentes agentes.[40] A espessura do território se definiria por diferentes extratos históricos, os tempos materializado nas formas e funções dos objetos e da natureza, e por diferentes extratos cultuais, os significados e valores atribuídos pela sociedade às formas e aspectos ou parcelas do território. Por isso, uma paisagem campestre pode significar tanto um sentimento de contato com a natureza, um bucolismo, como poderia ser representada como o arcaico, como atraso e ignorância, enquanto o ambiente citadino poderia ser compreendido por sua dinamicidade e aceleração temporal.

Dito isso, a perspectiva da construção de uma cartografia semântica não diria respeito apenas ao conteúdo em si do território ou da paisagem, mas ao modo como este conteúdo seria significado e interpretado por diferentes intérpretes e esboçada pela sociologia modernista dos anos 1930, revelando sua tessitura.

Esta tessitura se definiria por uma relação de contraste e avaliação entre lugares diferentes, modulando as diferenciações espaciais tanto em formas como conteúdo. Ademais, a concepção sobre o território se caracterizaria por sua remissividade e constrastividade com outro território ou paisagem. Na medida em que a construção desta peculiar imagem sobre o território, possuiria como elemento chave o poder de representar e classificar os lugares de acordo com interesses, aspirações, sentimentos, sempre agenciada pela trama de relações que constituem à interpretação, assim, o modo de represen-

---

40 SANTOS, 1997.

tação do território, esboçado pela cartografia semântica, funcionaria como uma rede, uma teia de relações sociais e de poder.

Se o território possuíra tais características na montagem desta cartografia semântica, restaria definir a incidência da figuração neste processo, estruturante da atuação dos grupos sociais, dos diferentes tipos de sociabilidade, de interesses e virtudes, que preencheriam de densidade o fundo básico estabelecido pela cartografia semântica.

Em relação ao conceito de figuração este se refere à teia de relações de indivíduos interdependentes que se encontram ligados entre si a vários níveis e de diversas maneiras, sendo que as ações de um conjunto de pessoas interdependentes interferem de maneira a formar uma estrutura entrelaçada de numerosas propriedades emergentes, tais como relações de força, eixo de tensão, sistemas de classes e de estratificação, formas de solidariedade e autoridade social. Para Norbert Elias, a figuração apresentaria uma forte imbricação entre subjetividade e estruturas sociais e históricas.[41] Para ele, não seria possível pensar em ações individuais fora das estruturas sociais que as tornam possíveis ou que as obstaculizem. As figurações seriam formas de relações historicamente constituídas, sociologicamente vivas, e ao suas alterações e transformações desembocam em concernentes contrafações na organização social e nas subjetividades. Pela sua natureza dinâmica, a figuração não se restringiria a uma descrição, no sentido técnico e narratológico do termo, nem mesmo a uma caracterização, embora esta possa ser entendida como seu efeito elaborado. A rede de interdependência, estruturante e estruturada pela e através da figuração, se movimentaria através do resultado de tensões e conflitos pelo poder entre grupos ou indivíduos com funções diferentes nesta rede. Indo mais além, a concepção de figuração atrelaria a atuação de personagens na montagem da histo-

---

41 ELIAS, 1987; 1994.

Sociologia, modernismo e interpretação do Brasil

riografia de modo a protagonizar alguns grupos em detrimento de sua atuação nesta rede de interdependência.

Retomando a ideia de cronótopo, inspirada em Bakhtin, ao se realizar a análise da teoria social fundada pela sociologia modernista, o espaço seria imaginado pela cartografia semântica, e o tempo, teria sua tessitura expressa pela figuração. Em termos genéricos, a figuração e a cartografia semântica, dispostos dentro da teoria social, implicaria um trabalho de semiotização, ou dito de outro modo, de articulação de uma linguagem que produza sentidos e que gere efeitos pragmáticos a partir da análise da teoria social da sociologia modernista.

Sobre o tema do espaço na constituição de sua interpretação do Brasil, Nestor Duarte apontaria que:

> nessa análise ressaltemos de logo que um dos fatores físicos mais determinantes da forma, estilo e orientação da organização social brasileira não é propriamente o clima, a sua bioquímica, como a flora, a fauna. É sim a extensão territorial de que dispõe o homem e de que precisou dispor para acudir às necessidades econômicas e aos fins a que o instinto econômico o conduz ou devia conduzir. Toda forma de produção no Brasil teve e tem que se fazer à grande. É uma forma de produção de espaço, acima de tudo.[42]

Retomando as teses de Oliveira Vianna sobre nossa formação colonial, podemos afirmar que do meio geográfico e do latifúndio derivariam as principais características sociológicas da colonização, o poder público fragmentado e sua dinâmica propiciando o desamparo jurídico e político do homem comum. O clã rural se apresentaria como a unidade social agregadora, geradora do que ele chamou de "solidariedade clânica patriarcal".[43]

---

42  DUARTE, 1939, p. 42.

43  BRANDÂO, 2005.

No fundo, autores como Oliveira Vianna, Gilberto Freyre, Caio Prado Junior, Sérgio Buarque de Holanda, Nestor Duarte e Afonso Arinos, apontariam os elementos da vida rural brasileira, com suas características particulares: o isolamento das suas unidades, a ausência de mercado interno entre setores, a relativa fraqueza dos centros urbanos e de seus personagens, a falta de estradas e comunicação, a ausência do Estado como normatividade de direitos públicos internalizados, o "sentido da colonização" da economia agroexportadora, as viscitudes da colonização e do colono, a aventura e a rotina com seus

Cada núcleo rural, ou cada complexo entre a casa grande e senzala, para ficarmos na expressão de Gilberto Freyre, seria um microcosmo social, um pequeno organismo coletivo, com aptidões cabais para uma vida isolada e autônoma.[44] Estes fenômenos em questão, com suas matrizes culturais e sócio demográficas, permitiria a sociologia modernista, a partir de suas ferramentas conceituais, interpretar o *modus operandi* de certas estruturas oligárquicas de dominação, as quais seriam incompatíveis com a constituição de uma democracia liberal e resultariam altamente efetivas para a aquisição, a organização e o exercício do poder. O protagonismo de determinados personagens, e sua figuração, constituiriam a base das inter-relações entre política e sociedade.

Este tipo de solidariedade clânica, ligada a nosso passado histórico não parecia, aos seus olhos, destinada a desaparecer como simples consequência do desenvolvimento ou da modernização no campo político, seria como uma constante cultural, uma espécie de amalgama da psicologia coletiva nacional. A existência desse padrão de dominação envolto na inexistência de uma articulação espontânea de interesses dos grupos sociais com os aparatos do Estado, que por sua vez, obrigar-se-iam a interagir com esses grupos sociais,

---

44 VIANNA, 1956, p. 155.

Sociologia, modernismo e interpretação do Brasil          207

através de estruturas verticais de poder, em cujo topo se encontraria o chefe do clã rural, o senhor de terras, ou o patriarca, dependendo da nomeação que este personagem teria em cada obra, e demarcaria esse processo civilizatório.

Ficaria latente para o ensaísmo sociológico, que o poder político e o poder social se organizariam piramidalmente, de modo tal que, cada chefe rural se conectaria a outro de forma a montarem uma estrutura de dominação articulada mediante o intercâmbio de reciprocidades, como nas análises sobre os problemas da pupilagem política pela gratidão e amizade, questões relacionadas a uma ética da cordialidade, a especificação dos pontos nodais do patriarcalismo, o fracasso do ideário liberal entre outras questões. Concluiriam que neste tipo de atividade política, não se teria desenvolvido a ideia de um interesse nacional ou público, transcendente aos interesses imediatos e particulares. Nessa atividade política teríamos ao invés disso, a concepção meramente partidária e excludente, exercida e consumida estritamente dentro do pequeno círculo do grupo, do clã, da facção, do diretório local, da família.

A partir do latifúndio e da vida rural, o tipo de solidariedade que se formava, a estabilidade que giraria em torno dos grupos familiares, os quais permitiriam que se formasse uma trama de relações sociais estáveis, permanentes e tradicionais, tendo na figura do *pater famílias* a ascendência patriarcal, o patrimonialismo no trato da esfera pública, a subjugação de interesses privados sobre o interesse público, a composição de uma ética social baseada no sentimento. Tudo isso animava a análise da dinâmica de um passado que a sociologia modernista, sua sociedade e seu Estado consideravam como seus.

A grande propriedade rural e consequentemente a noção do exclusivo agrário e da função simplificadora dos latifúndios, tornaram-se fundamentais nesse modelo explicativo sobre as condições nas quais a solidariedade e os interesses foram constituídos no peculiar caso brasileiro. Guardadas as diferenças, esses intérpretes do Brasil perceberam que esta função simplificadora impediria o comércio e a emersão de uma burguesia comercial ou uma classe industrial, que se concentraria no litoral ou nas pequenas cidades do interior, mas sem nenhuma força política. Assim, entre a classe dos trabalhadores livres e a aristocracia senhorial os laços não se constituiriam solidamente, acentuada pela inexistência de uma classe média do tipo europeia.[45]

Não se pode dizer que a intenção deste texto seja um inventário de interpretações. A exposição dos autores não se limitaria a acompanhar tendências e autores passo a passo, enfileirando livros e ideias. No fundo, se propõe uma análise temática, que acompanharia a teia de motivos que vão fixando, na sociologia modernista dos anos 1930, algo mais fundo do que alguns tópicos substantivos dominantes. Vale apontar que o traçado de um elenco de temas não é da mesma ordem que a formulação do problema de explicação correspondente, ademais, importa a forma como se tratam os temas, não somente a sua identificação.[46]

Como alerta André Botelho:

> Se as características comuns nos levassem a definir os ensaios de interpretação do Brasil como uma unidade, como eles formassem um todo coerente e estável, correríamos o risco de deixar de reconhecer e de qualificar as diferenças significativas existentes entre eles. E ainda que aquele tipo de caracterização possa favorecer visões de conjunto num possível entrelaçamento de problemas, questões e perspectivas comuns, isso não significa, necessariamente, que o sentido dos ensaios já esteja dado de antemão. E muito menos que as interpretações da formação da sociedade bra-

---

45 Não há dúvida de que essa tese marcará o desenvolvimento da sociologia brasileira posterior. BOTELHO, 2007 e WERNECK VIANNA, 1997 e 1999b.

46 LAVALLE, 2004.

sileira que realizam possam ser tomadas como intercambiáveis ou equivalentes.[47]

Em conjunto, mas não como unidade, e para além do contexto intelectual do qual emergiram tais diagnósticos, a nota distintiva da sociologia modernista, ao operacionalizar conceitos como patriarcalismo, familismo, patrimonialismo, personalismo, agnatismo, clientelismo, e a miríade de empecilhos privatistas consignados em seu ideário, é a posição decisiva na constituição da vida pública de sua sociedade. Na tradição do pensamento político-social brasileiro, a aparição deste tema é recorrente, se levarmos ao pé da letra, se encontra posições que vislumbraram essa via de interpretação no século XIX, mas a sociologia modernista lhe daria novos conceitos e novas assertivas. Nestes termos, a aparição recorrente de uma vida pública assim concebida pode ser equacionada quer como manifestação de leituras da realidade datadas e definitivamente superadas, quer como legado de interpretações em maior ou menor grau verossímeis.[48] No entanto, ambas as alternativas se tornam insuficientes para uma análise mais profunda. Em primeiro lugar, porque essa forma de abordagem da vida pública no país continuaria a ser reproduzida, tanto nos meios especialistas como pela sociedade em geral. Depois, porque se tomaria como dado aquilo que deveria ser objeto de maiores indagações, na relação entre teoria e realidade, entre as explicações sobre a incapacidade da separação entre público e privado realizado por esta tradição de interpretação e sua consequente verificação enquanto elemento central do andamento moderno brasileiro.

Ao invés de pressupor uma caracterização da vida pública como assente ou superada no plano histórico ou analítico, parece mais produtivo problematizar seu papel como expediente explicativo da

---

47  BOTELHO, 2010, p. 48.

48  LAVALLE, 2004.

configuração ambígua do espaço público brasileiro, tomando como eixo de análise as categorias do interesse e da virtude. A recorrência deste tema aparece posto pela bibliografia e pelo objeto de estudo em uma dupla vertente. Por um lado, no plano das ideias cabe exame nuançado de modo a reconstruir a especificidade da perspectiva de abordagem e entendimento do espaço público pela sociologia modernista dos anos 30, ou seja, sua emergência, cristalização, reprodução e forma analítica de proceder. Por outro lado, a centralidade deste tema pode ser explorada como um fenômeno em que transparecem dilemas fundamentais da configuração do espaço público brasileiro em sua contraparte privada, realçando algumas dificuldades históricas suscitadas pela irrupção do Estado moderno em ambientes periféricos.

Dito isso, uma reflexão sobre o modo de orientação das condutas, das percepções, dos modos de pensar e agir, cravados nas interpretações da sociologia modernista dos anos 1930, retiraria suas características próprias de certos condicionantes históricos da relação entre o mundo público e o mundo privado fincado na história e na sociologia de sua sociedade, em suas determinações culturais, ora definindo as feições mais pujantes do caráter brasileiro, como uma sociedade amenizadora das diferenças, ora condensando o que deveria ser público ao personalismo, à asfixia diante da hipertrofia do mundo privado, à amoralidade dos costumes, ao patrimonialismo, ao familismo, à insolidariedade social, à indistinção entre o público e o privado, ao clientelismo e à precarização dos direitos ou de qualquer arranjo de normas com pretensões de universalidade.

## Ausências e excessos: sociologia modernista e interpretação do país

Ao final da década de 30, Nestor Duarte escreveria *A Ordem Privada e a Organização Política Nacional* (OPOPN) publicado pela coleção Brasiliana da Companhia Editora Nacional. O título chama a atenção por dois motivos. O primeiro é a relação entre ordem e organização, mundo privado e mundo público, cerne do argumento da sociologia que lhe é contemporânea. O segundo aspecto se refere ao subtítulo dado, *contribuições para uma sociologia política brasileira*, que nas palavras do autor, se associaria a esses "chamados estudos brasileiros" que se centrariam na realidade do país. Estudos esses que o próprio autor se refere ao longo do texto, constituindo assim, uma boa estratégia de entrada no debate público da época. Nestor Duarte dialogou com mais ênfase sobre as teses levantadas por Pedro Calmon, Gilberto Amado, Manuel Bonfim, Oliveira Vianna, Sérgio Buarque de Holanda, Caio Prado Jr., Afonso Arinos e Gilberto Freyre. A fina flor do ensaísmo que reverberava na década de 30, o núcleo da sociologia modernista que florescia intensamente no período.

Nos debates com as teses levantadas por estes autores, Nestor Duarte se preocupara em fincar sua análise baseada menos em documentos ou fontes históricas do que na explicitação teórica de seus pressupostos. Sua obra, portanto, deve ser lida menos como exemplo de historiografia profissional do que como uma tentativa de interpretação sociológica do país na dualidade que lhe parecia central, e seguindo a argumentação proposta, seria a dualidade central das análises da sociologia modernista como um todo, a dualidade entre público e privado. Cabe uma reflexão sobre os modos pelos quais os autores citados operacionalizaram as análises contidas em *A Ordem Privada e a Organização Nacional*. De todos os autores elencados, aqueles que foram citados apenas uma ou duas vezes, se concentraram especialmente nos dois primeiros capítulos do livro: *Portugal – Antecedente Brasileiro* e *A existência do Estado no Brasil*. Os demais autores, aqueles que foram citados três vezes ou mais se espalharam pelos capítulos restantes, em especial, Capistrano de Abreu, Oliveira Vianna, Pedro Calmon e Gilberto Freyre.

Com relação aos autores citados que compõem o quadro mais efetivo de suas interpretações e que estavam dispostos ao longo do texto, seja para contrariar as teses levantadas ou para corroborá-las, a obra de Nestor Duarte apresentaria o seguinte quadro específico:

**Gráfico 9. Autores mais citados por Nestor Duarte**

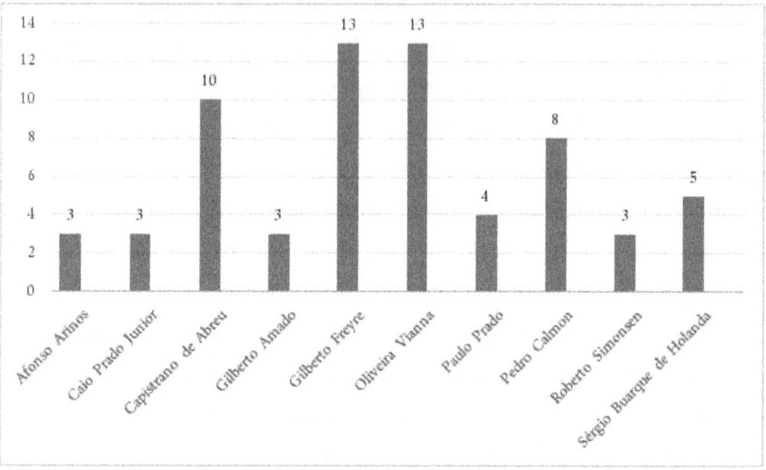

Fonte: DUARTE, 1939

O debate se centraria sobretudo em torno das teses levantadas por Oliveira Vianna e Gilberto Freyre. Em seguida, Nestor Duarte voltaria suas atenções às teses de Sérgio Buarque de Holanda, Paulo Prado, Afonso Arinos, Roberto Simonsen e Caio Prado Junior, respectivamente. Os três mais citados, são utilizados na maior parte do texto para sustentar as afirmações propostas por Duarte. Na historiografia propriamente dita, dos dez autores mais citados, dois deles podem ser considerados historiadores especialistas, Pedro Calmon e Capistrano de Abreu. Entretanto, interessante observar que para Duarte, mesmo um historiador como Capistrano de Abreu, era visto como portador de uma perspectiva sociológica. Para ele, "Capistra-

Sociologia, modernismo e interpretação do Brasil — 213

no, que seguia a interpretação sociológica quando fazia história"[49] produzira obra de relevância fundamental para se interpretar o país, ratificando a influência que Capistrano de Abreu teria sobre as teses historiográficas da sociologia modernista. Ao final de seu terceiro capítulo, *A Sociedade Colonial*, Duarte apontaria as qualidades das interpretações de Oliveira Vianna, "um dos primeiros e agudos analistas, a quem tanto devemos",[50] de Pedro Calmon, historiador que teria produzido uma "observação viva e brilhante",[51] de Gilberto Freyre, cujo "estudo é um marco em nossa cultura sociológica", [52] e Sérgio Buarque de Holanda e seu *Raízes do Brasil*, "que se lê divergindo e negando, por vezes, mas que se deixa cheio de ideias e rico de conceitos, como uma visão que se amplia."[53]

Neste tópico, se torna fundamental a avaliação das principais postulações da sociologia modernista afim de se esboçar um quadro geral das distinções basilares que permearam o debate e as altercações realizadas por esta tradição de interpretação, esmiuçando suas principais características e expondo os principais argumentos levantados. Optou-se por partir de uma análise sobre o texto de Nestor Duarte, ampliando o debate para os autores mais citados por ele, partindo de uma análise textual para desembocar na intertextualidade que revelaria os principais pontos do debate. Assim, foram elencados as principais postulações que se inter-relacionam: a escrita da história e a história como método de interpretação; a relação entre historicidade e contemporaneidade, com a eventual busca pela gênese da história do Brasil e suas influências na contemporaneidade; as relações entre cultura e território, especialmente no debate sobre a chegada dos portu-

---

49  DUARTE, 1939, p. 25.

50  DUARTE, 1939, p. 61.

51  DUARTE, 1939, p. 62.

52  DUARTE, 1939, p. 62.

53  DUARTE, 1939, p. 62.

gueses em ambiente diferente do europeu e suas possíveis imbricações para a alteração ou manutenção de determinados elementos culturais; o modelo de colonização efetuado e suas consequências econômicas, políticas, sociais e culturais; o papel da religião, especialmente do catolicismo, na formação de uma psicologia coletiva; as relações entre ruralidade e urbanidade, especificamente na predominância do meio rural sobre o meio urbano e a formação de tipos sociais específicos de cada território e suas consequências para o desenrolar da história brasileira; o papel da família e da organização familiar na constituição social e política do Brasil; os efeitos da escravidão e do escravismo; a constituição da Independência e de um novo Estado, compreendendo a abordagem das elites e da política no século XIX; e por fim, estruturando estas postulações, o tema central, as relações entre público e privado como constituinte das relações entre Estado e sociedade no tipo de modernidade à brasileira.

A primeira postulação para se compreender as complexas relações entre a cartografia semântica e a figuração, diz respeito à escrita da história. Em termos gerais, com relação à escrita da história, a sociologia modernista procuraria capturar a gênese ou a origem dos problemas contemporâneos no devir do tempo.[54] O método historiográfico seria o mais adequado para se capturar os problemas da contemporaneidade. Assim, a gênese, ou a origem das questões que os afligiam deveria ser colocada na longa duração, o que se relacionava intimamente com a segunda postulação, que diz respeito ao início do processo histórico, às escolhas que o analista deveria realizar para situar a questão nesta longa duração. Por onde começar a escrever a história brasileira, que fatos, eventos, ou momentos deveriam ser apontados como constituintes e relevantes para se entender o país.

---

54 Ver tópico anterior, onde se desenvolve mais cuidadosamente esta perspectiva.

Sobre esta postulação, Duarte afirmaria que "a história do Brasil, com a interpretação consequente de sua organização social, deve começar antes do descobrimento."[55] Sérgio Buarque de Holanda apontaria que "a tentativa de implantação da cultura europeia em extenso território, dotado de condições naturais, se não adversas, largamente estranhas à sua tradição milenar, é, nas origens da sociedade brasileira, o fato dominante e mais rico de consequências."[56] Enquanto Gilberto Freyre, admitiria que para se interpretar a realidade social brasileira seria preciso atentar para o processo de colonização realizado no país, através do luxo de antagonismos do caráter português, formado anteriormente a sua própria chegada em terras americanas e aqui modificado. Buarque e Freyre se assemelhariam na postulação da tese que a realidade americana alteraria de alguma maneira a psicologia social portuguesa, longe da Europa, em terras tropicais, o português se tornaria um novo homem. Nestor Duarte postularia que em todos "os processos de acomodação ou de antagonismos que veio a sofrer e suportar, e os sofreu de logo, guardou a portuguesa a situação de sociedade invasora e dominante, (...) a oportunidade de ficar intata, até que se modificasse por si mesma dentro do novo habitat brasileiro."[57]

Nestes termos, se constituiria o debate analítico, sobre as relações entre os portugueses e o novo território. Duas visões sobre este debate se apresentariam, a primeira veria uma transformação realizada pelo território, enquanto a outra, insistiria na continuidade de elementos culturais a se estagnar em território estranho a sua origem. Se Buarque de Holanda e Gilberto Freyre admitiriam que o meio alteraria culturalmente o português, Duarte chegaria a ultimar que em termos de organização social e política "foi em que Portugal continuou mais no

---

55  DUARTE, 1939, p. 1.

56  HOLANDA, 1997, p. 31

57  DUARTE, 1939, p. 2

Brasil"[58] do que na Europa. Em outras palavras, duas perspectivas se colocavam, a de que a terra americana alteraria a ibéria, e a segunda, que a ibéria teria capacidade de se resguardar das influências americanas. Este ponto nos leva à própria caracterização de Portugal e da Ibéria antes de aportarem em terras americanas.

Nestor Duarte insistiria no debate com Oliveira Vianna. Seguindo o argumento de Vianna, nos primeiros tempos prevaleceria a tendência europeia centrada nos hábitos aristocráticos e urbanos do litoral, interrompida pelo dilema imperioso do duplo domicílio por interesses materiais: "ou optam pelo campo, onde estão os seus interesses principais; ou pela cidade, centro apenas de recreio e dissipação"[59], processo intensificado pela colaboração de outros fatores como a busca dos índios, a expansão pastoril nos planaltos e a conquista das minas. Dando início assim, a obra de adaptação rural ou conformismo rural da aristocracia ao domínio do latifúndio: "a obra de ruralização da população colonial, durante o século III" possibilitaria a formação do *homo rusticus* que depois da Independência dominaria a política do país, "desce das suas solidões rurais para, expulso o luso dominador, dirigir o país."[60] Assim, o ardor aventureiro do luso que transmudara-se na atividade do bandeirante, no século IV se extinguiria pelo sedentarismo agrícola.

> O deserto e o trópico, a escravidão e o domínio independente: sob a ação dessas quatros forças transmutadoras, o laço feudal, a hierarquia feudal transportada para aqui nos primeiros dias da colonização se desarticula, desintegra, dissolve e uma nova sociedade se forma com uma estrutura inteiramente nova. O feudalismo é a ordem, a dependência, a coesão, a estabilidade: a fixidez do homem à terra. Nós

---

58  DUARTE, 1939, p. 2

59  VIANNA, 1987, p. 20

60  VIANNA, 1987, p 37.

Sociologia, modernismo e interpretação do Brasil          217

> somos a incoerência, a desintegração, a indisciplina, a ins-
> tabilidade: a infixidez do homem à terra. Em nosso meio
> histórico e social, tudo contraria, pois, a aparição do regi-
> me feudal."[61] "Daí o traço fundamental de nossa psicologia
> nacional. Isto é, pelos costumes, pelas maneiras, em suma,
> pela feição mais íntima do seu caráter, o brasileiro é sempre,
> sempre se revela, sempre se afirma um homem do campo,
> à maneira antiga. O instinto urbano não está na sua índole;
> nem as maneiras e os hábitos urbanos.[62]

Este ponto seria central para a sociologia modernista. A discussão entre ruralidade e urbanidade, ruralização e urbanização. Gilberto Freyre tocaria no ponto ao estabelecer a dualidade entre a casa
grande e a senzala como o lócus da sociabilidade colonial. Por sua
vez, Sérgio Buarque apontaria, a partir das dualidades entre trabalho
e aventura e entre ladrilhador e semeador, as características da sociabilidade e da cultura da personalidade além das fragmentárias e
dispersivas construção das cidades, sem planos, sem racionalidades,
sem uso da técnica.

Segundo Gilberto Freyre, o português conseguira superar as adversidades, e triunfara onde os demais europeus falharam, montan-
do em torno de si a civilização mais estável da América Ibérica. Isto
porque seu caráter vago e impreciso o predispunha a levar adiante
com sucesso esse tipo de colonização: seu passado étnico marcado
por diversas influências, sua bicontinentalidade – a meio caminho
tanto geográfico quanto cultural entre a Europa e a África – dota-
vam-no de uma plasticidade indispensável para a adaptação ao novo
continente a ser desbravado.

> O sistema patriarcal de colonização portuguesa no Brasil,
> representado pela casa-grande, foi um sistema de plástica

---

61  VIANNA, 1987, p. 130.

62  VIANNA, 1987, p. 36.

> contemporização entre duas tendências. Ao mesmo tempo em que exprimiu uma imposição imperialista de raça adiantada à atrasada, uma imposição de formas europeias (já modificadas pela experiência asiática e africana do colonizador) ao meio tropical, representou uma contemporização com as novas condições de vida e de ambiente. (...) Não foi nenhuma reprodução das casas portuguesas, mas uma expressão nova, correspondendo ao nosso ambiente físico e a uma fase surpreendente, inesperada, do imperialismo português: sua atividade agrária e sedentária nos trópicos; seu patriarcalismo rural e escravocrata.[63]

Essa espécie de indecisão étnica e cultural entre a Europa e a África, "o bambo equilíbrio de antagonismos reflete-se em tudo que é seu,"[64] dotaria ao comportamento do colonizador uma fácil e frouxa flexibilidade, e ao seu caráter uma especial riqueza de aptidões, incoerentes e difíceis de se conciliarem para a expressão útil ou para a iniciativa prática. Esta singular predisposição do português para a colonização híbrida e escravocrata dos trópicos, constituída anteriormente pela sua experiência histórica, se acentuaria no novo território, e se centraria nas capacidades de miscibilidade, mobilidade e aclimatabilidade.

Na versão de Freyre, o colonizador português do Brasil fora o primeiro dentre os colonizadores modernos a deslocar a base da colonização tropical da pura extração de riqueza mineral, vegetal ou animal – o ouro, a prata, a madeira, o âmbar, o marfim – para a de criação local de riqueza. "Ainda que riqueza – a criada por eles sob a pressão das circunstancias americanas – à custa do trabalho escravo: tocada, portanto, daquela perversão de instinto econômico que cedo desviou o português da atividade de produzir valores para

---

63  FREYRE, 2002, p. 48.
64  FREYRE, 2002, p. 81.

Sociologia, modernismo e interpretação do Brasil   219

a de explorá-los, transportá-los ou adquiri-los."[65] Desvirtuamento histórico realizado pelas circunstâncias americanas, na medida em que haveria em Portugal e nos portugueses certa aproximação com o ideário e a prática mercantilista e burguesa europeia.

> É verdade que muitos dos colonos que aqui se tornaram grandes proprietários rurais não tinham nenhum amor nem gosto pela sua cultura. Há séculos que em Portugal o mercantilismo burguês e semita, por um lado, e, por outro lado, a escravidão moura sucedida pela negra, haviam transformado o antigo povo de reis lavradores no mais comercializado e menos rural da Europa. No século XVI é o próprio rei que dá despacho não em nenhum castelo gótico cercado de pinheiros mas por cima de uns armazéns à beira do rio; e ele e tudo que é grande fidalgo enriquecem no tráfico de especiarias asiáticas. O que restava aos portugueses do século XVI de vida rural era uma fácil horticultura e um doce pastoreio: e, como outrora entre os israelitas, quase que só florescia entre eles a cultura da oliveira e da vinha. Curioso, portanto, que o sucesso da colonização do Brasil se firmasse precisamente em base rural.[66]

Este deslocamento, embora imperfeitamente realizado, importou numa nova fase e num novo tipo de colonização: a colônia de plantação, caracterizada pela base agrícola e pela permanência do colono na terra, em vez do seu fortuito contato com o meio e com a gente nativa. No Brasil, os portugueses teriam iniciado a colonização em larga escala dos trópicos por uma técnica econômica e por uma política social inteiramente nova: apenas esboçadas nas ilhas subtropicais do Atlântico. A primeira seria a utilização e o desenvolvimento de riqueza vegetal pelo capital e pelo esforço do particular; a agricultura; a sesmaria; a grande lavoura escravocrata. A segunda

---

65  FREYRE, 2002, p. 91.

66  FREYRE, 2002, p. 97.

se associaria ao aproveitamento da "gente" nativa, principalmente da mulher, não só como instrumento de trabalho mas como elemento de formação da família.

> A família, não o indivíduo, nem tampouco o Estado nem nenhuma companhia de comércio, é desde o século XVI o grande fator colonizador no Brasil, a unidade produtiva, o capital que desbrava o solo, instala as fazendas, compra escravos, bois, ferramentas, a força social que se desdobra em política, constituindo-se na aristocracia colonial mais poderosa da América. Sobre ela o rei de Portugal quase reina sem governar. Os senados da Câmara, expressões desse familismo político, cedo limitam o poder dos reis e mais tarde o próprio imperialismo ou, antes, parasitismo econômico, que procura estender do reino às colônias os seus tentáculos absorventes.[67]

Posto nestes termos, a tese de Gilberto Freyre, desembocaria na perspectiva de que o ruralismo da sociedade colonial não fora uma transposição espontânea, mas imposto pelas circunstâncias. "As circunstâncias americanas é que fizeram do povo colonizador de tendências menos rurais ou, pelo menos, com o sentido agrário mais pervertido pelo mercantilismo, o mais rural de todos: do povo que a Índia transformara no mais parasitário, o mais criador."[68]

Sérgio Buarque de Holanda afirmaria que essa exploração nos trópicos não se processara por um empreendimento metódico e racional, com características construtoras ou enérgicas, "fez-se antes com desleixo e certo abandono,"[69] mas concordaria com Gilberto Freyre e Nestor Duarte sobre a capacidade do português em se estabelecer no território americano se comparado às demais tentativas europeias. Dessa forma, "nenhum outro povo do Velho Mundo

---

67 FREYRE, 2002, p. 92-93.

68 FREYRE, 2002, p. 97.

69 HOLANDA, 1995, p. 43.

Sociologia, modernismo e interpretação do Brasil    221

achou-se tão bem armado para se aventurar à exploração regular e intensa das terras próximas à linha equinocial."[70]

O colonizador português se distinguira justamente pela sua capacidade de adaptação e identificação com a nova terra e seus nativos, de modo a pouco interferir em seu cotidiano e ser capaz de repetir a sua rotina. Esta capacidade plástica, teria sido a razão de seu sucesso frente ao meio natural desconhecido, por sua vez, a ausência desta capacidade originaria o fracasso da tentativa de colonização holandesa no Nordeste.

Comparado com a colonização espanhola que procurava com variados graus de intensidade superpor sua cultura à cultura local, de forma a torna-la prolongamento da sua, a colonização portuguesa tivera uma feição prática, concreta e pouco espiritual. Ela fora obra do tipo aventureiro, o audacioso que seguiria uma ética de valorização dos esforços que tenham compensação imediata, sem limitações a sua capacidade de exploração; em detrimento, mas não exclusão, do tipo trabalhador, que valorizaria o esforço metódico e persistente rumo à compensação final, bem como a estabilidade, a paz e a segurança pessoal. Esta incapacidade de abstração, discriminação e planejamento resultaria numa sociedade desorganizada, agitada apenas por pendências entre facções ou famílias.

A ausência de projeto, de dedicação permanente, e a busca da riqueza fácil, expressivas no tipo aventureiro, deram à colonização portuguesa um nítido aspecto de exploração comercial; de feitorização muito mais do que de colonização, que se exprimiria não apenas na ocupação restrita ao litoral, de fácil comunicação com a Metrópole, como também no predomínio incontestes do rural sobre o urbano. Mais do que uma imposição do meio, a força esmagadora do ruralismo se atrelaria principalmente uma realização do esforço

---

70  HOLANDA, 1995, p. 43.

colonizador português. Daí a fraqueza das cidades, já que elas poderiam ser concebidas como uma habitação essencialmente antinatural. O meio urbano imporia planejamento, investimento e trabalho constantes para a manutenção de sua vitória sobre a natureza. Ele teria um caráter secundário, artificial, exigindo para si mais do que a pura e simples exploração da terra.

A virtual inexistência de cidades e a limitação mercantil dos objetivos da metrópole conformariam o domínio rural como uma unidade autônoma e autossuficiente. Sua distinção básica se estabeleceu pelo papel central exercido pelas relações familiares. Sérgio Buarque de Holanda apontaria que a família colonial organizou-se de maneira semelhante àquelas da Antiguidade Clássica, "estreitamente vinculada à ideia de escravidão, e em que mesmo os filhos são apenas os membros livres desse organismo inteiramente subordinado ao patriarca"[71] Este princípio de autoridade, oriundo da esfera doméstica, fora um dos suportes mais estáveis da sociedade colonial.

Retomando o texto de Duarte, a primeira dupla que chama atenção do leitor é a utilização de dois filósofos gregos: Platão e Aristóteles. No fundo, eles referendariam um debate geral sobre as relações entre Estado e família. Para Duarte, "nada nega(ria) mais o Estado que a família"[72], assim, a república expressaria a coisa pública em sua essência, enquanto a família a *res privada*, exclusivista do laço parental.

Os autores Alexandre Herculano, Coelho da Rocha, Letelier, Pereira Santos e Fustel de Coulanges, Frobenius, João Lúcio de Azevedo, Manuel Bomfim, amparavam a perspectiva que Duarte construiria sobre a História de Portugal, em especial nas relações entre municipalismo, comuna portuguesa, religião católica e centralização do Estado. Respaldando sua interpretação de que o município portu-

---

71 HOLANDA, 1995, p. 87.

72 DUARTE, 1939, p. 15.

Sociologia, modernismo e interpretação do Brasil 223

guês, herdeiro do medievalismo jurídico, representaria a preponderância do direito privado sobre o direito público, sendo o português, um tipo social cuja característica central seria a constituição de um privatismo, um homem privado, "porque é antes de tudo, histórica e socialmente municipalista e medieval."[73]

Os autores, Granet, Schmoller, Martins Junior, João Francisco Lisboa, Oliveira Martins, Afonso Arinos, Sílvio Romero, Capistrano de Abreu, Oliveira Lima, Pedro Calmon, Koster, René Hubert, Charles Waterton, La Barbinais e Varnhagen, seriam utilizados para a construção de sua perspectiva do feudalismo à brasileira, em contraposição às ideias de Roberto Simonsen sobre a organização econômica da colônia. Simonsen, na visão de Nestor Duarte, negaria que os requisitos da organização feudal se confundiriam com a propriedade privada e o poder dos donatários de terras, além da falta da distribuição de classe organizada pelo critério corporativo. Duarte insistiria que "as capitanias são por tendência e desdobramento de seus fins, uma organização feudal"[74] e se caracterizaria em relação ao poder da Coroa por dois requisitos: "a) transmissão da propriedade plena e hereditária, e b) fusão da soberania e da propriedade."[75] Nesta visão, à Coroa Portuguesa, caberia os territórios inocupados e desertos da colônia, na medida em que o solo ocupado e conquistado, pertenceria à propriedade privada.

Caio Prado Junior entraria no debate ao estabelecer a perspectiva do sentido da colonização.[76] Para o autor, a expansão marítima dos países da Europa, se originaria das empresas comerciais levadas a efeito pelos navegadores de tais países. O que no fundo refletira o deslocamento comercial dos países centrais do continente, para

---

73  DUARTE, 1939, p. 12.

74  DUARTE, 1939, p. 18.

75  DUARTE, 1939, p. 18.

76  PRADO JUNIOR, 2012.

aqueles que formavam sua fachada oceânica. A partir desse deslocamento, se avistara um novo sistema de relações internas do continente, baseada no fato dos países europeus buscarem novas rotas comerciais para as índias. A colonização portuguesa na América não seria um fato isolado, a aventura sem precedente e sem seguimento de uma determinada nação empreendedora; ou mesmo uma ordem de acontecimentos, paralela a outras semelhantes, mas independente delas, seria parte de uma reconfiguração europeia.

Sendo assim, a ideia de povoamento das novas terras, não ocorreria, pois seria o comércio a grande força motriz e impulsionadora da colonização, inicialmente, portanto, se mostraria relativo abandono da América em função das atividades mercantis do oriente, além da questão de que nenhum povo europeu estava preparado em termos de números populacionais para realizar um povoamento eficaz das novas terras. A ideia de povoamento da América surgiria a partir da estruturação do sistema de feitorias, o qual se demandaria povoamento para manutenção das mesmas, de modo que a natureza dos gêneros aproveitáveis de cada um daqueles territórios proporcionaria. Para os fins mercantis que se tinham em vista, a ocupação não se podia fazer como nas simples feitorias, com um reduzido pessoal incumbido apenas do negócio, sua administração e defesa armada; era preciso ampliar estas bases, criar um povoamento capaz de abastecer e manter as feitorias que se fundassem e organizar a produção dos gêneros que interessassem ao seu comércio, a princípio, não se cogitaria outra coisa que produtos extrativos e de fácil exploração.

As colônias tropicais tomariam um rumo diverso da zona temperada. Enquanto nestas se constituiriam colônias propriamente de povoamento, escoadouro para excessos demográficos da Europa que reconstituiriam no novo mundo uma organização e uma sociedade à semelhança do seu modelo e origem europeus; nos trópicos, pelo contrário, surgiria um tipo de sociedade inteiramente original. Conservaria um acentuado caráter mercantil; seria a empresa do colono branco, que reuniria à natureza, pródiga em recursos aproveitáveis para a produção de gêneros de grande valor comercial, o trabalho recrutado entre raças inferiores que dominara: indígenas ou negros africanos importados.

No seu conjunto, e vista no plano mundial e internacional, a colonização dos trópicos tomaria o aspecto de uma vasta empresa comercial, mais completa que a antiga feitoria, mas sempre com o mesmo caráter que ela, destinada a explorar os recursos naturais de um território virgem em proveito do comércio europeu.

Reintroduzindo o argumento contido em *A Ordem Privada e a Organização Nacional*, Duarte apontaria que a ocupação do solo, gerador de um sedentarismo agrícola, desde os tempos das capitanias hereditárias, criara "o primeiro estabelecimento de uma sociedade constante e duradoura no Brasil"[77], com as seguintes características: fixidez social ao território, expansão da propriedade privado do solo, extensão do domínio privado sobre a organização política, criação do poder político como poder de coordenação entre os senhores de terras; garantindo que o proprietário privado assegurasse o exercício deste poder, inclusive militarmente.

Ainda sobre o debate com Simonsen, Duarte ainda veria dois ciclos de desenvolvimento da Colônia, o litorâneo, marcado pela cana-de-açúcar, o das bandeiras, que se associaria à expansão interiorana e à mineração, no interior do país, que incidiriam diretamente na formação social da Colônia e no sentido da colonização. "Um, que é o seu ciclo sedentário, fixa o homem, planta-o imediatamente à terra pelo estímulo altamente lucrativo da lavoura e indústria do açúcar, gerando o tipo social, de grandeza desproporcionada, que é o senhor de

---

77  DUARTE: 1939, p. 22.

engenho."[78] Enquanto o outro ciclo, "representa a ocupação móvel, a ocupação propriamente de conquista, que é o ciclo da bandeira, e que expressa um tipo social de excepcional importância a marcar, como o primeiro, a fisionomia dessa sociedade – o bandeirante."[79]

Sobre sua fundamentação a respeito deste assunto, Nestor Duarte ressaltaria as posições de Urbino Viana, Wanderley de Pinho e Oliveira Vianna, fundamentais para a sua concepção histórica sobre as bandeiras. Sobre o tema das bandeiras, Oliveira Vianna apontaria que esta singular modalidade de expansão colonizadora seria desorganizada, intermitente e descontínua: "bandeiras sertanistas, explorações mineradoras, fundações pastoris e agrícolas, tudo é feito por movimentos descoordenados, independentes uns dos outros, salteadamente, ao léu dos impulsos individuais, tendo apenas como uma única força de propulsão o interesse ou a cobiça dos poderosos chefes de clã."[80] Para Duarte, as bandeiras representariam o ativismo da iniciativa privada, dilataria lentamente sobre o território interiorano a fronteira política da Coroa, mas o poder político se subjugaria aos interesses privados, a bandeira representaria o enfeudamento político e social, sob o controle militar do senhor rural. "A bandeira para fundar povoações e cidades é realmente de natureza política, mas a bandeira típica de todo o período de conquista do solo não funda cidades nem aglutina homens senão enquanto serve aos destinos econômicos em que eles se empenhem."[81] O bandeirante, retrataria o quadro de individualismo anárquico, o termo ele toma emprestado de Paulo Prado, dos tempos coloniais ao não admitir qualquer hierarquia, a não ter sentido de povoamento, ao não estabelecer fixidez e sentido à sua empresa; ele seria o homem da guerra. Sua função,

---

78  DUARTE, 1939, p. 26.

79  DUARTE, 1939, p. 26.

80  VIANNA, 1987, p. 179.

81  DUARTE, 1939, p. 28.

Sociologia, modernismo e interpretação do Brasil 227

mais que sua intenção, provocara a edificação de estabelecimento privados, "as fazendas e currais que constituem simples ocupação do solo, sem mais modificação da natureza", assim, o pastoreio "rude, se constitui uma das mais notáveis bases econômicas da Colônia e do País hoje, é um dos estados mais retardados de organização."[82]

O Estado ibérico não dera conta de acompanhar o movimento territorial da sociedade colonial, e já estivera mesmo na Europa, enfraquecido e em vias de dissolução de sua centralização política, por vários motivos, entre eles, a concorrência da Igreja Católica.

Sobre este ponto, Nestor Duarte foi enfático:

> A função disciplinadora, por excelência, aquela que cria elos e vínculos de respeito e obediência, quer de ordem moral, quer de coação física, cabia muito mais à autoridade e aos funcionários eclesiásticos. A Igreja soube penetrar mais fundo no território colonial e no coração das almas do que o Estado português. Até onde não chegavam, mesmo em séculos subsequentes, o termo e a vila, lá estava, como edificação dominante e senhorial, a igreja, a matriz.[83]

A função e o sentido da ação da religião na Colônia possuiria dois aspectos centrais na argumentação de Duarte. O primeiro, seria que o catolicismo ofereceria vínculos sociais e disciplinares, inspiraria os ideias de solidariedade e congregação. Entretanto, o segundo aspecto, consistiria que o catolicismo, especialmente sob as missões jesuíticas, formariam colônias dentro da Colônia, autônomas e livres da ação estatal. Nestor Duarte chamaria a atenção para o dualismo jurisdicional, da Igreja e do Estado, a animar a dissolução do espírito gregário em seu sentido político, "o padre foi, assim, em toda a sociedade colonial, como no Império, um desajustado dentro da

---

82  DUARTE, 1939, p. 32.

83  DUARTE, 1939, p. 50

organização política."[84] A ação da Igreja se associaria a uma lógica privada, de convergência em torno do círculo familiar, se tornando aos poucos, religião de culto privado, ainda assim seria a Igreja "a única ordem que consegue, por vezes, preencher o espaço vazio entre a família e o estado no território da Colônia."[85]

Na perspectiva de Gilberto Freyre, o catolicismo luso-brasileiro manteria uma continuidade parcial com padrões medievais de religiosidade por ter sido subtraído das reformas católicas estabelecidas pelo Concílio de Trento graças ao regime de padroado, que regulava as relações entre Igreja e Estado no Brasil colonial. Este regime baseava-se em um acordo entre o papado e os reis de Portugal, que garantia, a estes últimos, autonomia na nomeação de bispos e na estruturação da Igreja Católica em seu país e em suas colônias, em troca da difusão e da defesa da fé católica em todo o mundo. O regime de padroado teria garantido a permanência no catolicismo português, e consequentemente no luso-brasileiro, de práticas cultuais tradicionais como as romarias, o culto aos santos com suas promessas e ex-votos, a construção espontânea de cruzeiros, capelas e ermidas, o agrupamento em irmandades e ordens terceiras, que se responsabilizavam por festas e procissões de caráter dramático e espetacular, práticas que teriam desaparecido dos demais países europeus. O catolicismo luso- brasileiro se caracterizaria pela forte presença dos leigos na condução da religião, por seu peso na vida familiar e social, por sua íntima ligação com a cultura brasileira e pela manutenção de um padrão burlesco nas comemorações, tornando nublados os limites entre sagrado e profano.

> Formou-se na América tropical uma sociedade agrária na estrutura, escravocrata na técnica de exploração econômica,

---

84  DUARTE, 1939, p. 53

85  DUARTE, 1939, p. 76

# Sociologia, modernismo e interpretação do Brasil

híbrida de índio – e mais tarde de negro – na composição. Sociedade que se desenvolveria defendida menos pela consciência de raça, quase nenhuma no português cosmopolita e plástico, do que pelo exclusivismo religioso desdobrado em sistema de profilaxia social e política.[86]

Nem era entre eles a religião o mesmo duro e rígido sistema que entre os povos do norte reformado e da própria Castela dramaticamente católica, mas uma liturgia antes social que religiosa, um doce cristianismo lírico, com muitas reminiscências fálicas e animistas das religiões pagãs. A influência maometana na moral católica portuguesa estaria relacionada ao processo histórico de formação de Portugal, e de ocupação da Península Ibérica. No período de domínio romano, às religiões dos nativos da península vieram sobrepor-se os templos de deuses latinos. Ainda durante a romanização, a população local converteu-se ao cristianismo, mas havia grande devoção aos deuses pagãos e "os santos católicos teriam que mais tarde de tomar-lhes a semelhança e muitos dos atributos para se popularizarem"[87] Seria esse cristianismo com traços pagãos que os bárbaros encontrariam em sua chegada, notadamente os visigodos, cujo reino vai gradualmente pondo fim ao domínio romano na região. Praticantes do arianismo, os visigodos apesar de vitoriosos na conquista abrem mão, no entanto, dessa doutrina e adotam o credo católico dos hispano-romano. Mais tarde, a invasão moura findara a dominação bárbara, porém garantindo à população local a manutenção de sua religião e direito civil. É nesse quadro de influências sucessivas, marcadas pela tolerância de vencedores para com a religião e o direito de vencidos que se construirá a base do futuro Estado Nacional Português.

---

86  FREYRE, 2002, p. 4.
.87 FREYRE, 2002, p. 204.

Nesse sentido, se pode pensar na funcionalidade do catolicismo para a criação da sociedade patriarcal. Outro tipo de religião não teria se adequado às necessidades da colonização portuguesa, suas estratégias de equilíbrio de antagonismos e de miscigenação, nem teria sido capaz de fornecer os valores, a moral flexível e pragmática que legitimasse esse processo. De todo modo, para Gilberto Freyre, a religião possibilitaria também um senso de unidade, na medida em que a composição da autoridade estatal impediria a concretização da unidade nacional na Colônia e sua consequente consciência de unidade política e administrativa.

> Por sua vez o mecanismo da administração colonial, a princípio com tendências feudais, sem aquela adstringência do espanhol, antes frouxo, bambo, deixando a vontade as colônias e em muitos respeitos os donatários, quando o endureceu a criação do governo-geral foi para assegurar a união de umas capitanias com as outras, conservando-as sob os mesmos provedores-mores, o mesmo governador-geral, o mesmo Conselho Ultramarino, a mesma Mesa de Consciência, embora separando-as no que fosse possível sujeitar cada uma de per si a tratamento especial da Metrópole. Visava-se assim impedir que a consciência nacional (que fatalmente nasceria de uma absoluta igualdade de tratamento e de regime administrativo) sobrepujasse a regional; mas ao ponto de sacrificar-se a semelhante medida de profilaxia contra o perigo do nacionalismo na colônia a sua unidade essencial, assegurada pelo catecismo e pelas Ordenações, pela liturgia Católica e pela língua portuguesa auxiliada pela "geral" de criação jesuítica.[88]

Sobre o tema da religião, Sérgio Buarque de Holanda apontaria que ocorrera uma invasão das características culturais ibéricas no processo de desencantamento do mundo, operado no restante da

---

88 FREYRE, 2002, p. 103.

Europa, na sistematização religiosa ocorrida aqui desde os tempos coloniais. A necessidade de intimidade, típica da cultura da personalidade ibérica, manifestara-se na recusa do ritual religioso e na liberação da obrigação, rigor e disciplina do culto. Essa aproximação, essa familiarização que marcava o culto nas capelas das grandes fazendas, transformava a entidade sagrada em um amigo pessoal reforçando o abandono das formalidades. Deste modo, ao liberar o fiel de todo o esforço de enquadrar-se no ritual coletivo, essa religiosidade perderia seu sentido de comunhão coletiva e se afastaria das características clássicas de abstração e sistematização do mundo.

> A uma religiosidade de superfície, menos atenta ao sentido último das cerimônias do que ao colorido e à pompa exterior; quase carnal em seu apego ao concreto e em sua rancorosa incompreensão de toda a verdadeira espiritualidade transigente, por isso mesmo, e pronta a acordos, ninguém pediria certamente que se elevasse a produzir qualquer moral social poderosa. Religiosidade que se perdia e se confundia em um mundo sem forma, e que, por isso mesmo, não tinha forças para lhe impor uma ordem.[89]

Portanto, a religião professada pelo iberismo não apenas não representou um esforço de totalização do mundo como fracassou no sentido de organizar os indivíduos sob a égide de uma ética racionalizada, um princípio supra individual de organização onde estariam sistematizadas as relações humanas. De certo modo, essa atração da religião para o mundo familiar e privado se constituíra em um dos temas da sociologia modernista, e seu desvendamento, implicara a reafirmação na história da preponderância do privado sobre o público na armação civilizatória colonial.

---

89  HOLANDA, 1995, p. 108.

## 232 Maro Lara Martins

Retomando o tema a partir do ponto de vista de Oliveira Vianna, pode se dizer que a formação de uma nobreza territorial geradora de um processo no qual o viver rural passaria a ser distinto, sinal de existência nobre "perfeitamente rural na sua quase totalidade, pelos hábitos, pelos costumes e, principalmente, pelo espírito e pelo caráter,"[90] triunfaria por concentrar a maior soma de autoridade social, "a que mais legitimamente representa o nosso povo e a sua mentalidade social."[91]

A grande propriedade rural, o latifúndio e consequentemente a noção do exclusivo agrário e da função simplificadora dos latifúndios, se tornariam fundamentais no modelo explicativo desta interpretação do Brasil, especialmente sobre as condições nas quais a solidariedade e os interesses foram constituídos no peculiar caso brasileiro, na medida em que, "o grande domínio, tal como se vê da sua constituição no passado, é um organismo completo, perfeitamente aparelhado para uma vida autônoma e própria."[92] Quanto à produção, estes possuíam uma capacidade poliforme, autossustentável em sua circulação interna de produtos, fazendo com que alcancem "uma plena independência econômica. Nem há que recear qualquer crise de subsistência, por mesquinhez ou insuficiências de produção."[93]

Esta função simplificadora impediria o comércio e o surgimento de uma burguesia comercial ou uma classe industrial, que se concentraria nas pequenas cidades do interior, mas sem nenhuma força política, pois "falta-lhes o espírito corporativo, que não chega a formar-se. São meros conglomerados, sem entrelaçamento de interesses e sem solidariedade moral."[94] Assim, entre a classe dos

---

90  VIANNA, 1987, p. 33.

91  VIANNA, 1987, p. 47.

92  VIANNA, 1987, p. 116.

93  VIANNA, 1987, p. 115.

94  VIANNA, 1987, p. 119.

Sociologia, modernismo e interpretação do Brasil 233

trabalhadores livres e a aristocracia senhorial os laços não se constituiriam solidamente, acentuada pela inexistência de uma classe média. A classe média seria vista como dependente dos atributos da ruralidade e do ruralismo.

A sociologia modernista, exporia os dilemas e os desafios dessa montagem social na qual a força do princípio patriarcal de autoridade teria uma contrapartida na psicologia social, o ambiente doméstico acompanharia o indivíduo mesmo quando este se situasse fora dele. Seria o transbordamento do privado para o público e o sufocamento de personagens sociais que por orbitarem o ruralismo perderiam suas virtudes.

Para Sérgio Buarque de Holanda, a quase inexistência de uma mão-de-obra livre e de um grupo social intermediário entre senhores e escravos dificultava o surgimento de uma visão de mundo alternativa e mais afeita ao processo de "desencantamento" pelo qual passou o mundo europeu. Desta forma, a vida doméstica e familiar oferecia o parâmetro para qualquer tipo de contato. Isto significou o predomínio de relações humanas mais simples e diretas, que manifestavam horror a qualquer forma de distância social e procuravam sempre uma maior aproximação, uma maior intimidade, com a pessoa ou objeto, de maneira a torná-los mais familiares, mais concretos e mais acessíveis. A força da cordialidade fora tão grande que penetrara em terrenos classicamente constituídos sobre uma relação impessoal, como o mundo dos negócios, lugar por excelência do cálculo e do número, onde passara a existir uma tendência devido à limitação das relações pelo pequeno círculo de comércio, a tornar conhecidos o vendedor e seus compradores, e à confusão entre o cliente e o amigo na figura do freguês.

Retomando o ponto de Nestor Duarte, em resumo, "autonomia individual, autarquia de classe econômica dominante, hierarquia racial e supremacia do senhor de escravos, formam o complexo de condições que tornam o português colono mais refratário e hostil ao Estado que o português reinol municipalista e familial."[95] Sobre a questão do municipalismo, Duarte já advertira que a formação do Estado português e sua centralização fora realizada em sentido mais administrativo que político, pois a identificação política dos portugueses teria se dado mais com localismos e com a exacerbação do municipalismo. Quanto à família, sua organização e suas relações com o mundo da política, Duarte desenvolveria a tese de que o privatismo da família portuguesa encontraria na colônia, meios propícios de se fortalecer.

> A família portuguesa na Colônia brasileira, assim, resulta de três fatores, a saber:
>
> 1) da própria índole viva e preponderante que mantém na sociedade portuguesa;
>
> 2) das condições que lhe oferece a organização econômica, toda ela inoficial, particular e de caráter feudal que se inicia e desenvolve no Brasil com sentido antagônico e infenso ao Estado;
>
> 3) das determinantes do território extenso e ilimitado que já modela a forma de ocupação do solo e implica a forma de produção.[96]

Seguindo a argumentação, Nestor Duarte apontaria que o colono português desenvolveria a forma de produção colonial, com base na família, a partir de três condições: a propriedade imóvel, a escravidão e a função política. O extenso território e sua atividade agrícola a exigir povoamento e submissão ao mando do senhor rural, ensejaria a tríplice função desta unidade social no organismo social: a função procriadora, a função econômica e a função política. Re-

---

95 DUARTE, 1939, p. 55.
96 DUARTE, 1939, p. 65

Sociologia, modernismo e interpretação do Brasil          235

sultando desse processo o "agnatismo parental e agnatismo moral."[97] Em outras palavras, para resumir o argumento: seria "dentro desse complexo social que se traduz e compõe de agnatismo parental e moral, de patriarcalismo exacerbado e de um processo econômico, político e militar de caráter feudal, se constitui toda a ordem social da Colônia em face ao Estado e por isso contra o Estado."[98] Contra o Estado, em vários aspectos, pela organização da família senhorial, pelas relações com a religião, pelo modo como se efetivou e se organizou a colonização, pela formação do patriarcalismo e de autoridades pessoais dispersas pelo território, inclusive com poder militar.

Sérgio Buarque de Holanda apontaria que a formação de uma cultura da personalidade se baseara em uma leitura própria do livre-arbítrio entre os portugueses, que na sua gênese, impediriam o desenvolvimento de formas associativas ancoradas na coesão social. Para Sérgio Buarque de Holanda, o homem cordial seria a síntese desse processo civilizatório. A herança ibérica, específica dentro da Europa, conseguiria manter-se estruturada enquanto visão de mundo, passando ao largo das grandes transformações que abalaram a sociedade europeia, como a reforma protestante e as revoluções científicas, e apontaram para o caminho de uma maior racionalização das relações sociais. Tal caminho é francamente distinto daquele trilhado pela cultura da personalidade. Esta resistia a qualquer tipo de visão de mundo que, ao fundamentar-se num princípio abstrato e ordenador, exigiria disciplina para sua consecução. Esta cultura, de limitada capacidade de abstração, objetivação e planejamento, engendrara o processo de colonização de uma forma quase anárquica. Estruturado em grandes propriedades monocultoras e escravistas, fechadas em si mesmas, com maior relação com o exterior da colô-

---

97  DUARTE, 1939, p. 68
98  DUARTE, 1939, p. 70

nia, a Metrópole, do que com seus vizinhos. Robustecendo a força do princípio mais básico de autoridade, a autoridade patriarcal, e sua exigência indiscutível de obediência e submissão.

Para a sociologia modernista, seria nesse meio rural, que o clima e as condições físicas apenas ajudariam a conformar, que se desenvolveriam as relações sociais próprias da herança ibérica. A grande propriedade, autônoma e isolada, e como base a família colonial. Nas palavras de Sérgio Buarque de Holanda, como o modelo de relações sociais se ancoraria no *ethos* doméstico, centrado na autoridade patriarcal e pessoalizada em sua figura, a solidariedade se ancoraria através dos sentimentos. Seria este o elemento constituidor de um comportamento que oscilaria entre a indisciplina anárquica e à obediência e fidelidade ao senhor de terras.

Gilberto Freyre apontaria que o complexo casa grande e senzala representaria um sistema econômico, político e social. Em suas palavras:

> A casa-grande, completada pela senzala, representa todo um sistema econômico, social, político: de produção (a monocultura latifundiária); de trabalho (a escravidão); de transporte (o carro de boi, banguê, a rede, o cavalo); de religião (o catolicismo de família, com capelão subordinado ao pater famílias, culto dos mortos, etc.); de vida sexual e de família (o patriarcalismo polígamo); de higiene do corpo e da casa (o "tigre", a touceira de bananeira, o banho de rio, o banho de gamela, o lava-pés); de política (o compadrismo).[99]

Enquanto Nestor Duarte explicaria que a casa-grande, menos por seus aspectos de história íntima de uma sociedade, seria o maior índice de uma organização social extra estatal, que estabeleceria uma relação dualística com o Estado, dele prescindiria e contra ele

---

99 FREYRE, 2002, p. 49.

Sociologia, modernismo e interpretação do Brasil 237

lutaria, porque poderia disputar-lhe a função de autoridade e disciplina. Nestes termos Nestor Duarte pontuaria que a casa grande,

> impede a urbanização da massa populacional, já dispersa na vasta extensão territorial, é ela que defende a propriedade imóvel contra a propriedade móvel que vai dar surto ao comércio das cidades e permitir a formação e ascensão da burguesia, como classe eminentemente comercial e antirruralista, bem como será ela que impedirá ou dificultará a constituição dos grupos regionais, ou esse regionalismo de espírito, sentimento, caráter e de usos e costumes que poderia ser agravado entre nós, pela falta mesmo de uma unidade nacional, se não fosse o acentuado fracionamento, a subdivisão dispersa que a família impôs à sociedade, proibindo-lhe outros círculos e relações que não fossem parentais e domésticos.[100]

Seguindo estas ponderações de Duarte, o Estado colonial transferia o poder que pode transferir, consente que lhe retire quase toda a oportunidade de interferência no governo da colônia, enquanto a casa grande, por sua vez, o sustentará o Estado de acordo com o sentido de seus interesses. "E enquanto não se rompe esse compromisso, ela é, por igual, a força conservadora da Colônia, antirrevolucionária, aliada ao poder político."[101] Esta aliança que constituíra esse equilíbrio político da Colônia explicaria a sobrevivência de uma sociedade eminentemente fracionária e pouco solidária, "batida de tantos contrastes, essa aliança é uma retirada do Estado da arena social, ou a sua sujeição integral aos interesses da casa-grande."[102] A montagem da engenharia institucional do Estado e as respectivas

---

100 DUARTE, 1939, p. 71.
101 DUARTE, 1939, p. 72.
102 DUARTE, 1939, p. 72.

casas legislativas do período colonial se tornaria exclusivamente de usufruto da elite territorial.

> Essa comuna é apenas uma assembleia do senhoriato, não desce a acolher o vilão, o homem do povo, o artesão nem o pequeno burguês. O comerciante da cidade, a futura classe inspirada de outro espírito civil e político, está proibida de entrar na organização municipal, isto é, de ingressar no seu senado, ela, que estaria mais do que qualquer outra apta a desenvolver o espírito público. Está, porém, impedida pelo senhor de engenho e, o que é mais, proibida por lei. O Estado mantem a sua aliança com a casa-grande. O comerciante é muito mais o reinol, o português de espírito metropolitano.[103]

Dessa forma, contrária ao negociante e ao artesão, como à formação de uma classe média que se desdobrasse para além do vínculo doméstico, o ruralismo se impusera à formação da cidade, à urbanização da população, sem ensejo da formatação de um ciclo econômico autônomo ou independente do latifúndio.

> A escravidão é que, aviltando o trabalho para homens livres e o absorvendo, vinculou essa massa, mais ou menos desajustada, à órbita da casa-grande ou à propriedade latifundiária, impedindo-a ou de diferenciar-se em classe profissional, cujo rumo seria normalmente o da cidade, ou de constituir-se em proprietária de terras, permanecendo no campo.[104]

A força do latifúndio, e a constituição de sua autoridade e sociabilidade, não residiria na extensão da terra ou na sua fácil aquisição, mas no número de braços de que disporia para atender às exigências das culturas extensas. Assim como as classes urbanas, a pequena propriedade não floresceria nesse regime e o pequeno produtor,

---

103 DUARTE, 1939, p. 74.
104 DUARTE, 1939, p. 83.

Sociologia, modernismo e interpretação do Brasil 239

quando brotasse estaria submisso ao domínio geral do senhoriato rural proprietário de escravos.

> Além de estar deslocado pelo eixo da domesticidade da casa-grande, de que sempre participa direta ou indiretamente, seja como colaborador do trabalho da comunhão familiar, seja pelo laço da sujeição econômica ou da proteção política, que o prende a essa comunidade poderosa, o homem sem terras e sem escravo só pode constituir e criar uma pequena família precária, ainda que de prole numerosa, que logo se dispersa pelas exigências do desajustamento econômico em que se encontra.[105]

Esse homem livre, tanto na cidade como no campo, cuja situação econômica seria menos grave pela injustiça e servidão que o submetem, do que pela falta de continuidade e fixação que não se lhe daria, se não representaria nenhum fator preponderante, atuante e positivo dessa organização social, assumiria sombria proporção como elemento negativo da sociedade brasileira na explicação de Nestor Duarte. "Não vale pelo que é, mas pelo que deixou de ser e representar na base da organização econômica e política."[106]

Disto resultaria a vocação rural brasileira, na medida em que "o meio rural é, em toda parte, um admirável conformador de almas."[107] A partir do latifúndio e da vida rural, o tipo de solidariedade que se formava, segundo Oliveira Vianna, era fragmentária e incipiente, a estabilidade giraria em torno dos grupos familiares, os quais permitiriam que se formasse uma trama de relações sociais estáveis, permanente e tradicionais, tendo na figura do *pater famílias* a ascendência patriarcal e a posição de chefe. Tal predomínio da classe fazendeira pela agregação patriarcal, revelaria, no fundo, um espírito

---

105 DUARTE, 1939, p. 86-87.
106 DUARTE, 1939, p. 87.
107 VIANNA, 1987, p. 48.

de corpo, e portanto, uma solidariedade interna e uma consciência social correspondente. Sendo assim, no período colonial não haveria elementos de solidariedade externa, e "no ponto de vista da sua psicologia social ficam, por isso, em plena fase patriarcal – a fase da solidariedade parental e gentílica."[108]

> Todas as instituições locais são sempre, como vimos, posteriores à ação do poder geral – porque são criações dele. Dada a insolidariedade geral, a ausência de interesses comuns, a rudimentariedade dos laços de interdependência social, necessidade alguma imperiosa impôs às nossas populações rurais um movimento de organização política semelhante ao das comunas medievais.[109]

Deste tipo de solidariedade interna, exacerbaria a ação da capangagem senhorial, elementos vindos da plebe rural, que "nada a prende à terra: nem a organização do trabalho, nem a organização da propriedade, nem a organização social. Tudo a torna incoesa, flutuante e nômade"[110], a serviço dos caudilhos territoriais que exerceriam uma autoridade maior do que os delegados da metrópole, fruto da disparidade entre o poder público e a expansão colonial. Resultando daí, "uma discordância, ainda hoje subsistente, entre a área da população e o campo de eficiência da autoridade pública."[111]

Daí, esta particularidade da nossa formação social, na qual "todas as classes rurais, que vemos, no ponto de vista dos interesses econômicos, separadas, desarticuladas, pulverizadas, integram-se na mais íntima interdependência, para os efeitos políticos. O que nem o meio físico, nem o meio econômico podem criar de uma forma está-

---

108 VIANNA, 1987, p. 158.
109 VIANNA, 1987, p. 222.
110 VIANNA, 1987, p. 161.
111 VIANNA, 1987, p. 178.

Sociologia, modernismo e interpretação do Brasil 241

vel, à semelhança do que acontece no Ocidente, cria-o a patronagem política, *a solidariedade entre as classes inferiores e a nobreza rural.*[112] A mentalidade do povo, sua consciência coletiva associar-se-ia ao mundo clânico, "em suma: fora da pequena solidariedade do clã rural, a solidariedade dos moradores, especialmente a solidariedade do clã rural, a solidariedade dos moradores, especialmente a solidariedade dos grandes chefes do mundo rural – os fazendeiros – jamais se faz necessária."[113]

A autoridade pública na colônia "se mostra frágil, reduzida, circunscrita. (...) Três são, por esse tempo, os inimigos da ordem pública: os selvagens; os quilombolas; os potentados. (...) Cada domínio rural avançando no deserto é uma vendeta contra a selvageria."[114] O aparelho judiciário colonial como os capitanatos, as judicaturas, as corporações municipais e a fobia (repulsa do trabalho militar) pelo recrutamento acabariam gerando no Brasil, nos primeiros séculos, a emergência da corrupção e dos interesses pessoais, a parcialidade e o facciosismo. O Estado apareceria então para esta classe da população como um usurpador, estranho aos seus interesses, ao contrário do clã rural que o protegeria e que de certa forma satisfazia o seu interesse.

Em um dos poucos momentos em que corroborou com as teses de Simonsen, Nestor Duarte trataria das relações entre a estrutura econômica colonial e a mundial, pois "o ciclo da madeira tintorial, do açúcar e do ouro acarreta profunda modificação no comércio internacional"[115] e nas transformações locais ou regionais de assentamentos geográficos-sociais voltados à persecução do privatismo. Nestes termos, a Colônia seria desorganizada somente em critérios políticos, pois seria próprio dos territórios sem autonomia, "o exer-

---

112 VIANNA, 1987, p. 144.
113 VIANNA, 1987, p. 152.
114 VIANNA, 1987, p. 159.
115 DUARTE, 1939, p. 42.

cício do que os romanos chamavam vida civil em contraposição à vida pública"[116], agravado pelo quadro de uma disparidade entre a expansão territorial e a área de eficiência política. O mundo colonial e sua sociedade era "anárquica, sem ser porém desorganizada ou revolucionária, seja dito de passagem, a sociedade colonial tem, entretanto, uma outra estrutura de base – a organização privada."[117]

Retomando o argumento de Oliveira Vianna, a insuficiência de instituições sociais tutelares, no ponto em que a miserabilidade do moderno campônio brasileiro faria com que carecesse de força pecuniária, material e social contra o arbítrio que o oprimiria, na medida em que "tudo concorre para fazê-lo um desiludido histórico, um descrente secular na sua capacidade pessoal para se afirmar por si mesmo."[118] Assim, o nosso homem do povo, seria ele mesmo um homem de clã, necessitando sempre de um chefe para orientar suas ações.

Estes apontamentos gerais da sociologia modernista conduziria à postulação de que essa dificuldade de abstração gerada pela socialização, solidariedade e constituição de interesses, no ambiente doméstico, como prefere Gilberto Freyre, ou privado, como quer Nestor Duarte, se traduziria também nos empecilhos encontrados para a instituição de um Estado burocratizado. A organização estatal, estruturada sobre um corpo burocrático de funcionários, exigiria a adoção de regras precisas e impessoais. Desta forma, sua legitimidade seria a emanação de um princípio racional e abstrato e, logo, acima de qualquer tipo de vontade singular. Para se constituir, tal Estado teria como pressuposto exatamente uma ruptura com a mentalidade doméstica ou privatista que a distingue das formas de associativismo advindos da colonização à brasileira. Caso contrário, se circundaria um percurso no qual a centralidade estaria na

---

116 DUARTE, 1939, p. 46.

117 DUARTE, 1939, p. 61.

118 VIANNA, 1987, p. 146.

Sociologia, modernismo e interpretação do Brasil

apropriação do impessoal pelo pessoal, do abstrato pelo concreto, do objetivo pelo subjetivo, do coletivo pelo particular, do público pelo privado. "Se atentarmos melhor, porém, veremos que o fenômeno a salientar aqui não é o dessa descentralização, mas o da modificação da índole do próprio poder, que deixa de ser o da função política para ser o da função privada."[119]

O século XIX e a construção de uma nova engenharia política não arrefeceria o prestígio da sociedade rural, ao contrário, com o novo centro de poder a ruralidade assaltaria o Estado. A passagem de Nestor Duarte é elucidativa, melhor que deixe o próprio discorrer sobre o novo processo:

> Nesse clima intelectual, o novo Estado brasileiro, sem apelos ao intervencionismo econômico, vinha amparar o *status quo* do senhoriato territorial da Colônia, protege-lo, ou melhor, nele se apoiar para continuar o velho compromisso da Coroa portuguesa com o poder, conservador e redutor de problemas e processos, da propriedade privada. Três séculos de ampla liberdade privada, de vitorioso e incontestável individualismo econômico, se remiam agora, sob melhores cores, sob mais segura proteção, na formula de um Estado Liberal, que correspondia ainda aos desejos e tendências autárquicas da classe econômica, expressados pela forma sentimental do nativismo, do ódio ao reinol e ao comerciante português, que já vinha representando vivo contraste, a da atividade urbana, com seus interesses, em choque com a atividade rural. O poder político do senhoriato se desdobra, porém, sem sair, entretanto, de suas mãos. Se antes, o senhoriato mandava em suas terras, impondo aos elos de sua influência e poder econômico toda uma população que volteava, em seus degraus sucessivos, em torno da propriedade senhorial, mando tanto mais forte quanto se fundava na dissociação dessa sociedade dividida em núcleos fecha-

---

119 DUARTE, 1939, p. 88.

dos bastando a si mesmos, com a nova ordem política, ele apenas, era chamado a continuar esse mando e poder nas esferas e redobras do Estado. Esse desdobramento que vai ser. Antes de tudo, o exercício desse poder da aristocracia rural em outra posição, vinha pôr em função e movimento a nova ordem estatal.[120]

Para Nestor Duarte, pouco importaria considerar a Independência como o começo de um período da vida do Estado no Brasil, na medida em que "uma data não é um acontecimento, se não assinala um fato de profunda revolução ou modificação geral e intensiva na estrutura social."[121] As cenas políticas que se passaram entre D. João VI e D. Pedro I seriam uma deslocação do poder, sem choque, das mãos do pai para as mãos do filho, constituindo "uma sucessão natural apenas."[122] O prestígio da sociedade rural viria a ser maior no século da Independência. Ela que sofrera certo abalo no século anterior, pelo desequilíbrio que lhe acarretou a mineração, acabaria de receber os refluxos migratórios dos que já não podiam fazer a corrida do ouro, e se multiplicava pelo sul abrindo o ciclo do café que garantiria o equilíbrio do eixo centro-meridional em face do Norte ainda em sua hegemonia. Nesse clima intelectual, o novo Estado brasileiro, sem apelos ao intervencionismo econômico, ampararia o *status quo* do senhoriato territorial da Colônia, continuando o velho compromisso da Coroa portuguesa com o poder, "conservador e redutor de problemas e processos, da propriedade privada."[123] Esse compromisso reafirmaria o confrontamento do ruralismo e do mundo citadino, garantindo ao primeiro, o predomínio sobre o Estado que acabara se erguer.

---

120 DUARTE, 1939, p. 95-96.
121 DUARTE, 1939, p. 94.
122 DUARTE, 1939, p. 94.
123 DUARTE, 1939, p. 95.

# Sociologia, modernismo e interpretação do Brasil 245

> Três século de ampla liberdade privada, de extenso poder de iniciativa particular, de vitorioso e incontestável individualismo econômico, se resumiam agora, sob melhores cores, sob mais segura proteção, na fórmula de um Estado Liberal, que correspondia ainda aos desejos e tendências autárquicas da classe econômica, expressados pela forma sentimental do nativismo, do ódio ao reinol e ao comerciante português, que já vinha representando vivo contraste, a da atividade urbana, com seus interesses, em choque com a atividade rural.[124]

Seguindo as teses de Nestor Duarte, sobre a nova arquitetura do Estado, o poder político do senhoriato se desdobraria, sem sair de suas mãos. Esse desdobramento se constituiria, antes de tudo, no exercício desse poder da aristocracia rural em outra posição, que poria em função e movimento a nova ordem estatal. No fundo o argumento era o seguinte: como não se modificara substancialmente a sociedade colonial, a sua dispersão, a sua desintegração, à falta de vínculos sociais mais gerais e amplos, a ordem privada continuaria a ser a única organização de base e estrutura do novo período político, e a partir da predominância deste privatismo se formaria a própria sociedade política. Por conseguinte, o privatismo levaria a estrutura do familismo, sua base de sociabilidade e autoridade, a atuar diretamente no mundo público.

> Essa reunião de famílias, mas de famílias que a si reservariam a propriedade senhorial e o monopólio do mando, seria a classe política do Império. Fora dela, mas com ela, só os doutores, os letrados, os padres e alguns nomes da militança, todos a constituir ainda gente sua, transformada apenas pela cultura e pela educação literária da Europa, formavam o pequenino corpo dos governantes propriamente ditos, os

---

124 DUARTE, 1939, p. 95.

primeiros profissionais a ensaiar as fórmulas e as leis políticas, como as constituições, entre nós.[125]

Este corpo político que começara a se especializar, e paulatinamente a se distanciar do ruralismo, seria a base formativa do idealismo constitucional, nas palavras de Oliveira Vianna, e gênese do bacharelismo e da cultura bacharelesca, segundo Sérgio Buarque de Holanda, ou da elite que se reeuropeizara em seus costumes e hábitos, conforme Gilberto Freyre. Nas palavras de Nestor Duarte:

> pelos idealizadores das constituições perfeitas, das leis e práticas política modelares, homens enfim a bosquejarem paradigmas numa realidade ignorada e ignorante. Seriam eles ainda os que viriam a nutrir a dialética dos partidos, a controvérsia doutrinária, a divisão das correntes parlamentares. Constituiriam, assim, o chamado idealismo do império a realizar movimentos de superfície. Repelidos do país, porque já vinham da Europa, voltavam para a Europa o pensamento, o coração e a imaginação, bebendo sequiosos nessas duas fontes de idealidade que eram a Inglaterra e a França, que nos vinham cultivando, mas também perturbando. (...) Esse idealismo, entretanto, pelo exercício do pensamento abstrato, pela tentativa e pelo esforço da prática impessoal, no desejo de subordinar homens e instituições à força dos grandes ideais, esse idealismo, em que pese seu colorido romântico sentimental, sua generosidade derramada, foi o primeiro núcleo de diferenciação de nosso senso político e de um espírito público mais puro e livre. Será ele um dos primeiros resultados da praticagem da vida política, da ação e função política sobre os homens que a exerciam. Foi nele, com o pensamento de educar-se e, por sua vez, provocar as pequenas revoluções de mentalidade e de ideias no país, que se arrimaram os nossos homens de melhor espírito público, os professores da política no Brasil, sejam eles, em

---

125 DUARTE, 1939, p. 96.

épocas distintas um Otoni, Um Tavares Bastos, um Joaquim Nabuco, um Rui Barbosa ou um Eduardo Nogueira Argelim, como muitas daquelas figuras, de projeção menor, que ornam os movimentos revolucionários, principalmente do primeiro meado do século XIX.[126]

Para Oliveira Vianna, os problemas do liberalismo no IV século, seriam a princípio de ordem prática, como nos efeitos gerados pelo Código do Processo de 32 que promoveria um sistema de descentralização ao modo americano, sendo a justiça, a polícia e a administração locais de incumbência das autoridades locais, movimento ao qual se juntaria o Ato Adicional da Regência, que priorizava a centralização provincial, definindo a hegemonia do poder público a nível provincial.

O que as experiências do Código do Processo e do Ato Adicional demonstram, entretanto, é que essas instituições liberais, fecundíssimas em outros climas, servem aqui, não à democracia, à liberdade e ao direito, mas apenas aos nossos instintos irredutíveis, de caudilhagem local, aos interesses centrífugos do provincialismo, à dispersão, à incoerência, à dissociação, ao isolamento dos grandes patriarcas territoriais do período colonial. Esta é, em suma, a tendência incoercível das nossas gentes do norte e do sul, todas as vezes que adquirem a liberdade da sua própria direção.[127] Entre nós, liberalismo significa, praticamente e de fato, nada mais do que caudilhismo local ou provincial.[128]

A essa inadequação do liberalismo gerador do centrifuguismo deveria ser contraposto um movimento de centralização, realizado por Estadistas como Olinda, Paraná, Sepetiba, Uruguay e Itaboraí,

---

126 DUARTE, 1939, p. 97-98.

127 VIANNA, 1987, p. 192.

128 VIANNA, 1987, p. 212.

248          Maro Lara Martins

a fina flor do partido conservador do início do Segundo Reinado, os verdadeiros construtores da nacionalidade, que pela Lei da Interpretação fundavam a supremacia do poder central, e constituiriam o idealismo orgânico. O principal foco estaria na desintegração dos clãs rurais por fatores políticos (centralização administrativa), policiais (ataque a capangagem), jurídicos (partilha patrimonial intrafamiliar) e econômicos (ação psicológica do trabalho agrícola na índole meiga e doméstica).

> Os grandes construtores políticos da nossa nacionalidade, os verdadeiros fundadores do poder civil, procuram sempre, como o objetivo supremo da sua política, consolidar e organizar a nação por meio do fortalecimento sistemático da autoridade nacional. Os apóstolos do liberalismo nos dão, ao contrário, o municipalismo, o federalismo, a democracia como última palavra do progresso político.[129]

A Monarquia, ancorada nos pressupostos básicos do idealismo orgânico, segundo Vianna realizava a sua obra, ao promover a integridade nacional, a centralidade administrativa, a ordem e a legalidade. O parlamentarismo à brasileira na predominância do poder moderador "equivale a uma adaptação genial do instituto europeu ao nosso clima partidário, a melhor garantia da liberdade política num povo, em que, do município à província, da Província à Nação, domina exclusivamente a política de clã, a política das facções, organizadas em partidos."[130] Seria na verdade um golpe contra a política da colmeia e da mentalidade de chefe de clã na política[131]. O imperador, pela imparcialidade e uso da prerrogativa constitucional do Poder Moderador seria capaz de impedir que o mérito, o talento e a

---

129 VIANNA, 1987, p. 191.

130 VIANNA, 1987, p. 213.

131 VIANNA, 1990.

Sociologia, modernismo e interpretação do Brasil 249

cultura, fossem sacrificadas à habitual intolerância e ao desdém do idealismo constitucional e do ruralismo que aparelhavam o Estado em busca da satisfação de seus interesses clânicos.

> Entre nós, essa paz interior, esse império do direito, essa ordem pública, mantida e difundida por todo o país, é a obra excelente e suprema do II Império, como a "pax romana" foi a do século dos Augustos. É nesse período da história nacional que a autoridade pública se revela na sua plena eficiência: acatada, considerada, obedecida, cheia de prestígio e ascendência.[132]

Retornando aos argumentos contidos em *A Ordem Privada e a organização Nacional,* para Nestor Duarte, o período da Regência, representaria a busca de novos ajustamentos e a acomodação do poder político em uma política conservadora, a política do senhoriato territorial. Os movimentos que manifestariam as primeiras demonstrações de uma consciência popular ou os sinais de um povo político incipiente, seriam múltiplos e fecundos em todo o país, no norte, no Pará, em Pernambuco, na Bahia, no sul, no Rio, como no extremo da fronteira meridional, e representariam a luta pela diferenciação e predomínio de classe.

> A esse tempo, o surto das cidades continua a padecer as influências da organização rural, e aquelas que o ciclo do ouro fundara, se não acompanharam o seu declínio, estacionaram isoladas dentro de um país sem estradas ou em meio das regiões estéreis em que se edificaram (Simonsen). Só por golpes violentos do poder público, algumas como o Rio de Janeiro e a Bahia, entraram, no dizer de Pedro Calmon, em fase de remodelação. As demais, como assinalaram antes Capistrano, Paulo Prado, Afonso Arinos de Melo Franco, etc., trariam e prolongariam pelo século XIX a existência

---

132 VIANNA,1987, p. 196.

miserável do fim da era colonial, em que as mais importantes, as que eram propriamente cidades, segundo Caio Prado Junior, não continham mais de 5,7% da população total.[133]

Assim, a grande paz do Império, e seu equilíbrio, se sustentariam nesta classe, que seria "a força econômica e o poder material do Estado"[134] não sendo possível a implantação de qualquer ordenamento que a dispensasse.

> O Império refletiu esse tipo social, a sua moral, a sua gravidade, os seus hábitos mentais, o seu orgulho, como a sua autoridade, de par com o seu instinto conservador e de paz, o feitio de sua sentimentalidade e esse cunho, diríamos, de pessoalidade que ele transmite às relações sociais, por forma que denuncia bem claramente um individualismo sentimental, a se traduzir em todos os contatos de amizade, de transações, de convivência e de política profissional. Tipo de aristocracia a refinar-se, depois de uma feudalidade guerreira e rude, na época final de sua estabilidade e do seu apogeu.[135]

Com o advento da República e a Carta de 1891, chamada por Oliveira Vianna de regime da federação centrífuga, o princípio dominante passaria a ser o predomínio dos poderes estaduais frente ao poder central. Entretanto, os Estados não estariam preparados para a autonomia apregoada pela federação, pela sua incapacidade de formação de novos quadros dirigentes, pelo papel assumido pelos adesistas, pela elite local incapaz de assumir a direção dos negócios locais e pelo erro da simetria e da uniformidade dos estados

Com Campos Salles e a exacerbação da chamada "política dos governadores", segundo Vianna, iniciar-se-ia um processo de usu-

---

133 DUARTE, 1939, p. 94.

134 DUARTE, 1939, p. 100.

135 DUARTE, 1939, p. 109.

Sociologia, modernismo e interpretação do Brasil 251

fruto da máquina eleitoral para a expressão da vontade e dos interesses dos ocupantes dos cargos dito eletivos. "Em suma, a superestrutura política dos estados se vai modelando num duplo sentido: *de centralização e de aumento do 'poder pessoal' dos presidentes.*"[136] Desta forma, com a política de reciprocidade entre o Estado e a União, "os presidentes da República transigem com as situações estaduais e deixam de exercer sobre as unidades federadas esse grande poder de disciplina e fiscalização, essa grande ação moderadora e corretora, que era, no velho regime, uma das maiores garantias da liberdade dos cidadãos."[137] As elites estaduais controlariam a República, pois dominariam o aparato administrativo e político local, influenciariam o poder legislativo através das eleições para o Senado e a Câmara, e influenciariam indiretamente o poder executivo da União.

Em *Sobrados e Mocambos*, Freyre insistiria na posição intermediária do sobrado entre o ruralismo patriarcal e a urbanidade moderna e republicana. Para Gilberto Freyre, a rua seria a forma moderna da urbanidade na medida em que favoreceria a circulação das imagens e da moda. A versão romanesca da análise dos últimos alentos da sociedade feudal patriarcal, como a chamaria Freyre, tomaria então a forma de transformação do sobrado em fortaleza. O motivo arquitetural de origem urbana viria concretizar a vitória econômica de um novo tipo de proprietário, desligado das tradições rurais e movido pelos valores modernos da cidade e do comércio. Em suas palavras, "o que se tem alterado – e muito – é o conteúdo ético de que vem se animando essas formas, sob a pressão de novas condições de contato das regiões do Brasil com outras e de quase todas com o resto do mundo."[138]

---

136 VIANNA, 1956, p. 292.

137 VIANNA, 1956, p. 293.

138 FREYRE, 1987, p. CLXVIII

Em certa medida, a sociologia modernista apontara que com essa nova cultura, a propriedade rural deixaria de ser o mundo do proprietário, o local de sua residência, passando a ser apenas o seu meio de vida, sua fonte de renda e de riqueza. Nesta transição do ruralismo das elites para a urbanidade republicana, haveria a passagem de local de residência da fazenda para a cidade, quando então esta ganha força e adquire vida própria. Nas palavras de Sérgio Buarque, "a desagregação do mundo rural" cedia "à invasão impiedosa do mundo das cidades".[139]

Certamente, para a sociologia modernista, a transição do rural para o urbano, seria um processo de longo de prazo, gradativo, precipitado pela vinda da Corte Portuguesa para o Brasil em 1808, e posteriormente pela Independência. Nessa disposição histórica que a proeminência dos senhorios rurais começaria a decair em concomitância com o florescer dos centros urbanos e a ascensão das profissões que lhes seriam peculiares, como as liberais, a política e a burocracia. Estas passariam a ser ocupadas primeiro pelos senhores ligados às lavouras e aos engenhos, que subitamente arrebatados para as cidades, a elas comunicam suas mentalidades, seus valores, seus interesses e suas virtudes.

> No Brasil, onde imperou, desde tempos remotos, o tipo primitivo da família patriarcal, o desenvolvimento da urbanização – que não resulta unicamente do crescimento das cidades, mas também do crescimento dos meios de comunicação, atraindo vastas áreas rurais para a esfera de influência das cidades – ia acarretar um desequilíbrio social, cujos efeitos permanecem vivos até hoje.[140]

---

139 HOLANDA, 1995, p. 172.

140 HOLANDA, 1995, p. 105.

Sociologia, modernismo e interpretação do Brasil    253

Para Sérgio Buarque e Nestor Duarte, principalmente, existiria uma íntima relação entre a emancipação individual e a urbanidade. A compreensão da emergência do enunciado libertário do cosmopolitismo, em contraste com o enunciado apresador da tradição, exporia o problema de como a tradição poderia imbuir positivamente nessa cultura citadina. Essa, segundo Freyre, Holanda e Arinos, se daria lentamente pós-abolição, evento que infletiria o curso dos acontecimentos, marcando o processo de decadência do predomínio agrário em concomitância com nova composição social.

> Se a forma de nossa cultura ainda permanece largamente ibérica e lusitana, deve atribuir-se tal fato sobretudo às insuficiências do 'americanismo', que se resume até agora, em grande parte, *numa sorte de exacerbamento de manifestações estranhas, de decisões impostas de fora, exteriores à terra. O americano ainda é interiormente inexistente* (p.127).

No último capítulo de *Raízes do Brasil*, Sérgio introduziria o processo pelo qual a herança colonial se desagregava: uma revolução lenta, quase imperceptível, cujo início era difícil precisar, mas que a partir de 1888, com a Abolição, assumira um rumo irreversível em direção ao fortalecimento e emancipação dos centros urbanos frente ao ruralismo anterior. A ascensão das cidades romperia com a ordem social anterior, as grandes propriedades rurais e escravistas, e criava condições para o surgimento de uma nova sociedade: urbana e industrial. Entretanto, à desagregação dos pressupostos sociais da herança ibérica não correspondia uma nova mentalidade capaz de impulsionar definitivamente o novo sistema. Tal descompasso expressava-se na passagem de uma relação adequada entre a estrutura social colonial e a cordialidade, para uma situação onde as mudanças naquela estrutura condenavam o antigo tipo de sociabilidade sem lograr substituí-lo por algo de novo.

Para Gilberto Freyre, o patriarcalismo enquanto fenômeno estruturante ainda estaria presente na história do país, antagonistamente com a nova ordenação advinda do mundo citadino. Em suas palavras:

> Por outro lado, a tradição conservadora no Brasil sempre se tem sustentado do sadismo do mando, disfarçado em "princípio de Autoridade" ou "defesa da Ordem". Entre essas duas místicas – a da Ordem e a da Liberdade, a da Autoridade e a da Democracia – é que se vem equilibrando entre nós a vida política, precocemente saída do regime de senhores e escravos. Na verdade, o equilíbrio continua a ser entre as realidades tradicionais e profundas: sadistas e masoquistas, senhores e escravos, doutores e analfabetos, indivíduos de cultura predominantemente europeia e outros de cultura principalmente africana e ameríndia. E não sem certas vantagens, as de uma dualidade não de todo prejudicial à nossa cultura em formação, enriquecida de um lado pela espontaneidade, pelo frescor de imaginação e emoção do grande número e, de outro lado, pelo contato, através das elites, com a ciência, com a técnica e com o pensamento adiantado da Europa. Talvez em parte alguma se esteja verificando com igual liberdade o encontro, a intercomunicação e até fusão harmoniosa de tradições diversas, ou antes, antagônicas, de cultura, como no Brasil. É verdade que o vácuo entre os dois extremos ainda é enorme; e deficiente a muitos respeitos a intercomunicação entre duas tradições de cultura. Mas não se pode acusar de rígido, nem falta de mobilidade vertical – como diria Sorokin – o regime brasileiro, em vários sentidos sociais um dos mais democráticos, flexíveis e plásticos.[141]

Para Oliveira Vianna, a ascensão das cidades e do urbanismo como estilo de vida seria acompanhada pela remodelação da domi-

---

141 FREYRE, 2002, p. 123.

Sociologia, modernismo e interpretação do Brasil

nação dos clãs políticos. Se durante o período colonial se gestara a solidariedade clânica e o interesse particularista, a contemporaneidade carregava tais elementos, transmudando-os, mas incapacitados de estabelecer vínculos normativos que extrapolassem àqueles constitutivos da psicologia social forjada por séculos de desenrolar histórico.

Nestor Duarte apontaria que seria da classe média "que saem o artífice, o comerciante, o letrado, o advogado, o operário ainda sem classe própria, o pequeno burguês, como o pequeno proprietário, o citadino, o funcionário, um homem, enfim, sem outros compromissos com grupos poderosos e que oferece ao Estado outra superfície à extensão normal de poder."[142] Nestes termos outros personagens da historiografia que ficariam sufocados pelo protagonismo do senhor rural, impedidos de atuarem na história brasileira com seus interesses e suas virtudes.

A princípio, gravitaram neste prognóstico sobre a formação colonial, sobre a obra do império, sobre os dilemas da república, nesta chave que privilegiava a sociologia política, ao estabelecerem com eixo de análise as relações entre público e privado. Dentro desta lógica, essa inversão do tempo social teria de ser considerada dentro da historicidade do seu passado, e agora o "quem somos" deveria ser entendido dentro de uma contingência do tempo, portanto, resgatar o valor dessa tese do "quem somos" e sairmos em construção da superação da antítese do "não somos", e assim, sermos "outro", a necessidade estaria em definir a essa modernidade um lugar existente, possível, inadiável e peculiar. Daí, a ânsia no controle do tempo e de sua sociedade. Afinal, em termos de conteúdo, a sociologia modernista trouxera como referência para a sociologia uma série de temas e forma de apresentação das ideias, cristalizando ângulos interpretativos como a caracterização cultural brasileira e sua ação social postos no arrolamento público e privado nas relações entre Estado e sociedade no Brasil.

---

142 DUARTE, 1939, p. 102.

# CONSIDERAÇÕES FINAIS
## CAMINHOS TORTUOSOS DA PESQUISA

A partir da virada rumo a imaginação sociológica do país, canteiro fértil no qual deitou raízes a sociologia modernista, alguns conceitos vindos da sociologia europeia começaram a se popularizar por aqui, tornando-se traço característico das interpretações sobre o Brasil. Mas a forma com a qual os argumentos eram mobilizados ainda se constituía um problema a ser enfrentado. Necessitaria refletir sobre os intelectuais brasileiros e a forma pela qual se relacionariam com os argumentos vindos de outra tradição de pensamento. E, radicalizando o ponto, teria que edificar uma perspectiva geral de análise que me permitisse levar em conta a dupla inscrição dos intelectuais, e por outro lado, me permitisse analisar os textos produzidos. Não havia saída. Num primeiro momento, teria que refletir sobre a dualidade texto/contexto.

A bibliografia sobre o tema era imensa, mas duas noções me pareciam as mais utilizadas. De um lado, estava a ponderação sobre a interpretação dos textos, seus limites e modos de análise, especialmente centrando o debate acerca da história das ideias e história dos conceitos. De outro lado, a avaliação da sociologia dos intelectuais, os produtores dos textos, encarados nestes termos, como um grupo social que possuiria características específicas de ação social. Em suas versões clássicas e simplificadas, o textualismo pretendia ler os textos como aparatos linguísticos autônomos e fechados, independentes de seu contexto, ao passo que o contextualismo acreditava ser possível reduzir o significado dos textos a suas condições sociais de produção e emissão.[1]

Paulatinamente, essas formas de textualismo e contextualismo cederam lugar a análises mais refinadas e complexas de se relacionar texto e contexto. A grosso modo, a recepção de novas contribuições teóricas no Brasil produziu duas direções de estudos dentro do chamado pensamento social brasileiro. A primeira direção, se inspirou na história das ideias tendo como referência fundamental os estudos de Quentin Skinner. A segunda vertente, se baseou na sociologia dos intelectuais na formulação de Pierre Bourdieu.

Genericamente, pode-se afirmar que em sentido restrito de definição de um campo de pesquisas, a análise conceitual se caracteriza pelo tratamento histórico dos conceitos, que em um sentido amplo, demonstra sua vocação pelos discursos e linguagens presentes no texto. A tese principal de Skinner se centrava na perspectiva de que para se compreender um texto histórico são fundamentais três pontos a serem observados. O primeiro, é a tentativa de obter o significado deste em relação a outros textos aparecidos em sua época, ou anteriores, com os quais de alguma maneira estão relacionados. Apontando assim, para um método intertextual de análise. O segundo ponto, é a tentativa de determinação da intenção do autor, definir a natureza do ato de fala, que nada mais é do que procurar entender o que fazia um autor ao dizer o que ele dizia. E por último, em interação com os dois primeiros pontos, a caracterização das convenções linguísticas predominantes em cada época, o que o leva a propor

---

1 Na tradição brasileira, autores como Nelson Werneck Sodré seguiriam o caminho do contextualismo, enquanto Antônio Paim, o do textualismo.

Sociologia, modernismo e interpretação do Brasil     259

a concepção de contextualismo linguístico. Os textos políticos que constituem seu material básico de estudo são vistos como atos de fala de seus autores em relação ao contexto em que foram produzidos, nas convenções linguísticas vigentes e nas audiências sobre as quais o autor quer atuar. Atos e efeitos perlocutivos, assim como os ilocutivos, constituiriam a essência dos textos políticos, nos quais esses efeitos, intencionais no agente do ato de fala, coincidem com o efeito perlocutivo real, exercido sobre a audiência.[2]

A virtude do método proposto por Skinner, é a ponderação sobre as tradições políticas imiscuídas em cada texto. O efeito dessa avaliação leva a questionar o legado das tradições dominantes ao proporcionar uma maior consciência da contingência da tradição. Em outras palavras, permite a reflexão sobre a construção de alguns valores e conceitos implícitos na vida social na medida em que as tradições intelectuais são resultado de eleições e escolhas feitas em momentos diferentes e entre distintos mundos possíveis.

Na outra ponta deste debate sobre a relação entre texto/contexto, a contribuição de Pierre Bourdieu se tornou relevante para a construção de uma análise sobre o papel que os produtores culturais desempenham no mundo social. Se a história das ideias e dos conceitos partiria da análise textual para se chegar à uma extrapolação do mundo linguístico e a partir daí estabelecer as formas pelas quais os intelectuais agem no mundo, o caminho de Bourdieu é o inverso. O sociólogo francês principia das práticas sociais e das possibilidades de ação social dos intelectuais para posteriormente retomar a análise textual produzida pelos intelectuais. Nesse sentido, a ideia de campo intelectual se torna central neste tipo de análise.

Para Bourdieu, o campo intelectual, como qualquer outro campo social, se rege pelas relações de força, lutas, estratégias e interes-

---

2   SKINNER, 2007.

ses, onde estas invariáveis se revestem de formas específicas. O que diferencia um campo do outro, e o que define os limites e fronteiras, se relaciona ao tipo de capital em disputa, capital político, capital econômico, capital cultural, que os agentes lutam denodadamente para controlar. No caso dos campos culturais, o capital que genericamente está em jogo é o capital simbólico, ainda que o que distingue uns dos outros, campo artístico, campo científico, campo intelectual, é o capital simbólico específico, junto com os graus de autonomia relativa em relação ao campo de poder.[3] No caso particular do campo intelectual, o capital simbólico específico é a autoridade científica ou intelectual de produzir, impor e inculcar a representação legítima do mundo social, ainda que sua autonomia relativa é reduzida devido a que este poder sobre a representação legítima do mundo social é também objeto de lutas no campo político. A respeito da autonomia relativa se torna interessante considerar a natureza das coações externas e a forma em que se exercem, mas também as modalidades de resistência que oporiam o campo em questão, sendo que uma das manifestações mais visíveis da autonomia de cada campo reside em sua capacidade de refração, retraduzindo as coações ou demandas externas em uma forma específica. Em geral, a reduzida autonomia do campo intelectual se deve ao fato de que a pressão externa é particularmente intensa, ao mesmo tempo em que as condições internas de autonomia são mais difíceis de se estabelecer em comparação a outros campos.

Este ponto leva a consideração do campo intelectual em um contexto mais amplo do campo de poder, na medida em que é o campo de poder que assinala, sempre como resultado de relações de força e de luta, uma posição determinada no mundo social à fração intelectual e artística. Qualquer que seja sua autonomia, o campo intelectual está determinado em sua estrutura e sua função pela

---

3  BOURDIEU, 1993.

Sociologia, modernismo e interpretação do Brasil 261

posição que ocupa no interior do campo de poder. A partir dessas considerações cabe ao analista armar alguns passos metodológicos. O primeiro é uma análise da posição dos intelectuais com relação a estrutura do campo de poder. O segundo, é uma reflexão sobre a estrutura das relações objetivas entre as posições dos grupos em competição no campo intelectual. E por fim, a ponderação sobre a construção do *habitus* como sistema das disposições socialmente constituídas que, como estruturas estruturadas e estruturantes, constituem o princípio gerador e unificador do conjunto das práticas e das ideologias características de um grupo de agentes.[4]

Um dos limites da sociologia dos intelectuais proposta por Bourdieu está no fato de que se por um lado permite compreender as condições de produção e recepção dos produtos culturais, sua capacidade de desenvolver uma reflexão sobre o conteúdo dos textos enquanto textos é bastante limitada. Por sua vez, a história das ideias e dos conceitos permite compreender o conteúdo dos textos, mas negligencia as condições de produção dos textos no mundo social, especialmente quando procura extrapolar o nível linguístico de suas análises textuais.[5]

No fundo, este debate teórico me levaria a caminhar rumo a um movimento de síntese, entre a perspectiva contextualista e a textualista. Uma síntese que me permitisse lidar com os intelectuais

---

4   BOURDIEU: 1993, p. 30.

5   Como se pode depreender do debate sobre a história dos conceitos e sobre a sociologia dos intelectuais, se torna necessário um movimento de síntese que proporcionaria ao analista um refinamento do instrumental metodológico. Deixado simplesmente como texto, se perde a capacidade de inserção profunda na história social, ou no contexto extralinguístico no qual os textos foram produzidos. Inclusive, se abandona as necessárias ponderações sobre as características dos intelectuais, que no fundo, são os produtores das ideias. A história dos conceitos, se centra quase que exclusivamente no produto do trabalho intelectual. Por outro lado, admitido a perspectiva de uma sociologia dos intelectuais levada ao extremo, se perde o refinamento do conteúdo do produto intelectual ao se concentrar em demasia nos produtores das ideias.

enquanto grupo social, produtores de textos e produtos culturais, e me permitisse realizar a exegese dos textos. Após as reflexões sobre a história dos conceitos e sobre a sociologia dos intelectuais, percebi que teria que encaminhar minhas reflexões a partir das relações entre intelectuais e modernidade.

A ideia de Gramsci sobre o sentido da ação dos intelectuais me seria de grande ajuda. Especialmente nas postulações sobre a racionalização da cultura.[6] Os intelectuais, em sentido gramsciano, adquiririam na modernidade, um poderoso papel operacionalizando através da linguagem, visões de mundo que em última instância adentrariam ao mundo social. De outro lado, nesta versão de análise, os intelectuais também seriam considerados em sua especificidade enquanto grupo social, cuja ação se centraria para a organização da cultura, mas que se constituiria através das inter-relações com outros grupos, ou melhor, classes sociais, com a esfera pública e o Estado. Se o sentido geral da ação social dos intelectuais fora amparado nestes preceitos, não se poderia esquecer as postulações metodológicas implicadas nesta apropriação.

Em certa medida, pensei que poderia extrair ponderações interessantes se relacionasse os intelectuais à própria ideia de modernidade ocidental. Neste sentido, os textos de crítica literária latino-americana me ajudariam a superar o impasse inicial colocado pelo próprio objeto de estudo. Havia uma tradição de interpretação na crítica literária e nos estudos culturais latino-americanos, que apontava para as especificidades do processo de modernização na região e como este processo influenciaria na literatura e na vida cultural. Autores como Julio Ramos, Roberto Schwarz, Angel Rama, Renato Ortiz e Silviano Santiago criticariam os argumentos que a vida intelectual latino-americana seria constituída a partir de uma simples

---

6  GRAMSCI, 2002; 2004.

Sociologia, modernismo e interpretação do Brasil       263

cópia da tradição intelectual do centro, e, ao mesmo tempo, chamariam a atenção para as características gerais que essa posição à margem instituiu nesse tipo de experiência intelectual.[7]

Associado a isso, autores como Marshall Berman, Carl Schorske e Andreas Huyssen, por exemplo, já haviam apontado para uma diversidade das manifestações modernistas e suas peculiaridades com o processo de modernização global.[8] Por outro lado, o tema da ocidentalização da modernidade começava a sofrer críticas daqueles que estavam às margens. A perspectiva dos estudos culturais me permitiria avaliar a região como parte integrante do processo global, mas não como derivação imediata de sucessivas transformações do centro. A virtude deste debate estaria em se pensar determinadas geografias do moderno e do modernismo, já que a ênfase deste tipo de estudo se concentrava em aspectos culturais da vida moderna, sobre o imaginário e sobre o modo de relacionamento entre diferentes regiões, e auxiliaria a repensar a experiência intelectual de certas regiões que alterariam a *episteme* do centro e criariam novas experiências intelectuais.

Deveria dar um passo adiante, e investigar os motivos sociológicos e históricos que sustentaram a diversidade de processos de entrada na modernidade e a diversidade de modernismos. Afinal, estaria inclinado a concluir que seria pela diversificação destes processos que se entenderia a própria modernidade, pensada a nível global. Chegara a concluir que a modernidade seria a conjunção destes diferentes processos, que no fundo, me levaram ao tema das diferentes modernizações. Recorrendo a bibliografia sobre a modernização, os textos de sociologia histórica foram uma inspiração para me apoiar sobre este dilema. Autores da sociologia histórica, como Barrington

---

7   RAMOS, 2008; SCHWARZ, 2000; RAMA, 2001; ORTIZ, 1984; SANTIAGO, 2004.
8   BERMAN, 1986; SCHORSKE, 1998; HUYSSEN, 2005.

Moore, Charles Tilly, Reinhard Bendix e T.S. Marshall abririam uma seara interessante ao sustentar a comparação entre diversos casos de entrada no mundo moderno.[9] Desde a publicação destas obras, se acentuaria o debate sobre o caráter da modernização em diversos contextos. Moore partira de uma sociologia histórica de diversos casos de entrada na modernidade e concluíra que o processo de modernização não se deu de forma homogênea mesmo entre os países do centro do capitalismo. Resumindo seu texto, Moore desenvolveu um nexo entre democracia e liberdade nas sociedades que adentraram a modernidade através de grandes rupturas revolucionárias ou de padrões de manutenção de uma ordem conservadora da propriedade rural. Seu modelo incluía a modernização liberal-democrática, caso da Inglaterra, França e Estados Unidos; a modernização pelo alto, que teria acontecido na Alemanha e no Japão; e a modernização camponesa, casos de China e Rússia.

Charles Tilly concluiria que o processo de formação do Estado-nação seguira caminhos diferentes a partir de certos padrões. Para Tilly, por exemplo, as características constituintes do Estado se relacionariam com a penetração de um sistema legal sobre determinado território, a capacidade para a guerra, a capacidade para se extrair tributos da população, a formação de uma economia dinâmica e o esforço por estabelecer um aparato educativo e religioso centralizado. Como argumento central, para simplificar a sua tese, Tilly sugeriu que as estratégias usadas por governantes para extrair recursos requeridos em função de preparar e desenvolver a guerra variaram consideravelmente, sendo possível a identificação de três tipos de trajetórias. A primeira via se deu em zonas de poucas cidades e predomínio agrícola, onde a aliança de classes era dada entre terra tenentes armados e príncipes guerreiros, outorgando concessões a no-

---

9    MOORE JR, 1983; TILLY,1996; BENDIX, 1996; MARSHALL, 1968.

breza, restrições à burguesia e exploração do campesinato, como por exemplo, nas zonas nórdicas, na Polônia e na Rússia. A segunda via abarcaria zonas de múltiplas cidades e predomínio comercial, onde prevaleciam os mercados, o intercâmbio e uma produção orientada ao mercado, estruturas de Estado efetivas e burocracia reduzida, com modos eficientes de recolhimento de impostos, como no caso das cidades-estados italianas e nos países baixos. Por fim, a terceira via englobaria zonas que estabeleceram uma concentração de coerção e capital equilibradas, aliando comerciantes e terra tenentes, como no exemplo da Inglaterra e da França.

A sociologia histórico-comparativa de Bendix, em *Construção Nacional e Cidadania*, apontaria que a condição moderna da cidadania somente foi possível a partir do desenvolvimento do Estado-nação, estando implícitos neste desenvolvimento os processos de burocratização do espaço público e laicização da autoridade política. Abreviando seu argumento, o rompimento dos padrões de dominação da autoridade feudal conduzira a uma ideologia igualitária e a organização e universalização dos interesses, agora individualizados. Por um lado, este processo se deu com a secularização do direito em função da laicização da autoridade, por outro, a centralização do poder na autoridade do rei, durante os séculos XVII e XVIII, rompeu com o modo de vida político medieval, uma vez que as relações de autoridade passaram a ser legitimadas com base em uma ordem racional derivada dos interesses materiais dos agentes. A relação entre amos e servos foi rompida e se iniciou a demanda de políticas que asseguravam a operação do mercado por parte da burguesia em ascensão, a qual ofereceu, em contrapartida, a sobrevivência da autoridade por meio da tributação das mercadorias. Por outro lado, a configuração de interesses somente se estabilizaria quando o mercado ganhou impulso como fonte de relações sociais. A democratização surgiria sob a influência das ideias de igualdade e da mobilização das classes baixas, visando a participação na comunidade política. Uma vez portadores de direitos da cidadania, os indivíduos modernos participariam de uma comunidade política como iguais uns aos outros.[10] Essa igualdade, por sua vez, implicaria no estabelecimento de identidades coletivas entre esses indivíduos e o Estado, rompendo o vínculo patrimonial entre governantes, corporações e famílias. Além disso, em contraste com a ordem social medieval, o Estado-nação não se subordinaria aos interesses privados, mas a uma série de interesses públicos organizados e universalizados dentro da comunidade política, que assegurariam os devidos vínculos entre governantes e governados. A condição moderna da cidadania possibilitaria, então, a participação dos indivíduos no espaço público. Portanto, a concomitância dos processos de industrialização e democratização devem-se à mudança do curso de ação social medieval e à laicização da autoridade central do Estado.

A inspiração nestes autores, deveu-se ao fato de que procuraram ressaltar as diferenças dos casos estudados, mostrando como a experiência singular de cada comunidade imaginada[11] implicaria em

---

10 T.S. Marshall apontaria que a condição moderna da cidadania é formada pelos direitos civis, pelos direitos sociais e pelos direitos políticos, aos quais correspondem quatro grupos de instituições públicas, a saber. Os direitos civis dizem respeito à igualdade de todos os indivíduos participantes da comunidade política perante a lei. Correspondem basicamente, à liberdade pessoal, liberdade de pensamento, de palavra e de fé, o direito à propriedade, o direito de justiça e a liberdade de formar contratos válidos. Aos direitos civis correspondem os tribunais como instituições públicas, que exercem a função de proteção contra as espoliações do governo. Os direitos sociais são aqueles que se referem ao bem-estar econômico e social, ou seja, direitos que garantem a proteção dos indivíduos contra a pobreza, contra doenças e infortúnios e garantem educação básica aos cidadãos da comunidade política. Aos direitos sociais correspondem os serviços de assistência social. Finalmente, os direitos políticos são aqueles mediante os quais se garante a todo cidadão o direito ao voto, o direito a acesso a cargo público e o direito a aderir e formar associações. Aos direitos políticos correspondem os corpos intermediários representativos, tais como câmaras e senados. MARSHALL, 1968.

11 ANDERSON, 1989.

Sociologia, modernismo e interpretação do Brasil 267

uma história universal complexa que, a princípio, não poderia ser apreendida *a priori*, somente através de aparatos teóricos e conceituais. E por possibilitarem à sociologia a delimitação da aplicabilidade de conceitos e categorias mediante os fatores espaço-temporais da análise histórica e historiográfica.

Recentemente, a veiculação do tema das modernidades múltiplas e sua crítica à teoria da modernização recolocou o tema em debate nas ciências sociais. A principal preocupação dos teóricos vinculados a ideia de modernidades múltiplas seria o contraponto a ideia de homogeneidade do processo histórico que levaria cada caso à modernidade. A noção de homogeneidade, diz Eisenstadt,[12] deveria ser rejeitada porque os desenvolvimentos reais nas sociedades em modernização têm refutado os pressupostos homogeneizantes do programa ocidental de modernidade, ao originar padrões múltiplos de organização societária que são distintamente modernos, ainda que claramente diferentes do padrão ocidental, ou, nesse caso, da modernidade europeia.[13] A ideia de modernidades múltiplas pressuporia que a melhor forma de compreender o mundo contemporâneo, e de explicar a história da modernidade, é concebê-lo como história de constituição e reconstituição contínua de uma multiplicidade de programas culturais. Nestes termos, foram surgindo várias civilizações modernas, todas elas multicêntricas e heterogéneas, todas elas geradoras da sua própria dinâmica e não uma convergência resultante em um mundo moderno uniforme. Radicalizando este

---

12  EISENSTADT, 2001.

13  O termo modernidades múltiplas tem duas implicações. A primeira é que modernidade e ocidentalização não são idênticas; o padrão, ou padrões, ocidentais de modernidade não constituem as únicas modernidades autênticas, mesmo se foram historicamente precedentes e se continuaram a ser uma referência central para outras visões da modernidade. A segunda é que o termo modernidades implica o reconhecimento de que essas modernidades não são estáticas, que se encontram antes em constante mutação. SCHIMIDT, 2011.

tipo de estudo, o debate se estendeu até o ponto da consideração de que a modernidade fora composta de uma multiplicidade de casos particulares, as diferentes civilizações, sem interconexão umas com as outras no sentido de uma definição do que seria a conjunção ou interdependência entre os diferentes casos.

Neste sentido, a teoria da modernidade múltipla perderia o foco ao estabelecer o distanciamento entre os diversos casos estudados.[14] Por outro lado, retomaria o debate sobre as particularidades de cada desenvolvimento nacional ou regional rumo à modernidade, retomando os pontos levantados pela sociologia histórica. Mesmo que os padrões comparativos devam ser reestabelecidos, seria interessante reformularmos a questão em outro sentido. Como cada caso, nacional ou regional, com suas especificidades, sejam eles modulares ou únicos, se enquadrariam em uma espécie de modernidade global, ou sistema-mundo, como prefere Wallerstein.[15] Para Wallerstein, o sistema-mundo se definiria como uma unidade espaço-temporal, cujo horizonte espacial seria co-extensivo a uma divisão de trabalho que possibilitaria a reprodução material desse mundo. Sua dinâmica seria movida por forças internas e sua expansão absorveria áreas externas integrando-as ao sistema em expansão. Sua abrangência espacial, determinada pela sua base econômica-material, englobaria as entidades políticas e comportaria múltiplos sistemas culturais.

O sistema-mundo capitalista reuniria uma economia-mundo capitalista e um conjunto de Estados nacionais em um sistema interestatal com múltiplas culturas. Um sistema-mundo poderia abranger uma ou mais entidades políticas, podendo transcender suas fronteiras. Nesse sentido, Wallerstein dividiu os sistemas-mundo em dois tipos: impérios-mundo e economias-mundo.[16] Os impérios-mundo

---

14  SCHIMIDT, 2011.

15  WALLERSTEIN, 2001.

16  WALLERSTEIN, 1979; 1984; 1998.

Sociologia, modernismo e interpretação do Brasil 269

envolveriam dois ou mais grupos culturalmente distintos, que dependeriam de um sistema de governo único, vinculado à elite de um centro, que manteriam limites geopolíticos específicos, dentro dos quais controlaria a divisão do trabalho e estabeleceria a apropriação forçada de excedente, através de uma redistribuição de tributos feita pela burocracia e pelo exército extensos. Uma economia-mundo, ao contrário, seria constituída por uma divisão de trabalho integrada através do mercado e não por uma entidade política central. Nesse tipo de sistema social, duas ou mais regiões cultural e politicamente distintas seriam interdependentes economicamente. Assim, haveria uma unidade econômica dada pela divisão do trabalho, por isso uma economia-mundo, e não haveria uma unidade política central, por isso não seria um império-mundo e sim um sistema interestatal. Nestes termos, centro e periferia deveriam ser vistos mais como conceitos da economia-mundo capitalista do que como regiões geográficas, e só possuiriam significado em uma análise sistêmica. Como um processo da economia-mundo capitalista, a divisão mundial do trabalho e a distribuição desigual do excedente gerariam atividades centrais e periféricas conforme a capacidade da aliança capital e Estado absorver excedentes dos vários elos das cadeias mercantis, por meios econômicos e extra-econômicos. Historicamente, capitalistas e Estados organizariam o processo de produção mundial entre várias regiões geográficas, de forma que haveria uma concentração de atividades monopolistas em determinada regiões, tornando-as regiões centrais, que poderiam coincidir com territórios de Estados nacionais; e atividades sem condições de escapar da concorrência de seus competidores e da troca desigual dos monopolistas em outras regiões, tornando-as regiões periféricas, da mesma forma, podendo coincidir com territórios nacionais ou mesmo continentais.

A partir da perspectiva de sistema-mundo, autores como Walter Mignolo[17] e Aníbal Quijano[18] proporiam a complementação de sistema-mundo com o adjetivo moderno-colonial, ao especificarem o papel que a América Latina teria na funcionalidade e construção do mundo moderno.[19] Nestes termos, a viabilidade histórica da modernidade se daria através da incorporação da América Latina, a partir do século XVI. O centro operaria com uma espécie de colonialidade do poder, motor da expansão do próprio sistema-mundo. A noção de colonialidade do poder caracterizaria um padrão de dominação global próprio do sistema-mundo moderno originado com o colonialismo europeu a princípios do século XVI. Para Quijano, toda forma de existência social que se reproduz em longa duração implicaria cinco âmbitos básicos de existência: trabalho, sexo, subjetividade/intersubjetividade, autoridade coletiva e natureza. A disputa pelo controle dos âmbitos acarretaria a (re)produção das relações de poder. Desta perspectiva, o fenômeno do poder se caracterizaria por ser um tipo de relação social constituída pela co-presença e pela interatividade permanente de três elementos: a dominação, a exploração e o conflito. Estes elementos afetariam aos cinco âmbitos básicos da existência social e seriam a expressão da disputa pelo controle do trabalho, do sexo, da subjetividade/intersubjetividade, da autoridade coletiva ou pública e das relações com as demais formas de vida e com o resto do universo.

No padrão de poder da colonialidade, a ideia de raça e o complexo ideológico do racismo impregnariam todos os âmbitos da existência social e constituiriam a mais profunda e eficaz forma de dominação social, material e intersubjetiva. Seria nestes termos a

---

17  MIGNOLO, 2013.

18  QUIJANO, 2000; 2007.

19  Além dos citados, outros autores como Edgardo Lander, Fernando Coronil, Enrique Dussel e Catherine Walsh compartilham da mesma perspectiva.

Sociologia, modernismo e interpretação do Brasil    271

posição subalterna dos povos submetidos a este específico e histórico padrão de dominação, como resultado de um conflito de poder em que se naturalizariam as concepções dominantes sobre raça. O segundo eixo da colonialidade, como padrão de poder, seria composto por um sistema de relações sociais materiais que se gestaram no mesmo movimento histórico de produção e controle de subjetividades que deram origens aos exercícios classificatórios descritos no primeiro eixo.[20]

Com a conquista da América, paralelamente, se iniciaria um novo sistema de controle do trabalho, que consistiria na articulação de todas as formas conhecidas de exploração em uma única estrutura de produção de mercadorias para o mercado mundial, e foram rearticulados as relações de trabalho e o controle da produção, apropriação e distribuição de produtos. Se configuraria assim um novo padrão global de controle do trabalho, elemento central do padrão de poder colonial, e por extensão, da colonialidade do poder.[21] Radicalizando o argumento de Quijano, a América seria o primeiro espaço-tempo de um novo padrão de poder de vocação mundial e por este modo como a primeira identidade da modernidade.

Sem querer entrar em detalhes específicos deste novo tipo de postura interpretativa,[22] pode-se afirmar que procuram refundar os aspectos teóricos das ciências humanas em outra direção e realizar uma dura crítica ao eurocentrismo, que inclusive, se revelaria na

---

20  QUIJANO, 2007.

21  Para Mignolo, a América teria um papel protagônico, subalternizado, sem o qual a Europa não teria acumulado toda a riqueza e poder que concentrou. A teoria do moderno-colonialidade ao ressaltar o papel protagônico subalternizado não indicaria um lugar menor da América e maior da Europa, como se poderia pensar nos marcos dicotomizantes do pensamento hegemônico, ao contrário, assinalaria a existência de uma ordem geopolítica mundial que seria conformada por uma clivagem estruturante moderno- colonial e que poderia ser compreendida a partir dessa tensão que a habitaria. MIGNOLO, 2013.

22  Para uma reflexão mais aguda do tema, ver BORTOLUCI, 2009.

academia, nas universidades e institutos de pesquisas das periferias. O eurocentrismo, seria a baliza pela qual as relações entre centro e periferia do sistema-mundo encontrariam legitimidade. Se pensarmos na constituição das ciências humanas em contextos periféricos, o problema se coloca de forma direta e inevitável. Produção e reprodução das justificativas europeias e referenciais de análise que procurariam ajustar os diversos contextos, espaço-tempo, sob a tutela de teorias justificadoras da dominação, ou poder da colonialidade, como querem Quijano e Mignolo, revestidas pelo critério de cientificidade e neutralidade objetiva. Sob esta perspectiva, esse olhar central hegemônico ontologizaria as diferenças com relação às outras sociedades, enxergando-as como formas incompletas de realização do moderno.[23] Para Mignolo e Quijano, uma teoria crítica da modernidade na periferia não deveria ser entendida como uma teoria exógena da modernidade, mas como parte integrante dela, forçando a revelação dos elementos justificatórios da dominação.

Essas premissas tornam-se mais desafiadoras se conectarmos com a ideia de experiência intelectual na periferia, no caso latino-americano, desvelados pela crítica literária e cultural, na qual se observa a perspectiva de que a vida intelectual seria constituída a partir de uma relação conflituosa entre a *episteme* do centro e da periferia.

---

23  Associado a este tema, autores chamaram a atenção para as diferentes formas que a expansão do sistema-mundo fora feita ao longo do tempo. Para Edward Said, o orientalismo seria um estilo de pensamento baseado em uma distinção epistemológica e ontológica entre Oriente e Ocidente. Essa distinção fundamental seria o ponto de partida para a elaboração de teorias, romances, obras de arte e outras produtos culturais, sobre o oriente, seus povos e costumes. O orientalismo não constituiria apenas uma forma de representação, essa duplicação do discurso, Oriente versus Ocidente, seria marcada por uma pretensão de estereotipar o outro e de reduzi-lo a determinada essência. De outro lado, Said procurou mostrar que o imperialismo, assim como outras formas violentas e assimétricas de capitalismo global estaria articulado a um horizonte de conceitos, problemas e imagens que povoariam o imaginário ocidental-colonial. SAID, 2007; 1995.

Entretanto, Quijano e Mignolo, apontariam que o eurocentrismo dominaria o modo de pensar periférico na América Latina, pelo menos até o surgimento da Cepal e da teoria da dependência nos anos 1960 e 1970. Anteriormente a esta data, não levariam em conta as características gerais que essa posição à margem instituiu nesse tipo de experiência intelectual, seja na produção e ordenação de novos mundos, pela experiência intelectual e pelos produtos culturais, que os diferenciaram dos modos clássicos de entrada na modernidade, seja pelo caráter dualista das interpretações sociológicas advindas deste contexto: o pragmatismo e a invenção, especialmente no modernismo brasileiro e na sociologia modernista. Seria preciso revisitar os clássicos da disciplina no Brasil, não somente para encontrar uma teoria que desvelasse o eurocentrismo, ou que já antecipasse ou se adaptasse a ideia de sistema-mundo, era preciso uma reflexão compreensiva das formas com as quais a interpretação sociológica se construiu. Se a teoria geral fazia sentido, era preciso reelaborar e refinar a interpretação sobre a experiência intelectual e o modo de relacionamento entre os intelectuais periféricos e o centro do sistema-mundo.

Avançando o argumento, se a crítica à homogeneização e ocidentalização da modernidade fora feita, trataria de considerar, para efeito de comparação, como esses exemplos, de casos nacionais ou regionais, levariam a pensar na heterogeneidade advindas dos desenvolvimentos de cada sociologia histórica, e suas particularidades na formação do Estado-nação, da economia de mercado e da formação das classes sociais, e relacioná-las ao sistema-mundo moderno em que se encontravam. Estava armando uma perspectiva que desse conta de uma série de variações de ângulos, diversos jogos de escala, como na expressão de Revel.[24]

---

24  REVEL, 1998.

Sendo assim, o recurso à historiografia brasileira se faria fundamental. Era preciso verificar os modos de entrada na modernidade e o tipo de modernização que se efetuou no caso brasileiro. Conexo a isso, já estava incorporado o tema do modernismo. Incomodava o fato da versão tradicional de análise que associara o modernismo ao movimento modernista paulista, impor sua versão oficial do modernismo como ruptura total de movimentos anteriores, datando e localizando o modernismo brasileiro, Semana de Arte Moderna em 1922, em São Paulo. De certo modo, autores anteriores a esta data já expressariam os mesmos tipos de angústias e a mesma sensibilidade moderna, o mesmo senso de realismo e os mesmos incômodos que viriam a se repetir após a reunião dos paulistas em seu Teatro Municipal no mês de fevereiro de 1922.

Haveria que ampliar a noção de modernismo, associando-o às formas criativas de expressividade dentro da modernidade, que não só refletiriam a condição da modernidade como também a possibilitariam, e tratar o modernismo como uma parte integrante e significativa da modernidade, estruturante, estruturada e estruturadora. Desta perspectiva, concluíra que o modernismo seria um movimento mais amplo, e que possuiria três dimensões principais, a dimensão técnica, a dimensão ética e a dimensão estética. Dimensões que me levariam a considerar que o modernismo através de determinados padrões cognitivos, axiológicos e normativos, imagético e produtor de imagens e interpretações do mundo, arquiteto de identidades definidoras de uma ontologia social, no caso brasileiro, ao pensar um código civilizatório distinto e animado pelo nacionalismo se ancorara em uma geografia original que permitiria a afirmação do moderno através da modernização.

Estas premissas estruturantes, estruturadoras e estruturadas do modernismo não permaneceriam restritas ao campo da arte e da arquitetura, dialogando com a formulação ensaística que cercou a modernização brasileira desde o início do século XX. Nestes termos, teria que estender a noção tradicional da relação entre o ensaio, a sociologia e o modernismo; e empreender uma crítica à forma com a qual a história da sociologia brasileira fora analisada pelas gerações posteriores ao modernismo dos anos 1930.

No Brasil, a historiografia tradicional das ciências sociais dividiu a história da sociologia em dois períodos. O primeiro seria o de pensadores sociais cuja produção se vincularia a tentativas de interpretação pré-científicas, no qual o ensaio seria o suporte de linguagem por excelência. O segundo período, da sociologia científica, seria o da sua institucionalização e profissionalização, no qual a linguagem conceitual da sociologia se faria presente. Evidentemente, toda classificação é arbitrária e corre o risco da falsa generalização, mas teria que ampliar a definição dada pela versão tradicional. Tal percepção procede da vinculação historiográfica de uma ruptura epistemológica entre um passado pré-disciplinar e um presente propriamente científico que naturalizaria no seu resultado culminar o processo de disciplinarização e institucionalização a que foram submetidas diversas formas de conhecimento científico-social, e anularia a ascendência e a convivência que tiveram outras tradições de escrita, além do Estado. A perspectiva de uma sociologia modernista, possibilitaria uma visão móvel e dinâmica sobre a história da sociologia brasileira, na medida em que o termo permite, por exemplo, a convivência e interdependência com outras formas de sociologia, como a sociologia acadêmica-profissional que se institucionalizou no país, com a sociologia de outras regiões, outros suportes de escrita, como o ensaio e outros tipos de linguagem, como a literatura. Além de uma reflexão sobre o arsenal conceitual e a metodologia empregada nos estudos da sociologia modernista e da sociologia acadêmica-profissional.

Diante disso, retomaria a leitura dos clássicos da sociologia brasileira e sua interpretação sobre o Brasil, associando-os ao processo de modernização e ao modernismo. E voltaria ao tema inicial com o qual abri esta introdução. O tema dos intelectuais, do ensaio e da utilização de argumentos sociológicos de interpretação do Brasil.

A agenda de pesquisa aumentava e o tempo diminuía. Teria que interpelar textos que possuem o *status* de clássicos da teoria social brasileira e lhes dar uma nova conceituação dentro da história da sociologia brasileira. São conhecidos os textos de Jeffrey Alexander sobre os clássicos. Para ele, o clássico representaria um ponto de referência comum, um símbolo que se condensaria a partir de funcionalidades extrínsecas e funcionalidades intelectuais para o debate nas ciências sociais. As quatro funcionalidades extrínsecas seriam que o clássico: simplificaria o debate, permitiria o compromisso geral, forneceria um ponto de debate e possibilitaria as razões estratégicas e instrumentais do ofício. De outro lado, Alexander apontaria que "somente quando se compreende o jogo sutil entre ausência e presença é que a função teórica dos clássicos se evidencia, tanto quanto a prática interpretativa ao longo da qual se prossegue essa teorização."[25]

Resumindo os pontos de inspiração: entre o textualismo e o contextualismo, teria que encontrar um caminho de síntese, uma perspectiva que me possibilitasse analisar os intelectuais enquanto grupo social específico, que atua de modo fundamental no mundo moderno, e por outro lado, me permitisse abordar os produtos culturais, em especial os textos. A sociologia histórica de Barrington Moore, Charles Tilly, Reinhard Bendix, T.S. Marshall e a ideia de modernidades múltiplas de Eisenstadt, me chamaria a atenção para o problema dos diferentes tipos de configuração dos Estados Nacionais, das formas de relacionamento entre classes sociais e Estados, para o tema da diversidade dos processos de modernização, para a dessemelhança de modernidades e para um ponto metodo-

---

25 ALEXANDER, 1999, p. 96.

Sociologia, modernismo e interpretação do Brasil 277

lógico importante, a extrapolação e refinamento de aparatos teóricos e conceituais perante sua aplicabilidade mediada pelos fatores espaço-temporais da análise histórica e historiográfica. A ideia de sistema-mundo de Wallerstein possibilitaria a comparação entre diversos casos sem perder de vista a interdependência entre eles, centro e periferia mais como conceitos da economia-mundo capitalista do que como regiões geográficas, significando-as em uma análise sistêmica a partir da longa duração, como um processo da divisão mundial do trabalho e da distribuição desigual do excedente conforme a capacidade de absorção de excedentes dos vários elos das cadeias mercantis, por meios econômicos e extra-econômicos. Autores como Quijano e Mignolo, apontariam as especificidades da América no sistema-mundo e criticariam o eurocentrismo como padrão de dominação da colonialidade do poder. Roberto Schwarz, Angel Rama, Julio Ramos, Renato Ortiz e Silviano Santiago, chamariam a atenção para as particularidades da experiência intelectual latino-americana e periférica, ajustando os elementos de dominação do sistema-mundo proposto por Quijano e Mignolo. Autores como Marshall Berman e Carl Schorske, encaminharam a discussão sobre a diversidade das manifestações modernistas, levantando implicitamente a ideia de uma geografia dos modernismos, termo utilizado por Andreas Huysen. O que possibilitou ampliar a noção de modernismo, associando-o às formas criativas de expressividade dentro da modernidade, e além disso, tratar o modernismo como uma parte integrante e significativa da modernidade. E por fim, a tentativa de construção de uma nova perspectiva para se analisar a sociologia do período, que rompesses com análises fixas e estanques da dinâmica de construção paulatina da sociologia brasileira, a partir da miragem da existência de florações da sociologia modernista.

Tratar as florações da sociologia modernista brasileira não seria tarefa fácil. Em primeiro lugar, teria que refletir sobre os modos pelos quais os intelectuais que se utilizaram de argumentos socio-lógicos se inseriam em um contexto mais amplo, relacionando-se e diferenciando-se dos locais onde a sociologia nascera no século XIX. Neste sentido, procurei conjecturar sobre as principais caracte-rísticas dos intelectuais brasileiros no século XIX e início do XX. Em segundo lugar, teria que analisar o suporte de escrita que a so-ciologia brasileira se utilizou, o ensaio. Em terceiro lugar, relacionar a sociologia com o modernismo brasileiro e com o processo de mo-dernização no Brasil. E, por fim, esmiuçar os argumentos contidos nestas análises de interpretação do Brasil, a partir de categorias que me permitissem extrapolar o mero enfileiramento de argumentos.

# REFERÊNCIAS

A REVOLUÇÃO de 30: seminário internacional realizado pelo Centro de Pesquisa e Documentação de História Contemporânea da Fundação Getúlio Vargas. Brasília, Ed. Universidade de Brasília, 1982.

ABREU, Marcelo de Paiva (org.). *A ordem do progresso. Cem anos de política econômica republicana, 1889-1989*. Rio de Janeiro: Campus, 1990.

ADORNO, Theodor. *Notas de Literatura I*. São Paulo: Editora 34, 2003.

AGUIAR E SILVA, Vitor Manuel. *Teoria da Literatura*. Coimbra: Livraria Almedina, 1990.

AGWELE, Augustine (org). *Development, Modernism and Modernity in Africa*. Londres: Routledge, 2012.

AHMAD, Aijaz. (2002) *Linhagens do Presente: Ensaios*. São Paulo: Boitempo Editorial, 2002.

ALEXANDER, Jeffrey. "A importância dos clássicos." In: GIDDENS, Anthony; TURNER, Jonathan (Orgs.). *Teoria social hoje*. São Paulo: Unesp, p. 23-89, 1999.

ALMEIDA, Maria Hermínia Tavares de. "Dilemas da institucionalização das ciências sociais no Rio de Janeiro". In: MICELI, Sergio (org.). *História das ciências sociais no Brasil*. São Paulo: Vértice/Idesp/Finep, vol. 1, 1989.

ALONSO, Ângela. *Idéias em movimento: a geração de 1870 na crise do Brasil-Império*. Rio de Janeiro: Paz e Terra, 2002.

ALVES, Ivia. *Arco & Flexa. Contribuição para o estudo do modernismo*. Salvador, Fundação Cultural do Estado da Bahia, 1978.

AMOROSO LIMA, Alceu. *Afonso Arinos*. Rio de Janeiro: Vozes, Educam, 2000.

_____. *Companheiros de Viagem*. Rio de Janeiro: José Olympio, 1971.

_____. *Voz de Minas*. São Paulo: Abril Cultural, 1983.

ANDERSON, Benedict. *Nação e Consciência Nacional*. São Paulo: Ática, 1989.

ANDRADE, Almir. *Formação da sociologia brasileira: os primeiros estudos sociais no Brasil, séculos XVI, XVII e XVII*. Rio de Janeiro: José Olympio, v. 1. (Documentos Brasileiros, 27), 1941.

ANDRADE, Carlos Drummond de. *Brejo das almas*. Rio de Janeiro: Record, 2001.

ANDRADE, Carlos Drummond; ANDRADE, Mário. *A Lição do Amigo: Cartas de Mário de Andrade a Carlos Drummond de Andrade*. Rio de Janeiro: Editora José Olympio, 1982.

ANDRADE, Mário de. *A arte religiosa no Brasil: crônicas publicadas na Revista do Brasil em 1920*. São Paulo: Experimento, Giordano, 1993.

_____. *Aspectos das artes plásticas no Brasil*. 3.ed. Belo Horizonte: Itatiaia, 1984.

_____. *Aspectos da Literatura Brasileira* (6ª ed.). São Paulo: Livraria Martins Editora S. A, 1978.

ANDRADE, Régis. *Ordem Política e Conflito na Constituição do Estado Brasileiro: 1889-1937*. São Paulo: tese de doutoramento FFLCH – USP, 1981.

ANDRADE, Rodrigo Mello Franco de. *Rodrigo e seus tempos*. Rio de Janeiro: Pró-Memória, 1986.

_____. *Rodrigo e o SPHAN. Coletânea de Textos sobre o Patrimônio Cultural*. Rio de Janeiro: Pró-Memória, 1987.

ANDRADE, Oswald de. *Pau Brasil*. 2ª. edição, 5ª. reimpressão Rio de Janeiro: Editora Globo, 2009.

_____. *A Utopia Antropofágica*. São Paulo: Globo, 1995.

AMARAL, Antônio José de Azevedo. *O Estado Autoritário e a Realidade Nacional*. Rio de Janeiro: José Olympio Editora, 1938.

_____. *O Brasil na crise atual*. São Paulo: Companhia Editora Nacional, 1934.

ARANTES, Paulo. *Sentimento da dialética na experiência intelectual brasileira: dialética e dualidade segundo Antônio Candido e Roberto Schwartz*. Rio de Janeiro: Paz e Terra, 1992.

ARARARIPE JUNIOR. *Teoria, Crítica e História Literária*. São Paulo: Edusp, 1978.

ARAÚJO, Ricardo Benzaquén. *Guerra & Paz: Casa Grande & Senzala e a obra de Gilberto Freyre nos anos 30*. São Paulo: Editora 34, 1994.

ARAUJO, Valdei Lopes. *A experiência do tempo: conceitos e narrativas na formação nacional brasileira (1813-1845)*. São Paulo: Hucitec, 2008.

ARCINIEGAS, Germán. "Nuestra América es un ensayo". In: LARROYO, Francisco et al. *Filosofía de la historia latinoamericana*. Bogotá: El Búho, 1983.

AROCENA, Felipe & DE LEÓN, Eduardo. *El Complejo de Prospero. Ensayos sobre cultura, modernidad y modernización en América Latina*. Montevideo: Intén Ed, 1996.

ARRAIS, Raimundo. *A capital da saudade: destruição e reconstrução do Recife em Freyre, Bandeira, Cardozo e Austregésilo*. Recife: Editora Bagaço, 2006.

ARRIGHI, Giovanni. *A ilusão do desenvolvimento*. Petrópolis: Vozes, 1997.

_____. *O longo século XX: dinheiro, poder e as origens do nosso tempo*. Rio de Janeiro; São Paulo: Contraponto; UNESP, 1996.

ARRUDA, Maria Arminda do Nascimento. *Mitologia da mineiridade*. São Paulo: Editora Brasiliense, 1990.

_____. "A sociologia no Brasil: Florestan Fernandes e a 'escola paulista'". In: MICELI, Sergio (org.). *História das ciências sociais no Brasil*. São Paulo: Sumaré/Idesp/Fapesp, vol. 2, 1995.

_____. *Metrópole e cultura: São Paulo no meio século XX*. São Paulo: Edusc, 2002.

ASSIS, Machado de. *Machado de Assis: crítica, notícia da atual literatura brasileira*. São Paulo: Agir. p. 28-34. "Instinto de nacionalidade", 1959.

_____. "O Espelho: esboço de uma nova teoria da alma". In: ___. *Contos*. Rio de Janeiro: Paz e Terra, pp 21-35, 1997.

AUERBACH, Eric. *Ensaios de Literatura Ocidental: filologia e crítica*. São Paulo: Editora 34, 2007.

AVELINO FILHO, George. "As Raízes de Raízes do Brasil". *Novos Estudos CEBRAP*, n. 18, setembro, pp. 33-41, 1987.

AZEVEDO, Fernando de. *Princípios de sociologia: pequena introdução ao estudo da sociologia geral*. São Paulo: Editora Duas Cidades, 1976.

Sociologia, modernismo e interpretação do Brasil       283

AZEVEDO, Neroaldo Pontes. *Modernismo e Regionalismo: Os Anos 20 em Pernambuco*. João Pessoa: Secretaria de Educação e Cultura da Paraíba, 1984.

BACHELARD, Gaston. *A poética do espaço*. São Paulo: Martins Fontes, 1996.

BAKHTIN, Mikhail. *Questões de literatura e de estética: a teoria do romance*. São Paulo: UNESP; Hucitec, 1988.

BARBOSA FILHO, Rubem. *Tradição e Artifício: Iberismo e Barroco na Formação Americana*. Belo Horizonte: Editora UFMG, 2000.

_____. "As Linguagens da democracia." *Revista Brasileira de Ciências Sociais*. Vol.23.n.67. Junho, 2008.

_____. "Desigualdade, diferença e identidade". In: *VIII Congresso Luso-Afro-Brasileiro de Ciências Sociais*, Coimbra, Portugal, 2005.

BARTA, Peter. (org) *Metamorphoses in Russian Modernism*. Bulgária: Central European University Press, 2000.

BASTOS, Élide Rugai. *Gilberto Freyre e o pensamento hispânico. Entre Dom Quixote e Alonso El Bueno*. Bauru/SP: EDUSC, 2003.

BATALHA, Cláudio. (2000a) *O movimento operário na Primeira República*. Rio de Janeiro: Jorge Zahar, 2000A.

_____. "A historiografia da classe operária no Brasil: trajetórias e tendências."in: FREITAS, Marcos Cezar de. *Historiografia brasileira em perspectiva*. São Paulo: Contexto, 2000B.

BAUDELAIRE, Charles. *Sobre a modernidade: o pintor da vida moderna*. São Paulo: Paz & Terra, 1996.

BAUMAN, Zigmunt. *Globalização: as consequências humanas*. Rio de janeiro: Jorge Zahar, 1999.

_____. *Modernidade Líquida*. Rio de Janeiro: Jorge Zahar Editor, 2001.

BENDIX, Reinhard. *Construção Nacional e Cidadania*. São Paulo: EDUSP, 1996.

BENJAMIN, Walter. *Magia e técnica, arte e política: ensaios sobre literatura e história cultural.* Tradução de Sérgio Paulo Rounet. São Paulo: Brasiliense, 1994.

BERLIN, Isaiah. *Quatro ensaios sobre a liberdade.* Brasília, Editora da UnB, 1981.

_____. *O porco-espinho e a raposa.* In: ___. *Pensadores Russos.* São Paulo: Companhia das Letras, 1988.

BERMAN, Marshall. *Tudo que é sólido desmancha no ar: a aventura da modernidade.* São Paulo: Companhia das Letras, 1986.

BERRIEL, Carlos Eduardo Ornelas. *Tietê, Tejo, Siena: a obra de Paulo Prado.* Campinas, Papirus, 2000.

BILAC, Olavo. *Discurso de Recepção a Afonso Arinos.* Rio de Janeiro: Academia Brasileira de Letras, 1903. Disponível em www.academia.org.br, acessado em 14/11/2009.

BOMFIM, Manuel. *América Latina: males de origem* (2ª ed.). Rio de Janeiro: Topbooks, 1993.

BOMENY, Helena. *Constelação Capanema: intelectuais e políticas.* Rio de Janeiro: FGV, 2001.

_____. *Os Guardiães da Razão: modernistas mineiros.* Rio de Janeiro: Editora UFRJ/Tempo Brasileiro, 1994.

BORTOLUCI, José Henrique. "Pensamento Eurocêntrico, Modernidade e Periferia: reflexões sobre o Brasil e o mundo muçulmano. Dissertação de Mestrado. Faculdade de Filosofia, Letras e Ciências Humanas da USP, São Paulo, 2009.

BOSI, Alfredo. *História concisa da literatura brasileira.* São Paulo: Editora Cultrix, 1994.

BOTELHO, André. "Passado e futuro das interpretações do país". *Tempo Social,* 1 (22): 47-66, jun, 2010.

_____. "Sequências de uma sociologia política brasileira." *Revista*

*Dados*, Rio de Janeiro: v. 50, n. 1, 2007.

_____. *O Brasil e os dias: Estado-nação, modernismo e rotina intelectual.* Bauru, Edusc, 2005.

_____. *Aprendizado do Brasil: A nação em busca de seus portadores sociais.* Campinas, Editora da Unicamp, 2002.

BOURDIEU, Pierre. *As regras da arte.* São Paulo: Companhia das Letras, 2005.

_____. *A economia das trocas simbólicas.* São Paulo: Perspectiva, 1974.

BRAGA, Vanuza. "Relíquia e esperança: Ouro Preto e as políticas de preservação do patrimônio no Brasil." In: FERREIRA, Marieta. (Org) *Memória e Identidade Nacional.* Rio de Janeiro: Editora FGV, 2010.

BRANDÃO, Gildo. "Linhagens do pensamento político brasileiro". *Revista Dados*, Rio de Janeiro: v. 48, n. 2. p. 231-269, 2005.

_____. "Oliveira Vianna - Populações Meridionais do Brasil". In: MOTA, Lourenço Dantas(Org.). *Introdução ao Brasil - Um Banquete no Trópico.* São Paulo: Senac, 2001.

BRANDÃO, Roberto de Oliveira. "Presença da Oratória no Brasil do século XIX." In: MOISES, Leyla Perrone (org). *O Ateneu: retórica e paixão.* São Paulo: Edusp, 1988.

BRAUDEL, Fernand. (1995) *Civilização material, economia e capitalismo.* São Paulo: Martins Fontes, 3v, 1995.

_____. *A dinâmica do capitalismo.* Lisboa: Teorema, 1985.

BROOKER, Peter & HACKER, Andrew. *Geographies of Modernism: literatures, cultures, spaces.* Londres, Routledge, 2005.

BURKE, Peter. *A Escola dos Annales - 1929-1989.* São Paulo: Unesp, 1992.

_____. *História e Teoria Social.* São Paulo: Editora Unesp, 2002.

CANDIDO, Antônio. "A Sociologia no Brasil." *Tempo Social*, USP, v. 18, n. 1, pp.271-301, 2006.

_____. *O Método Crítico de Sílvio Romero*. São Paulo: Edusp, 1988.

_____. *Literatura e Sociedade*. São Paulo: T.A. Queiroz Editora, 2000.

_____. *Formação da literatura brasileira*. São Paulo: Martins, 1964.

_____. *Os parceiros do rio Bonito*. São Paulo: Duas Cidades, 1987.

CANO, Wilson. *Raízes da Concentração Industrial em São Paulo*. São Paulo: Editora Hucitec, 1990.

CALHOUN, Craig. (Ed) *Sociology in America: a history*. Chicago, University of Chicago Press, 2007.

CAMPOS, Francisco. *O Estado Nacional*. Rio de Janeiro: José Olympio Editora, 1940.

CANCLINI, Nestor Garcia. *Culturas Híbridas: estratégias para entrar e sair da modernidade*. São Paulo: Edusp, 2003.

CAPELATO, M. H. "Propaganda política e controle dos meios de comunicação". In: PANDOLFI, D. (org.) *Repensando o Estado Novo*. Rio de Janeiro: Ed. Fundação Getúlio Vargas, 1999. p. 167-178.

CARDOSO, Vicente. À Margem da República. Recife: FJN/Editora Massangana, 1990.

CARONE, Edgar. *Movimento Operário no Brasil*. São Paulo: Difel, 1981.

_____. *O Pensamento Industrial no Brasil*. São Paulo: Difel, 1977.

CARVALHO, José Murilo de. A *Formação das Almas*. São Paulo: Companhia das Letras, 1990.

_____. *A construção da ordem: a elite política imperial*. Rio de Janeiro: Campus, 1980.

_____. *Os Bestializados: O Rio de Janeiro e a República que não foi.* São Paulo: Companhia das Letras, 1987.

CARVALHO, Maria Alice Rezende. *O Quinto Século: André Rebouças e a Construção do Brasil.* Rio de Janeiro: Revan, 1998.

_____. "Temas sobre a organização dos intelectuais no Brasil". *Revista Brasileira de Ciências Sociais.* Vol. 22 n. 65, 2007.

CASTRO-GÓMEZ, Santiago; MENDIETA, Eduardo (orgs.). *Teorías sin disciplina (latinoamericanismo, poscolonidalidad y globalización en debate).*México, Porrúa, 1998. Edição digital disponível http://www.ensayistas.org/critica/teoria/castro.

CAVALCANTI, Berenice. *Passaporte para o Futuro: Afonso Arinos de Melo Franco, um ensaísta na República.* Rio de Janeiro: Editora Vieira e Lent, 2006.

CAVALCANTI, Lauro. *Modernistas na Repartição.* Rio de Janeiro: IPHAN/UFRJ, 2000.

_____. *Moderno e Brasileiro: a história de uma nova linguagem na arquitetura.* Rio de Janeiro: Jorge Zahar, 2006.

CHACON, Vamireh."Ideologia e práxis da democracia populista". In: *Estado e povo no Brasil: as experiências do Estado Novo e da democracia populista* (1937-1964). Rio de Janeiro: José Olympio, 1977A.

_____. *História das ideias sociológicas no Brasil.* São Paulo: Grijalbo, 1977B.

CHALHOUB, Sidney. *Visões da Liberdade: uma história das últimas décadas da escravidão na corte.* São Paulo: Companhia das Letras, 1990.

CHARTIER, R. *A História Cultural: entre práticas e representações.* Rio de Janeiro: Difel, 1990.

CUCHE, Denys. *A noção de cultura nas ciências sociais.* Bauru: Edusc, 1999.

CHUVA, Márcia. *Os Arquitetos da Memória. A construção do patrimônio histórico e artístico nacional no Brasil – 1930-1940.* Rio de Janeiro: Editora da UFRJ, 2009.

COELHO, Edmundo Campos. *As profissões imperiais. Medicina, engenharia e advocacia no Rio de Janeiro. 1822-1930.* Rio de janeiro/São Paulo: Record, 1999.

COMPAGNON, Antoine. *Os Cinco Paradoxos da Modernidade.* Tradução de Cleonice P. Mourão, Consuelo F. Santiago e Eunice D. Galéry. Belo Horizonte: Editora UFMG, 1996.

CORONIL, F. "Naturaleza del Poscolonialismo: Del eurocentrismo al globocentrismo", in: LANDER, E. (comp.) *La Colonialidad del Saber: Eurocentrismo y ciencias sociales. Perspectivas latinoamericanas.* CLACSO, Buenos Aires, p. 87-111, 2000.

CORRÊA, Mariza. "A antropologia no Brasil (1960-1980)". In: MICELI, Sergio (org.). *História das ciências sociais no Brasil.* São Paulo: Sumaré/Idesp/Fapesp, vol. 2, 1995.

COSTA, Lúcio.(s/d) *Lucio Costa: registro de uma vivência.* São Paulo: Empresa das Artes.

COSTA, Sergio. *Dois Atlânticos: teoria social, anti-racismo, cosmopolitismo.* Belo Horizonte: Editora UFMG, 2006.

_____."Quase crítica: insuficiências da sociologia da modernização reflexiva." *Tempo Social*, São Paulo: v. 16, n. 2, 2004.

COUTINHO, Afrânio. "Ensaio e Crônica". In: ___. (Dir.) *A Literatura no Brasil.* vol. 6, 4 edições, Rio de Janeiro: Global, p. 117-143, 1997.

_____. *A Literatura no Brasil.* vol. 5. São Paulo: Global, 1986.

CRARY, Jonathan. *Técnicas do Observador: visão e modernidade no século XIX.* Rio de Janeiro: Contraponto, 2013.

CRUZ COSTA, J. *Contribuição à história das ideias no Brasil.* Rio de Janeiro: José Olympio, 1956.

CULLER, Jonathan. *Literary Theory: a very short introduction*. Oxford, Oxford University Press, 1997.

CUNHA, Euclides da. *Os sertões / Euclides da Cunha*. São Paulo: Ediouro, 2008.

CURIEL, Carole. "De los muchos, uno: El federalismo en el espacio ibero-americano." In: LOSADA, Cristobal. SEBASTIAN, Javier. (2009) *Diccionario político y social del mundo iberoamericano La era de las revoluciones, 1750-1850*. Madrid: Fundación Carolina Sociedad Estatal de Conmemoraciones Culturales y Centro de Estudios Políticos y Constitucionales de Madrid, 2009.

DEBERT, Guita Grin. *Ideologia e populismo*. São Paulo: T.A. Queiroz, 1975.

DEVÉZ VALDÉS, Eduardo. "Modernização e identidade: as ideias na América Latina." *Estudos Históricos*, Rio de Janeiro: vol. 5, n. 9, p. 75-83, 1992.

_____. "O pensamento nacionalista na América Latina e a reivindicação da identidade econômica (1920-1940)". *Estudos Históricos*, Rio de Janeiro: vol. 10, n. 20, p. 321-343, 1997.

DIEHL, Astor Antônio. *A cultura historiográfica brasileira. Do IHGB aos anos 1930*. Passo Fundo, Ediupf, 1998.

DIMAS, A. *Bilac, o Jornalista: Crônicas- Vol.1*. São Paulo: Imprensa Oficial do Estado de São Paulo/Editora da Universidade de São Paulo/Editora da Unicamp, 2006a.

_____. *Bilac, o Jornalista: Ensaios*. São Paulo: Imprensa Oficial do Estado de São Paulo/Editora da Universidade de São Paulo/Editora da Unicamp, 2006b.

DINIZ, Eli. "Engenharia Institucional e Políticas Públicas: dos conselhos técnicos às câmaras setoriais". In: PANDOLFI, Dulce. *Repensando o Estado Novo*. Rio de Janeiro: FGV, 1999.

DOMINGUES, José Maurício. "Modernidade, tradição e reflexividade no Brasil contemporâneo." *Tempo Social*, 10(2), 209-234, 1998.

_____. *Interpretando a modernidade: imaginário e instituições*. Rio de Janeiro: FGV, 2002a.

_____. "Reflexividade, Individualismo e Modernidade". *Revista Brasileira de Ciências Sociais*. São Paulo: v. 17, n. 49, 2002b.

DUARTE, Nestor. *A Ordem Privada e a Organização Social*. São Paulo: Cia. Editora Nacional, 1939.

DUARTE, Rodrigo. *Adornos: nove ensaios sobre o filósofo frankfurtiano*. Belo Horizonte: UFMG, 1997.

DULCI, Otávio Soares. "As Elites Mineiras e a Conciliação: a Mineiridade como ideologia". In: ANPOCS. *Ciências Sociais Hoje*. São Paulo: Cortez, 1984.

DUSSEL, E. "Europa, Modernidad y Eurocentrismo", en E. Lander (Comp.) *La Colonialidad del Saber: Eurocentrismo y ciencias sociales. Perspectivas latinoamericanas*. CLACSO, Buenos Aires, p. 41-53, 2000.

DUTRA, Eliana Freitas. (2008) "Mediação intelectual e percursos da cultura no Brasil dos anos 1930: o caso da coleção brasiliana e da Cia Editora Nacional." In: RODRIGUES, Helenice & KOHLER, Hèliane. *Travessias e cruzamentos culturais – a mobilidade em questão*. Rio de Janeiro: FGV, 2008.

EAGLETON, Terry. *Teoria da Literatura: uma introdução*. São Paulo: Martins Fontes, 1997.

EARLE, Peter G. "El ensayo hispanoamericano, del modernismo a la modernidad". *Revista Iberoamericana*, n°s 118-119 p.46-57, 1982.

EDER, Klauss. *A Nova Política de Classes*. Bauru, Edusc, 2002.

EISENSTADT, Shmuel. (org) *Patterns of Modernity*. Londres, Francis Pinter, 1987.

_____. "Modernidades múltiplas." *Sociologia, Problemas e Práticas* [online]. n.35, pp. 139-163, 2001.

ELIAS, Norbert. *A Sociedade de Corte*. Lisboa, Editorial Estampa, 1987.

_____. *A Sociedade dos Indivíduos*. Rio de Janeiro, Jorge Zahar Editor, 1994.

_____. *A Condição Humana*. Difel Difusão Editorial; Bertand Brasil, Lisboa, Rio de Janeiro, 1991.

_____. *O Processo Civilizador: Uma História dos Costumes*. Rio de Janeiro, vol. 1, 1990.

_____. *O Processo Civilizador: Formação do Estado e Civilização*. Rio de Janeiro, Jorge Zahar Editor, 1993.

_____. *Os Alemães: A luta pelo poder e a evolução do habitus nos séculos XIX e XX*. Rio de Janeiro: Jorge Zahar, 1997.

_____. *Sobre o Tempo*. Rio de Janeiro, Jorge Zahar Editor, 1998.

GARRIGOU, Alain, LACROIX, Bernard (orgs). *Norbert Elias: A Política e a História*. São Paulo, Perspectiva, 2001.

FAUSTO, Boris (org). *O Brasil Republicano. Tomo III,* São Paulo: Difel, (v.1 e 2), 1995.

FRANCO, Maria Silvia de Carvalho. *Homens livres na ordem escravocrata*. São Paulo: Kairós, 1983.

FERES JÚNIOR, João. (2005), "De Cambridge para o Mundo, Historicamente: Revendo a Contribuição Metodológica de Quentin Skinner". *Revista Dados*, vol. 48, n° 3, pp. 655-679.

_____. (2009) "El concepto de América en el mundo atlántico (1750-1850): Perspecti- vas teóricas y reflexiones sustantivas a partir de una comparación de múltiples casos." In: LOSADA, Cristobal. SEBASTIAN, Javier. *Diccionario político y social del mundo iberoamericano La era de las revoluciones, 1750-1850.*

Madrid: Fundación Carolina Sociedad Estatal de Conmemoraciones Culturales y Centro de Estudios Políticos y Constitucionales de Madrid.

FERNANDES, Florestan. (2006) *A Revolução Burguesa no Brasil*. 5. Ed. São Paulo: Globo.

_____. (1958) A etnologia e a sociologia no Brasil: ensaios sobre aspectos da formação e do desenvolvimento das ciências sociais na sociedade brasileira. São Paulo: Anhembi.

_____. (1977) *A sociologia no Brasil: contribuição para o estudo de sua formação e desenvolvimento*. Petrópolis: Vozes.

FERREIRA, Fatima. (2009) "Entre viejos y nuevos sentidos: 'Pueblo' y 'pueblos' en el mundo ibe- roamericano, 1750-1850." In: LOSADA, Cristobal. SEBASTIAN, Javier. *Diccionario político y social del mundo iberoamericano La era de las revoluciones, 1750-1850*. Madrid: Fundación Carolina Sociedad Estatal de Conmemoraciones Culturales y Centro de Estudios Políticos y Constitucionales de Madrid.

FERREIRA, Jorge. (org.). (2001a) *O populismo e sua história: debate e crítica*. Rio de Janeiro: Civilização Brasileira.

_____. (2001b) "O nome e a coisa: o populismo na política brasileira". In: ___. (org.). O populismo e sua história. Rio de Janeiro: Civilização Brasileira.

FOUCAULT, Michel. (2000) *As Palavras e as Coisas. Uma arqueologia das ciências humanas*. São Paulo: Martins Fontes.

FRANCO, Afonso Arinos de Melo. (1969) *Obra Completa*. Rio de Janeiro: Instituto Nacional do Livro. (Tio)

FRANCO, Afonso Arinos de Melo. (1936) *Conceito de civilização brasileira*. São Paulo: Companhia Editora Nacional.

_____. (1944) *Desenvolvimento da civilização material no Brasil*.

Rio de Janeiro: SPHAN.

_____. (2007) *Rosa de Ouro*. Organizado por Afonso Arinos Filho. Belo Horizonte: UFMG.

_____. (1980) *Roteiro Lírico de Ouro Preto*. Brasília: Universidade de Brasília.

_____. (1956) *Um estadista na República*. Rio de Janeiro: José Olímpio.

_____. (2005) *O espírito e a ação: ensaios inéditos*. Rio de Janeiro: ABL.

FREITAG, Barbara. (2006) *Teorias da Cidade*. Campinas, Papirus.

FREYRE, Gilberto. (2002) *Casa Grande & Senzala*. Rio de Janeiro: Record.

_____. (1987) *Sobrados e Mocambos*. Rio de Janeiro: Record.

_____. (2001) *Ordem e Progresso*. Rio de Janeiro: Record.

GIDDENS, A.(1989) *A Constituição da Sociedade*. São Paulo: Martins Fontes.

_____. (1991) *As Consequências da Modernidade*. São Paulo: Editora da Unesp.

_____. (1997) "A vida em uma sociedade pós-tradicional". In: BECK, GIDDENS, LASCH. *Modernização reflexiva: política, tradição e estética na ordem social moderna*. São Paulo: Unesp.

_____. (2001b) *O Estado-nação e a Violência: segundo volume de uma crítica contemporânea ao materialismo histórico*. São Paulo: Edusp.

_____. (2002) *Modernidade e Identidade*. Rio de Janeiro: Jorge Zahar Editor.

GILROY, Paul. (2001) *O Atlântico Negro: modernidade e dupla consciência*. São Paulo: Editora 34.

GOLDMAN, Noemi. (2009) "Legitimidad y deliberación. El concepto de opinión pública en Ibero- américa, 1750-1850." In: LOSADA, Cristobal. SEBASTIAN, Javier. *Diccionario político y social del mundo iberoamericano La era de las revoluciones, 1750-1850*. Madrid: Fundación Carolina Sociedad Estatal de Conmemoraciones Culturales y Centro de Estudios Políticos y Constitucionales de Madrid.

GOMES, Ângela de Castro. (1993) "Essa gente do Rio... Os Intelectuais cariocas e o modernismo". In: *Revista Estudos Históricos*. Rio de Janeiro: V.6, n.11, pp.62-77.

_____. (2001) "O populismo e as ciências sociais no Brasil: notas sobre a trajetória de um conceito." In: FERREIRA, Jorge (org.). *O populismo e sua história*. Rio de Janeiro: Civilização brasileira.

_____. (1988) *A invenção do trabalhismo*. São Paulo: Vértice.

GOMES, E. (1980) "Campo contra cidade: a reação ruralista à crise oligárquica no pensamento político-social brasileiro (1910-1935)". Dissertação de mestrado em Ciência política, Iuperj.

GOMES JUNIOR, Guilherme Simões. (1998) *Palavra Peregrina. O barroco e o pensamento sobre as artes e as letras no Brasil*. São Paulo: Edusp.

GÓMES-MARTÍNEZ, José Luis. (1992) *Teoría del Ensayo*. México, UNAM.

GONTIJO, Rebeca. (2003) "Manoel Bomfim: "pensador da história" na Primeira República." Revista Brasileira de História, São Paulo, v. 23, n. 45, Julho.

GORELIK, Adrián. (1999) "O moderno em debate: cidade, modernidade, modernização." In: MIRANDA, Wander (org) *Narrativas da Modernidade*. Belo Horizonte: Autêntica.

GRAMSCI, Antônio. (2004) *Escritos Políticos*. Rio de Janeiro: Civilização Brasileira.

Sociologia, modernismo e interpretação do Brasil          295

_____. (2002) *Cadernos do cárcere – vol.5: O Risorgimento. Notas sobre a história da Itália*, Ed. de Carlos Nelson Coutinho, Rio de Janeiro: Editora Civilização Brasileira.

GREENBLATT, S.(1996) *Possessões maravilhosas: o deslumbramento do Novo Mundo.* São Paulo: EDUSP.

GUIMARÃES, Manoel Salgado. (1988) "Nação e Civilização nos Trópicos: o Instituto Histórico Geográfico Brasileiro e o projeto de uma história nacional." Revista Estudos Históricos, v.1, n1 Rio de Janeiro.

GUMBRECHT, Hans Ulrich. (1998) *Modernização dos Sentidos.* São Paulo: Editora 34.

_____. (1999) *Vivendo no limite do tempo.* Rio de Janeiro/São Paulo: Record.

HABERMAS, Jürgen. (2002) *O discurso filosófico da modernidade.* São Paulo: Martins Fontes.

_____. (1987) *Theory of Communicative Action.* Boston, Beacon.

_____. (1987b) *Técnica e Ciência como "Ideologia".* Lisboa, Edições 70.

_____. (1989a) *Consciência Moral e Agir Comunicativo.* Rio de Janeiro: Tempo Brasileiro.

_____. (1989) "Para o uso pragmático, ético e moral da razão prática". *Estudos Avançados*, São Paulo: v. 3, n. 7, 1989.

_____. (2004) *O Futuro da Natureza Humana.* São Paulo: Martins Fontes.

HALL, M. M.; PINHEIRO, P. S. *A classe operária no Brasil: Documentos (1889-1930) – o movimento operário.* São Paulo: Editora Alfa-Ômega, 1979.

HALLEWELL, Laurence. (2005) *O Livro no Brasil: sua história.* São Paulo: Edusp.

HAMBURGER, Kate. (1986) *A Lógica da Criação Literária*. São Paulo: Perspectiva.

HAMILTON, Carlos (1972) *El Ensayo Hispanoamericano*. Madrid, Ediciones Iberoamericanas.

HARDMAN, Francisco Foot. (1992) "Antigos Modernistas". In: NOVAES, Adauto (org.). *Tempo e História*. São Paulo: Companhia das Letras/Secretaria Municipal de Cultura.

_____. (1996) "Brutalidade antiga: sobre história e ruína em Euclides." *Estudos Avançados*, São Paulo: v. 10, n. 26.

HARO, Pedro Haullón de. (1992) *Teoría del Ensayo*. Madrid, Verbum.

HARRISON, Charles Hampton. *Modernismo: movimentos da arte moderna*. Cosacnaify.

HARVEY, David. (2000) *A Condição Pós-Moderna*. São Paulo: Edições Loyola.

HELLER, Agnes. (1982) *O Homem do Renascimento*. Lisboa: Presença.

HINKLE, Roscoe. (1980) *Founding Theory of American Sociology*. Boston, Routledge & Kegan Paul Ltd.

HOBSBAWM, Eric. *Mundos do trabalho*. Rio de Janeiro: Paz e Terra, 1988.

HOBSBAWN, Eric & RANGER, Terence (orgs.) (2002) *A invenção das tradições*. 3ª ed. Rio de Janeiro: Paz e Terra.

HOLANDA, Sérgio Buarque. (1995) *Raízes do Brasil*. São Paulo: Companhia das Letras.

_____. (1996) *O Livro dos Prefácios*. São Paulo: Companhia das Letras.

_____. "O Brasil Monárquico – do Império a República". In:_____. (Org) *História Geral da Civilização Brasileira*. 4ª ed. São Paulo: Difel, 1985.

HOUVENAGHEL, Eugenia. (2002) *Reivindicacion de una vocacion americanista: Alfonso Reyes – América como obra educativa*. Genebra, Livraria Droz.

HUANG, Guiyou. (1997) *Withmanism, Imagism and Modernism in China and America*. Nova Jersey, Associated University Presses.

HUYSSEN, Andreas. "Geographies of modernism in globalizing world." In: BROOKER, Peter & HACKER, Andrew. (2005) *Geographies of Modernism: literatures, cultures, spaces*. Londres, Routledge.

IANNI, Octávio. (1989) *Sociologia da sociologia: o pensamento sociológico brasileiro*. São Paulo: Ática.

_____. (1971), "Estudo de comunidade e conhecimento científico". In: ___. Sociologia da sociologia latino-americana. Rio de Janeiro: Civilização Brasileira.

ISER, Wolfgang. (1996) *O Ato da Leitura*. São Paulo: Editora 34. 2 vols.

JACKSON, Luiz Carlos. (2004) "A sociologia paulista nas revistas especializadas (1940-1965)". *Tempo Social*, 16 (1): 263-283.

_____. (2002) *A tradição esquecida: Os parceiros do rio Bonito e a sociologia de Antônio Candido*. Belo Horizonte: Editora da UFMG.

JAMESON, Frederick. (2005) *Modernidade Singular*. São Paulo: Editora Record.

JANOTTI, Maria de Lourdes Monaco. *Os subversivos da República*. São Paulo: Brasiliense, 1986.

JASMIN, Marcelo Gantus. *Aléxis de Tocqueville: a historiografia como ciência da política*. 2ª ed. Belo Horizonte: Editora UFMG, Iuperj, 2005.

_____. (2005)"História dos Conceitos e Teoria Política e Social: Referências Preliminares". *Revista Brasileira de Ciências Sociais*, vol.20, nº57, pp.27-38.

_____; FERES JÚNIOR, João (orgs.). (2006) *História dos Conceitos; Debates e Perspectivas*. Rio de Janeiro: Puc-Rio/Loyola/IUPERJ.

JAUME, Lucien. (2004) "El pensamiento em accíon: por outra historia de las ideas políticas". *Ayer – revista de historia contemporânea*.madrid, Associacion de Historia Contemporánea Marcial Pons, Ediciones de Historia. pp. 109-130.

JAY, Martin. (1993) *Force Fields: between intellectual history and cultural critique*. Nova York, Routledge.

JUNQUEIRA, Ivan. Modernismo: tradição e ruptura. In:___. Ensaios escolhidos (v.2).

KAYSER, Wolfgang. (1976) *Análise e interpretação da obra literária*. Coimbra, Armênio Amado Editor Sucessor.

KOSELLECK, Reinhart. (2006) *Futuro Passado: Contribuição à semântica dos tempos históricos*. Rio de Janeiro: Contraponto/ Puc-Rio.

KRONFELD, Chana. (1996) *On the margins of modernism: decentering literary dynamics*. Califórnia University Press.

LACLAU, Ernesto. (1978) "Para uma teoria do populismo". In: *Política e ideologia na teoria marxista: capitalismo, fascismo e populismo*. Rio de Janeiro: Paz e Terra.

LAFETÁ, João Luiz. (2000) *1930: a crítica e o modernismo*. São Paulo: Editora 34.

LAGOS, Ramiro (1991). *Ensayos surgentes e insurgentes. Intravisión literária de temas hispánicos*. Madrid, Verbum.

LAHUERTA, Milton. (1997) "Os intelectuais e os anos 20: moderno, modernista e modernização". In: *A década de 1920 e as origens do Brasil moderno*. São Paulo: Unesp.

LARSEN, Neil. (2005) *Reading North by South: on Latin American literature, culture and politics*. Minneapolis, University of Minnesota Press.

LATTMAN-WELTMAN, Fernando. (2005) *A Política domesticada: Afonso Arinos e o colapso da democracia em 1964*. Rio de Janeiro: Editora FGV.

LAVALLE, Adrian Gurza. (2004) *Vida Pública e Identidade Nacional: leituras brasileiras*. São Paulo: Editora Globo.

LEÃO, Antônio Carneiro. (1957) *Panorama sociológico do Brasil*. Rio de Janeiro: CBPE.

LECLERC, Gérard. (2004) *Sociologia dos Intelectuais*. São Leopoldo, Editora Unisinos.

LEITE, Beatriz. (1978) *O Senado nos anos finais do Império 1870-1889*. Brasília, Senado Federal/Ed. Unb.

LEITE, Dante Moreira. (1969) *O Caráter Nacional Brasileiro. História de uma ideologia*. 2ª ed. São Paulo: Livraria Pioneira Editora.

LEITE, Lígia Chiappini. (1978) *Regionalismo e Modernismo (O "caso" gaúcho)*. São Paulo: Editora Ática.

LEOPOLDI, Maria Antonieta. (1999) "Estratégias de ação empresarial em conjunturas de mudança política". In: PANDOLFI, Dulce. *Repensando o Estado Novo*. Rio de Janeiro: FGV.

LEPENIES, Wolf. (1988) *Between Literature and Science: the rise of sociology*. Cambridge University Press.

LEPETIT, Bernard. (1998) "Sobre a escala na História." In: REVEL, J.(org) *Jogos de Escalas*. Rio de Janeiro: FGV.

LESSA, Renato. (1988) *A invenção republicana. Campos Sales, as bases e a decadência da Primeira República brasileira*. São Paulo: Vértice; Rio de Janeiro: Iuperj.

LIEDKE FILHO, Enno. (2005) "A Sociologia no Brasil: história, teorias e desafios." *Sociologias*, Porto Alegre, ano 7, n 14, jul./dez. pp. 376-437.

LIMA, Luiz Costa. (2000) *Euclides da Cunha: contrastes e confrontos do Brasil*. Rio de Janeiro: Contraponto.

_____. (1995) *Vida e Mimeses*. São Paulo: Editora 34.

_____. (1993) *Limites da Voz: Montaigne, Schlegel*. Rio de Janeiro: Rocco

LIMA, Nísia Trindade. (2003) *Um sertão chamado Brasil*. Rio de Janeiro: Revan.

LIMONGI, Fernando. (1987), "Revista Sociologia: a ELSP e o desenvolvimento da sociologia em São Paulo". *Caderno Idesp* (Série História das Ciências Sociais), n. 1.

_____. (1989a). "Mentores e clientelas da Universidade de São Paulo". In: MICELI, Sergio (org.). *História das ciências sociais no Brasil*. São Paulo: Vértice/Idesp/Finep, vol. 1.

_____. (1989b). "A Escola Livre de Sociologia e Política". In: MICELI, Sergio (org.). *História das ciências sociais no Brasil*. São Paulo: Vértice/Idesp/Finep, vol. 1.

LIPPET, Seiji. (2002) *Topographies of japanese modernism*. New York, Columbia University Press.

LOMMÉ, Georges. (2009) "De la República y otras repúblicas: La regeneración de un concepto." In: LOSADA, Cristobal. SEBASTIAN, Javier. *Diccionario político y social del mundo iberoamericano La era de las revoluciones, 1750-1850*. Madrid: Fundación Carolina Sociedad Estatal de Conmemoraciones Culturales y Centro de Estudios Políticos y Constitucionales de Madrid.

LOSADA, Cristobal. (2009) "Ciudadano y vecino en Iberoamérica, 1750-1850: Monarquía o República." In:____. SEBASTIAN, Javier. *Diccionario político y social del mundo iberoamericano La era de las revoluciones, 1750-1850*. Madrid: Fundación Carolina Sociedad Estatal de Conmemoraciones Culturales y Centro de Estudios Políticos y Constitucionales de Madrid.

_____; SEBASTIAN, Javier. (2009) *Diccionario político y social del mundo iberoamericano La era de las revoluciones, 1750-1850*.

Madrid: Fundación Carolina Sociedad Estatal de Conmemoraciones Culturales y Centro de Estudios Políticos y Constitucionales de Madrid.

LOVEJOY, Artur. (1983) *La Grand Cadena del Ser: Historia de una idea*. Barcelona, Icaria Editorial.

LOVELUCK, JUAN. (1976). "El ensayo hispanoamericano y su naturaleza". *Los Ensayistas*. I (1), 7-13.

LUCCA, Tânia Regina de. (1998) *A Revista do Brasil: um diagnóstico para a nação*. São Paulo; UNESP.

LUKÁCS, Georg. (2009) *A Teoria do Romance: um ensaio histórico-filosófico sobre as formas da grande época*. São Paulo: Editora 34.

_____. (1985), "Sobre la esencia y forma del ensayo (Carta a Leo Popper)." In: *El alma y las formas y Teoría de la novela*, Barcelona, Grijalbo, 15-39.

MACCARTHY, John. (1989) *Crossing Boundaries: A Theory and History of Essay Writing in German, 1680-1815*. Philadelphia: University of Pennsylvania Press.

MACEDO, Ubiratan Borges. (1977) *A Liberdade no Império: o pensamento sobre a liberdade no império brasileiro*. São Paulo: Convívio.

MAIA, João Marcelo. (2008) *A terra como invenção: o espaço no pensamento social brasileiro*. Rio de Janeiro: Zahar.

_____. (2009) "Pensamento brasileiro e teoria social: notas para uma agenda de pesquisa". *Revista Brasileira de Ciências Sociais*. São Paulo: v. 24, n. 71, outubro. p.155-168.

_____. (2011) "Ao Sul da Teoria: a atualidade teórica do pensamento social brasileiro." *Revista Sociedade e Estado* – Volume 26 Número 2 Maio/Agosto. pp. 71-94.

MAÍZ, Claudio. (2003) "Problemas genológicos del discurso ensayístico: origen y configuración de un género", *Acta Literaria*

N°. 28 (79-105). Edição Digital disponível em: http://www.scielo.cl/pdf/aclit/n28/art07.pdf

MANNHEIM, Karl. (1963) *Ensayos de Sociologia de la Cultura*. Madrid, Aguilar.

MARSHALL, Thomas Humphrey. (1968) *Cidadania, Classe Social e Status*. Rio de Janeiro, Zahar Editores.

MARQUES, Ivan. (2013) *Modernismo em Revista: estética e ideologia nos periódicos dos anos 20*. Rio de Janeiro: Casa da Palavra.

MARTÍ, José. (1991) *Nossa América*. São Paulo: Hucitec.

MARTÍNEZ ESTRADA, Ezequiel. (1991) *Radiografia de la pampa*. Buenos Aires, Losada.

MATOS, Ilmar Rohllof de. (1987) *O tempo saquarema: a formação do Estado Imperial*. São Paulo: Hucitec.

MELO, Manuel Palacio da Cunha. (1999) *Quem explica o Brasil*. Juiz de Fora: Editora UFJF.

MEUCCI, Simone. (2000) "A institucionalização da Sociologia no Brasil: os primeiros manuais e cursos." Dissertação (Mestrado em Ciências Sociais) - Instituto de Filosofia e Ciências Humanas da Universidade Estadual de Campinas.

MEYER, Marlyse. (2001) *Caminhos do Imaginário no Brasil*. São Paulo: EDUSP.

MICELI, Sérgio (org.) (1989a) *História das Ciências Sociais no Brasil*. Volume 1. São Paulo: Vértice, IDESP/Finep.

_____. (1989b) "Por uma sociologia das ciências sociais". In: _____ (org.). *História das Ciências Sociais no Brasil*. São Paulo: Vértice/ Idesp/Finep, vol. 1.

_____. (1989c), "Condicionantes do desenvolvimento das Ciências Sociais". In: _____ (org.). *História das ciências sociais no Brasil*. São Paulo: Vértice/Idesp/Finep, vol. 1.

_____. (1995a). "O cenário institucional das ciências sociais no Brasil". In: ___. (org.). *História das ciências sociais no Brasil*. São Paulo: Sumaré/Idesp/Fapesp, vol. 2.

_____. (1995b) *História das ciências sociais no Brasil*. Volume 2. São Paulo: Vértice, IDESP/Finep.

_____. (2001) *Intelectuais à brasileira*. São Paulo: Companhia das Letras.

MIGNOLO, Walter. (2013) *Histórias locais/Projetos globais. Colonialidade, saberes subalternos e pensamento liminar*. Belo Horizonte: Ed. UFMG.

_____. (1993), "Colonial and postcolonial discourse: cultural critique or academic colonialism?" *Latin America Research Review*, 28 (3): 120-134.

_____ & TLESTANOVA, Madina. (2006), "Theorizing from the borders: shifting to geo and body-politics of knowledge". *European Journal of Social Theory*, 9 (2), p. 205-221.

MILLS, Charles Wright. (1975) *A imaginação sociológica*. 4ª ed. Rio de Janeiro: Zahar.

MIRANDA, Wander (org) *Narrativas da Modernidade*. Belo Horizonte: Autêntica.

MITRE, Antônio. (2003) *O dilema do centauro: ensaios de teoria da história e pensamento latino-americano*. Belo Horizonte: Editora UFMG.

MOISES, Massaud (1993) *A Criação Literária*. São Paulo: Editora Pensamento Cultrix.

MONTAIGNE, Michel de. (2000) *Ensaios*. São Paulo: Martins Fontes.

MONTEIRO, Regina Maria. (2000) "Civilização e cultura: paradigmas da nacionalidade". *Cad. CEDES*. Campinas, v. 20, n. 51.

MONTIEL, Edgar. (2000) "El ensayo americano, centauro de los géneros". In: ___. *El humanismo americano. Filosofía de una comunidad de naciones*. Perú: Fondo de Cultura Económica, pp. 169-177.

MOORE JUNIOR, Barrington. (1983) *As origens sociais da ditadura e da democracia*. São Paulo: Martins Fontes.

MORSE, Richard. (1987) *O Espelho de Próspero. Cultura e Ideias nas Américas*. São Paulo: Cia das Letras.

MORAES, Eduardo Jardim. (1978) *A brasilidade modernista: sua dimensão filosófica*. Rio de Janeiro: Graal, 1978.

MORAIS, Ruben & BERRIEN, Willian. (1998) *Manual Bibliográfico de Estudos Brasileiros*. Brasília, Senado Federal.

MOTA, Carlos Guilherme. (1980) *Ideologia da cultura brasileira (1933-1974)*. 4ª ed. São Paulo: Ática.

MOURA, Clóvis. (2004) *Dicionário da Escravidão Negra no Brasil*. São Paulo: Edusp.

MURARI, Luciana. (2011) "As artes da ficção: Oliveira Vianna e a imaginação literária regionalista de Godofredo Rangel e Afonso Arinos." *Varia História*. Belo Horizonte, v. 27, n. 45, Junho.

NAVES, Santuza. (2013) *O Brasil em uníssono: e leituras sobre música e modernismo*. Rio de Janeiro: Casa da Palavra.

NAXARA, Márcia Regina Capelari. (1998) *Estrangeiro em sua própria terra. Representações do brasileiro 1870-1920*. São Paulo: Annablume.

NICOLAZZI, Fernando. (2008) *Um estilo de história: a viagem, a memória e o ensaio*.Porto Alegre, UFRGS.

NUNES, Edson de Oliveira. (1997) *A Gramática Política do Brasil: clientelismo e insulamento burocrático*. Rio de Janeiro: Jorge Zahar.

NORA, Pierre. (1993) "Entre Memória e História: a problemática dos lugares", In: *Projeto História*. São Paulo: PUC, n. 10, pp. 07-28.

NOVAES, Fernando. (2005) *Aproximações: estudos de história e historiografia*. São Paulo: Cosacnaify.

_____. (Org). (1999) *História da Vida Privada no Brasil. Volume 3*. São Paulo: Companhia das Letras.

NOYAMA, Samon. (2009) "Adorno e o 'ensaio como forma'". *Revista Ítaca*. Ouro Preto, UFOP, n14, pp. 135-147

OBALDIA, Claire de. (1995) *The Essayistic Spirit: literature, modern criticism and the essay*. Clarendon: Oxford University Press.

OHANA, David. (2012) *Modernism and Zionism*. London, Palgrave Macmillan.

OLIVEIRA, Lúcia Lippi. (1990) *A questão nacional na Primeira República*. São Paulo: Brasiliense.

_____. (1982a) "Raízes da Ordem: os intelectuais, a cultura e o Estado". In: *A Revolução de 30. Seminário Internacional*. Coleção Temas Brasileiros, volume 54. Brasília: Editora da UNB, 1982.

_____. (1995), "As ciências sociais no Rio de Janeiro". In: MICELI, Sergio (org.). *História das ciências sociais no Brasil*. São Paulo: Sumaré/Idesp/ Fapesp, vol. 2.

_____. (1998) "A conquista do espaço: sertão e fronteira no pensamento brasileiro." *História, Ciências, Saúde – Manguinhos*. Rio de Janeiro: Vol. V (suplemento), p. 195-215, julho.

_____. (2003) "Sinais de modernidade na era Vargas: a vida literária, cinema e rádio." In: FERREIRA, Jorge; Lucília de A. N. DELGADO (Orgs.). *O Brasil republicano. O tempo do nacional-estatismo: do início da década de 1930 ao apogeu do Estado Novo*. Rio de Janeiro: Civilização Brasileira, pp. 323-350.

_____, VELLOSO, Mônica, GOMES, Ângela de Castro. (1982b) *Estado Novo: Ideologia e Poder*. Rio de Janeiro: Zahar.

OLIVEIRA LIMA, Manuel de. (1944) *Formação Histórica da Nacionalidade Brasileira*. Rio de Janeiro: Companhia Editora Leitura.

ORJUELA, Héctor. (2002) *Primicias del ensayo em Colombia: el discurso ensaystico colonial*. Bogotá, Editora Guadalupe.

ORTIZ, Renato. (1984) *Cultura brasileira e Identidade Nacional*. São Paulo: Brasiliense.

_____. (2002) *Ciências Sociais e trabalho intelectual*. São Paulo: Olho D'Água. OVIEDO, José Miguel. (1992) *Breve História del Ensayo Hispanoamericano*. Madrid, Alianza.

PADILLA, Guillermo. (2009) "Historia, experiencia y modernidad en Iberoamérica, 1750-1850." In: LOSADA, Cristobal. SEBASTIAN, Javier. *Diccionario político y social del mundo iberoamericano La era de las revoluciones, 1750-1850*. Madrid: Fundación Carolina Sociedad Estatal de Conmemoraciones Culturales y Centro de Estudios Políticos y Constitucionales de Madrid.

PAIM, Antônio. (1967) *História das ideias filosóficas no Brasil*. São Paulo: Grijalbo, 1967.

PAIVA, Valeria. (2011) Diálogo Cordial: cultura política, intelectuais e Estado Novo. Tese de Doutorado, Universidade do Estado do Rio de Janeiro (UERJ).

PALONEN, Kari. (2005), "The Politics of Conceptual History". *Contributions to the History of Concepts*, vol. 1, nº 1, p. 37-50.

PALTI, Elias. (2004) "Koselleck y la idea de Sattelzeit. Um debate sobre modernidad y temporalidad." *Ayer – revista de historia contemporânea*. Madrid, Associacion de Historia Contemporánea Marcial Pons, Ediciones de Historia. pp.63-74.

PAMPLONA, Marco Antônio; DOYLE, Don H.(2008) *Nacionalismo no Novo Mundo*. Rio de Janeiro: Record.

PANDOLFI, Dulce. (2003) "Os anos 1930: as incertezas do regime." In: FERREIRA, Jorge; Lucília de A. N. DELGADO (Orgs.). *O Brasil republicano. O tempo do nacional-estatismo: do início da década de 1930 ao apogeu do Estado Novo*. Rio de Janeiro: Civilização Brasileira, p. 13-38.

PAZ, Octavio. (1996) *Os signos em rotação*. Tradução de Sebastião Uchoa Leite. São Paulo: Perspectiva.

PÉCAUT, Daniel. (1990) *Intelectuais e a política no Brasil. Entre o povo e a nação*. São Paulo: Editora Ática.

PIVA, Luiz Guilherme. (2000) *Ladrilhadores e Semeadores*. São Paulo: Edusp.

PIERSON, Donald. (1998) "Sociologia". In: MORAIS, Ruben & BERRIEN, Willian. (Dir.) *Manual Bibliográfico de Estudos Brasileiros*. Brasília, Senado Federal.

_____. (1970) *Teoria e pesquisa em sociologia*. São Paulo: Melhoramentos.

PINTO, Manuel da Costa. (1998) *Albert Camus: um elogio do ensaio*. São Paulo: Ateliê Editorial.

POCOCK, J. G. A. (2003) *Linguagens do Ideário Político*. São Paulo: Edusp.

PONTES, Heloísa. (1998) *Destinos Mistos: os críticos do grupo Clima em São Paulo*. São Paulo: Companhia das Letras.

PRADO, Antônio Arnoni. (2010) *Itinerários de uma falsa vanguarda: os dissidentes, a Semana de 22 e o Integralismo*. São Paulo: Editora 34.

PRADO, Paulo. (1997) *Retrato do Brasil: ensaio sobre a tristeza brasileira*. São Paulo: Companhia das Letras.

PRADO JÚNIOR, Caio. (1994) *Formação do Brasil Contemporâneo*. São Paulo: Brasiliense.

_____. (2012) *Evolução política do Brasil*. São Paulo: Companhia das Letras.

PRATT, Mary Louise. (1999) *Os olhos do Império: relatos de viagem e transculturação*. Bauru: Edusc.

QUIJANO, A. (2007): "Colonialidad el Poder y Clasificación Social", en S. Castro-Gómez y R. Grosfoguel (Eds.) *El Giro Decolonial: Reflexiones para una diversidad epistémica más allá del capitalismo global*. Pontificia Universidad Javeriana / Siglo del Hombre Editores, Bogotá p. 93-126.

_____ (2002): "El Regreso del Futuro y las Cuestiones de Conocimiento", en C. Walsh, F.Schiwy y S. Castro-Gómez (Eds.) *Indisciplinar las Ciencias Sociales: Geopolíticas del conocimiento y colonialidad del poder. Perspectivas desde lo andino*. Universidad Andina Simón Bolívar / Ediciones Abya-Yala, Quito p. 45-60.

_____ (2000): "Colonialidad del Poder, Eurocentrismo y América Latina", en E. Lander (Comp.) *La Colonialidad del Saber: Eurocentrismo y ciencias sociales. Perspectivas latinoamericanas*. CLACSO, Buenos Aires p. 201-246.

QUIJANO, Aníbal. WALLERSTEIN, Immanuel. (1992): "Americanity as a Concept, or the Americas in the Modern World-System", *International Social Science Journal*, vol. 134, n. 1, Paris p. 549-557.

QUEIROZ, Suely Robles Reis de. (1986) *Os radicais da República*. São Paulo: Brasiliense.

RABAT, Jean-Michel. (Org.) (2013) *A handbook of modernism studies*. Sussex, Wiley-Blackwell.

RAJAEE, Farhang. (2007) *Islamism and modernism: the changing discourse in Iran*. Austin, Texas University Press.

RAMA, Angél. (2001) *Literatura e Cultura na América Latina*. (Aguiar, Flávio; Vasconcelos, Sandra – orgs) São Paulo: Edusp.

_____. (1985) *A cidade das Letras*. São Paulo: Brasiliense.

RAMA, Carlos. (Org) (2012) *Utopismo Socialista*. Caracas, Venezuela, Biblioteca Ayacucho.

RAMOS, Alberto Guerreiro. (1953) *O processo da sociologia no Brasil: esquema de uma história das ideias.* Rio de Janeiro: Andes.

_____. (1957) *Introdução crítica à sociologia brasileira.* Rio de Janeiro: Andes, 1957.

_____. (1958) *A redução sociológica: introdução ao estudo da razão sociológica.* Rio de Janeiro: Iseb.

_____. (1983) A inteligência brasileira na década de 1930, à luz da perspectiva de 1980. CPDOC/FGV. *A revolução de 30: seminário internacional.* Rio de Janeiro: FGV, p. 527-48. (Temas brasileiros).

RAMOS, Julio. (2008) *Desencontros da Modernidade na América Latina: literatura e política no século XIX.* Belo Horizonte: Editora UFMG.

RAZZINI, Márcia de Paula Gregório. (2001) *O espelho da nação: a antologia nacional e o ensino de Português e de Literatura (1838-1971).* Tese de Doutorado, Unicamp, Campinas.

REIS, Vera Lúcia dos Reis. (1998) *O perfeito escriba: política e letras em Alceu Amoroso Lima.* São Paulo: Annablume.

RETAMAR, Roberto Fernandez. (1988a) "América Latina y el transfondo de occidente." In: ZEA, Leopoldo. *América Latina en sus ideas.* México, Siglo XXI, 300-330.

_____. (1988b) *Caliban e outros ensaios.* São Paulo: Busca Vida, 1988.

REVEL, J.(org)(1998) *Jogos de Escalas.* Rio de Janeiro: FGV.

RICOUER, Paul. (1976) *Teoria da Interpretação.* Lisboa: Edições 70.

RODÓ, José Enrique. (1991). *Ariel.* São Paulo: Ed. UNICAMP.

RODRIGUES, Helenice & KOLLER, Heliane. (Orgs) (2008) *Travessias e Cruzamentos Culturais: a mobilidade em questão.* Rio de Janeiro: Editora FGV.

ROIG, Arturo Andres. (1981) *Teoría y Critica del pensamento latinoamericano.* México, Fondo de Cultura Economica.

ROLAND, Ana Maria. (1997) *Fronteiras da Palavra, Fronteiras da História*. Brasília, Editora da Unb.

ROMERO, José Luis. (Org) (1985) *Pensamiento Político de la Emacipación*. Caracas, Venezuela, Biblioteca Ayacucho. Tomo I.

_____. (1985b) *Pensamiento Político de la Emacipación*. Caracas, Venezuela, Biblioteca Ayacucho. Tomo II.

ROMERO, Sílvio. (1912), *A Bancarrota do Regime Federativo no Brasil*. Porto, Typ. Arthur José de Souza & Irmão.

_____. (1979a), "A Integridade do Brasil", *in* H. Rocha (coord.), *Realidades e Ilusões no Brasil: Parlamentarismo e Presidencialismo e Outros Ensaios*. Petrópolis/Aracaju, Vozes/ Governo do Estado de Sergipe.

_____. (1979b), "As Oligarquias e sua Classificação", *in* H. Rocha (coord.), *Realidades e Ilusões no Brasil: Parlamentarismo e Presidencialismo e Outros Ensaios*. Petrópolis/Aracaju, Vozes/Governo do Estado de Sergipe.

_____. (1979c), "As Zonas Sociais e a Situação do Povo. – trecho duma carta a M. E. Demoulins", in H. Rocha (coord.), *Realidades e Ilusões no Brasil: Parlamentarismo e Presidencialismo e Outros Ensaios*. Petrópolis/Aracaju, Vozes/Governo do Estado de Sergipe.

_____. (1979d), "O Remédio Brasileiro", in H. Rocha (coord.), *Realidades e Ilusões no Brasil: Parlamentarismo e Presidencialismo e Outros Ensaios*. Petrópolis/Aracaju, Vozes/Governo do Estado de Sergipe.

_____. (1979e), "Parlamentarismo e Presidencialismo na República do Brasil (Cartas a Rui Barbosa)", *in* H. Rocha (coord.), *Realidades e Ilusões no Brasil: Parlamentarismo e Presidencialismo e Outros Ensaios*. Petrópolis/Aracaju, Vozes/Governo do Estado de Sergipe.

_____. (2001a), *Introdução a Doutrina Contra Doutrina*. São Paulo: Companhia das Letras.

_____. (2001b), "O Brasil na Primeira Década do Século XX". In: *O Brasil Social e Outros Estudos Sociológicos*. Brasília, Senado Federal, Conselho Editorial.

_____. (2001c) "O Brasil social de Euclides da Cunha." In: *O Brasil Social e Outros Estudos Sociológicos*. Brasília, Senado Federal, Conselho Editorial.

_____. (2002), "Introdução à História da Literatura Brasileira", *in* L. A. Barreto (org.), *Literatura, História e Crítica*. Rio de Janeiro/Aracaju, Imago/UFS.

RORTY, Richard (Ed). (1992) *The Linguistic Turn: essays in philosophical method*. Chicago, University of Chicago Press.

RUSEN, Jorn. (2001) *Razão Histórica*. Brasília, Editora da UnB.

SAID, Edward. (2007) *Orientalismo: o Oriente como invenção do Ocidente*. São Paulo: Companhia das Letras.

_____. (1995) *Cultura e Imperialismo*. São Paulo: Companhia das Letras.

SALDANHA, Nelson. (2001) *História das Ideias Políticas no Brasil*. Brasília, Senado Federal, Conselho Editorial.

SALLES, Alberto. (1997) *Ciência Política*. Brasília: Senado Federal.

SANTIAGO, Silviano. (2004) *O cosmopolitismo do pobre: crítica literária e crítica cultural*. Belo Horizonte: Editora UFMG.

_____. (2002) "A Permanência do Discurso da Tradição no Modernismo". In: ___. *Nas malhas da Letra*. Rio de Janeiro: Rocco.

_____. (2000) *Uma Literatura nos Trópicos: ensaios de dependência cultural*. Rio de Janeiro: Rocco.

SANTOS, Boaventura de Sousa; MENESES, Maria Paula. (2010) *Epistemologias do Sul*. São Paulo: Cortez.

SANTOS, Milton. (1997) *A Natureza do Espaço. Técnica e Tempo. Razão e Emoção*. 2º Edição. São Paulo: Hucitec.

_____. (1998) *Metamorfoses do espaço habitado: fundamentos teóricos e metodológicos da geografia*. Hucitéc: São Paulo.

SANTOS, Wanderley Guilherme dos. (1978) *Ordem burguesa e liberalismo político*. São Paulo: Duas Cidades. (História e sociedade).

SARLO, Beatriz. (2010) *Modernidade Periférica: Buenos Aires 1920-1930*. São Paulo: CosacNaify.

SARMIENTO, Domingo Faustino. (1996) *Facundo. Civilização e barbárie no pampa argentino*. Porto Alegre, Editora da Universidade.

SCHORSKE, Carl. (1998) *Viena fin-de-siecle: política e cultura*. São Paulo: Companhia das Letras.

SCHMIDT, Volker H. (2011) "Modernidade e diversidade: reflexões sobre a controvérsia entre teoria da modernização e a teoria das múltiplas modernidades." *Revista Sociedade e Estado*, Brasília, v. 26, n. 2.

SCHWARCZ, Lílian Moritz. *O Espetáculo das Raças: Cientistas, Instituições e questão racial no Brasil. 1870 – 1930*. São Paulo: Cia das Letras, 1993.

SCHWARZ, Roberto. (2000) *Ao vencedor as batatas: forma literária e processo social nos inícios do romance brasileiro*. São Paulo: Editora 34.

_____. (1999) *Sequencias Brasileiras: ensaios*. São Paulo: Companhia das Letras.

SEBASTIAN, Javier. (2009) "Liberalismos nacientes en el Atlántico iberoamericano. 'Liberal' como concepto y como identidad política, 1750-1850." In: LOSADA, Cristobal. SEBASTIAN, Javier. *Diccionario político y social del mundo iberoamericano La era de las revoluciones, 1750-1850*. Madrid: Fundación Carolina Sociedad Estatal de Conmemoraciones Culturales y Centro de Estudios Políticos y Constitucionales de Madrid.

_____. (2004) "Textos, conceptos y discursos políticos em perspectiva histórica." *Ayer – revista de historia contemporânea.* Madrid, Associacion de Historia Contemporánea Marcial Pons, Ediciones de Historia.pp.131-151.

SEVCENKO, Nicolau. (1999a) "A Capital Irradiante: técnica, ritmos e ritos do Rio". In: ___. (Org). *História da Vida Privada no Brasil. Volume 2.* São Paulo: Companhia das Letras.

_____. (1999b) *Literatura como Missão: Tensões sociais e criação cultural na Primeira República.* 4ed. São Paulo: Brasiliense, 1999.

_____. (1992) *O Orfeu Estático da Metrópole.* São Paulo: Companhia das Letras.

SHILS, Edward (1971). *Genesis de la sociologia contemporânea.* Madri, S/E.

SKOCPOL, Theda. (1979) *States & Social Revolution: a comparative analysis of France, Russia & China.* Cambrigde University Press.

_____. (1994) *Social Revolutions in the modern world.* Cambrigde University Press.

SILVA, Adriana Magno da. (1997) *Florentino Menezes: um sociólogo brasileiro esquecido.* Dissertação (Mestrado) – Pontifícia Universidade Católica de São Paulo: São Paulo.

SILVA, Fernando Teixeira da. (2001) "Trabalhadores urbanos e populismo: um balanço dos estudos recentes". In: FERREIRA, Jorge. (org.). *O populismo e sua história: debate e crítica.* Rio de Janeiro: Civilização Brasileira.

SILVA, Sérgio & SZMRECSÁNYI, Tamás. (2002) *História econômica da Primeira República.* 2a ed. São Paulo: Hucitec/Associação Brasileira de Pesquisadores em História Econômica/Editora da USP/ Imprensa Oficial.

SIMÕES, Teotônio. (2002) *Repensando Alberto Torres*. Rio de janeiro: Ebooksbrasil.

SKIDMORE, Thomas E. (1976) *Preto no Branco: raça e nacionalidade no pensamento brasileiro*. trad. Raul de Sá Barbosa. Rio de Janeiro: Paz e Terra.

SKINNER, Quentin. (1996) *As fundações do pensamento político moderno*. São Paulo: Companhia das Letras.

_____. (2002) *Visions of Politics*. (vol. I, Regarding Method). Cambridge, Cambridge University Press.

SODRÉ, Nelson Werneck. (1965) *A Ideologia do Colonialismo*. 2 ed. Rio de Janeiro: Civilização Brasileira.

SOUZA, Candice Vidal e. (1997) *A Pátria Geográfica. Sertão e Litoral no Pensamento Social Brasileiro*. Goiânia: Editora UFG.

SUSSEKIND, Flora. (1987) *Cinematógrafo das letras: literatura, técnica e modernização do Brasil*. São Paulo: Companhia das Letras.

TAVOLARO, Sergio. (2005) "Existe uma Modernidade Brasileira? Reflexões em torno de um dilema sociológico brasileiro". *Revista Brasileira de Ciências Sociais*, v. 20, p. 5-22.

TELES, Gilberto. (2002) *Contramargem: estudos de Literatura*. São Paulo: Loyola.

THOMPSON, Edward Palmer. (1987) *A formação da classe operária inglesa* Rio de Janeiro: Paz e Terra, 3 vols.

TILLY, Charles. (1996) *Coerção, Capital e Estados Europeus*. São Paulo: Edusp.

TORRES, Alberto. (1982) *A Organização Nacional*. Brasília, Editora da UnB.

TRAVASSOS, Elizabeth. (2000) *Modernismo e Música*. Rio de Janeiro: Jorge Zahar.

VALDES, José. (2009) "*Ex unum, pluribus*: revoluciones constitucio-

Sociologia, modernismo e interpretação do Brasil 315

nales y disgregación de las monarquías ibero-americanas." In: LOSADA, Cristobal. SEBASTIAN, Javier. *Diccionario político y social del mundo iberoamericano La era de las revoluciones, 1750-1850*. Madrid: Fundación Carolina Sociedad Estatal de Conmemoraciones Culturales y Centro de Estudios Políticos y Constitucionales de Madrid.

VALENILLA, Ernesto. (1992) *El Problema de America*. Proyecto Ensayo Hispânico.

VARGAS, Everton Vieira. (2007) *O legado do discurso: brasilidade e hispanidade no pensamento social brasileiro e latino-americano*. Brasília, Fundação Alexandre de Gusmão.

VASCONCELOS, José. (1997) *La Raza Cosmica*. México, Espasa-Calpe.

VASCONCELLOS, Sylvio. (1968) *Mineiridade: Ensaio de Caracterização*. Belo Horizonte: Imprensa Oficial.

VELLOSO, Monica Pimenta. (1996) *Modernismo no Rio de Janeiro: turunas e quixotes*. Rio de Janeiro: Editora da Fundação Getúlio Vargas.

_____. (2003) "O modernismo e a questão nacional." In: FERREIRA, Jorge DELGADO, Lucilia (Orgs.). O Brasil republicano. O tempo do liberalismo excludente: da Proclamação da República à Revolução de 1930. Rio de Janeiro: Civilização Brasileira, pp. 351-387.

_____. (2010) *História & Modernismo*. Belo Horizonte: Editora Autêntica.

VELHO, Otávio Guilherme. (1979) *Capitalismo Autoritário e Campesinato*. São Paulo: Difel.

VENÂNCIO, Giselle Martins. (2003) *Na trama do arquivo: a trajetória de Oliveira Vianna (1883-1951)* Tese de doutorado – UFRJ/ Instituto de Filosofia e Ciências Sociais/Programa de Pós Graduação em História Social, Rio de Janeiro: UFRJ.

VENTURA, Roberto. (1991) *Estilo Tropical. História Cultural e polêmicas literárias no Brasil.* São Paulo: Companhia das Letras.

VIANNA, Francisco Oliveira. (1987) *Populações Meridionais do Brasil.* Niterói, EDUFF.

_____. (1956) *Evolução do povo brasileiro.* Rio de Janeiro: José Olympio.

_____. (1942) *Pequenos estudos de Psicologia Social.* São Paulo: Companhia Editora Nacional.

_____. (1991) *Ensaios Inéditos.* Campinas, Editora da Unicamp.

_____. (1942) *Pequenos Estudos de Psicologia Social.* São Paulo: Editora Companhia Nacional, 1942.

VIANNA, Marly de Almeida G. (2003) "O PCB, a ANL e as insurreições de novembro de 1935." In: FERREIRA, Jorge; Lucília de A. N. DELGADO (Orgs.). O Brasil republicano. O tempo do nacional-estatismo: do início da década de 1930 ao apogeu do Estado Novo. Rio de Janeiro: Civilização Brasileira, pp. 63-106.

VISCARDI, Cláudia. (2001) *O teatro das Oligarquias: uma revisão da "Política do Café com Leite".* Belo Horizonte: Editora C/Arte.

VIZENTINI, Paulo F. *A crise dos anos 20.* Editora da Universidade/ UFRGS: Porto Alegre, 1992.

WAGNER, Peter. (1994) *A Sociology of Modernity. Liberty and Discipline.* Londres, Routledge.

WALLERSTEIN, Immanuel. (2001) *Capitalismo histórico e civilização capitalista.* Rio de Janeiro: Contraponto.

_____. (1979) *El modierno sistema mundial: la agricultura capitalista y los origins de la economía-mundo europea en el siglo XVI.* México: Siglo Veintiuno, v. 1.

_____. (1984) *El modierno sistema mundial II: el mercantilismo y la consolidación de la economía-mundo europea 1600-1750.* México: Siglo Veintiuno, v. 2.

Sociologia, modernismo e interpretação do Brasil     317

_____. (1998) *El modierno sistema mundial III: la segunda era de gran expansión de la economía-mundo capitalista, 1730-1850*. México: Siglo Ventiuno, v. 3

WALSH Catherine; SCHIWY, Freya; CASTRO-GÓMEZ, Santiago. (2002) *Indisciplinar as ciências sociais*. Quito: Universidade Sandina Simon Bolivar/AbyaYala.

WARREN, Austin; WELLEK, René. (1971) *Teoria da Literatura*. Lisboa, Publicações Europa-América.

WASSERMAN, Fabio. (2009) "El concepto de nación y las transformaciones del orden político en Iberoamérica (1750-1850)." In: LOSADA, Cristobal. SEBASTIAN, Javier. *Diccionario político y social del mundo iberoamericano La era de las revoluciones, 1750-1850*. Madrid: Fundación Carolina Sociedad Estatal de Conmemoraciones Culturales y Centro de Estudios Políticos y Constitucionales de Madrid.

WEGNER, Robert (2000), *A Conquista do Oeste: a fronteira na obra de Sérgio Buarque de Holanda*. Belo Horizonte: UFMG.

WEINBERG, Liliana. (2001) *El ensayo, entre el paraíso y el infierno*. México, UNAM/Fondo de Cultura Económica.

_____. (2006) *Pensar el ensayo*. México, Editora Siglo XXI.

WEINGART, Peter. (1998) *Sociology: a discipline in limbo*. Lisboa, Observatório das Ciências e Tecnologia.

WEFFORT, Francisco. (1980) *O populismo na política brasileira*. Rio de Janeiro: Paz e Terra.

WERNECK VIANNA, Luiz. (1997) *A Revolução Passiva: iberismo e americanismo no Brasil*. Rio de Janeiro: Revan.

_____. (2001), "O Pensar e o Agir". *Lua Nova. Revista de Cultura e Política*. São Paulo: Nº 54. CEDEC.

_____. (1999) *Liberalismo e Sindicato no Brasil*. Belo Horizonte: Ed. UFMG.

_____. (1999b) "Weber e a interpretação do Brasil". *Novos Estudos CEBRAP*. São Paulo. N° 53. p.36-47.

_____. (2005), "A Questão Nacional: entrevista concedida a Vanilda Paiva e Lúcia Lippi Oliveira", in J. T. Sento-Sé e V. Paiva(orgs). *Pensamento Social Brasileiro*. Rio de Janeiro: Cortez.

WHITE, Hayden. (2001) *Trópicos do Discurso: ensaio sobre a crítica da cultura*. São Paulo: Edusp.

ZEA, Leopoldo (org). (1995) *Fuentes de la Cultura Latinoamericana*. México, F.C.E., 2 vols.

_____. (1972) *America como conciencia*. México, Unam.

# AGRADECIMENTOS

Ao terminar este livro, percebi que estava apenas começando a escrevê-lo. Ou melhor, reescrevê-lo. Depois de algum tempo guardado na gaveta, estava na hora de lançá-lo a público mais amplo. Originalmente, grande parte dos argumentos encadeados neste livro foram desenvolvidos em minha tese de doutoramento, defendida em dezembro de 2013, no Instituto de Estudos Sociais e Políticos da Universidade do Estado do Rio de Janeiro (IESP-UERJ). A linha central não foi alterada, entretanto, diversos ajustes foram feitos. Notas e citações foram retiradas, algumas partes reescritas e revisadas do texto base original. Foi, portanto, um processo de reescrita e reencontro com o texto produzido naquele contexto dotado daquela finalidade específica. A banca de examinadores foi composta por Helena Bomeny, Lucia Lippi de Oliveira, Valter Sinder e Maria Alice Rezende de Carvalho, a quem agradeço os comentários e a leitura crítica daquela versão. Em certa medida muitas considerações realizadas foram incorporadas nesta nova versão, no entanto, isento-os de meus excessos.

Agradeço o Conselho Nacional de Desenvolvimento Científico e Tecnológico (CNPq) a concessão de recursos oriundos do Edital

Chamada Universal 2016 que permitiram a continuidade das reflexões contidas na minha tese de doutoramento através do projeto de pesquisa Intelectuais, vida pública e sociologia: temas para a interpretação da modernidade brasileira, financiamento que contribui decisivamente para a publicação deste livro.

Agradeço ao Departamento de Ciências Sociais da Universidade Federal do Espírito Santo (UFES) a oportunidade de atribuição de carga horária destinada a pesquisa e a extensão, fato que contribuiu para levar adiante este projeto e para a criação e consolidação do Núcleo de Teoria Social e Intepretação do Brasil (NETSIB), coordenado por mim e pelos professores Marcelo Fetz e Igor Suzano Machado.

Agradeço a Luiz Werneck Vianna, orientador e amigo, que há muito me acompanha nesta jornada. Seu apoio, estímulo e exemplo são fundamentais em minha trajetória profissional e pessoal.

Por fim, agradeço aos colegas de UFV, de IESP e aos antigos Iuperjianos, e a todos os amigos e instituições que de algum modo contribuíram para a escrita e desenvolvimento da análise contida neste livro.

Alameda nas redes sociais:

Site: www.alamedaeditorial.com.br
Facebook.com/alamedaeditorial/
Twitter.com/editoraalameda
Instagram.com/editora_alameda/

Esta obra foi impressa em São Paulo
no outono de 2019. No texto foi utilizada a fonte Minion Pro em corpo
10,5 e entrelinha de 15,5 pontos.